CHINA FINANCE 40 FORUM

中国金融四十人论坛

致力于夯实中国金融学术基础，探究金融领域前沿课题，引领金融理念突破与创新，推动中国金融改革与发展。

中国金融四十人论坛书系
CHINA FINANCE 40 FORUM BOOKS

外汇市场微观监管与跨境资本流动管理

Micro Supervision & Regulation of FX Market
and Cross-Border Capital Flow Management

孙天琦　王笑笑　李　萌◎著

中国金融出版社

责任编辑：张　铁
责任校对：李俊英
责任印制：张也男

图书在版编目（CIP）数据

外汇市场微观监管与跨境资本流动管理/孙天琦，王笑笑，李萌
著．—北京：中国金融出版社，2021.3
（中国金融四十人论坛书系）
ISBN 978 – 7 – 5220 – 1010 – 6

Ⅰ.①外… Ⅱ.①孙…②王…③李… Ⅲ.①外汇管理—研究—
中国②资本流动—研究—中国 Ⅳ.①F832.6②F832.6

中国版本图书馆 CIP 数据核字（2021）第 022242 号

外汇市场微观监管与跨境资本流动管理
WAIHUI SHICHANG WEIGUAN JIANGUAN YU KUAJING ZIBEN
LIUDONG GUANLI

出版
发行　中国金融出版社

社址　北京市丰台区益泽路 2 号
市场开发部　（010）66024766，63805472，63439533（传真）
网 上 书 店　www.cfph.cn
　　　　　　（010）66024766，63372837（传真）
读者服务部　（010）66070833，62568380
邮编　100071
经销　新华书店
印刷　保利达印务有限公司
尺寸　170 毫米 × 230 毫米
印张　23.75
字数　275 千
版次　2021 年 3 月第 1 版
印次　2021 年 3 月第 1 次印刷
定价　78.00 元
ISBN 978 – 7 – 5220 – 1010 – 6
如出现印装错误本社负责调换　联系电话（010）63263947

中国金融四十人论坛书系
CHINA FINANCE 40 FORUM BOOKS

"中国金融四十人论坛书系"专注于宏观经济和金融领域，着力金融政策研究，力图引领金融理念突破与创新，打造高端、权威、兼具学术品质与政策价值的智库书系品牌。

中国金融四十人论坛是中国最具影响力的非官方、非营利性金融专业智库平台，专注于经济金融领域的政策研究与交流。论坛正式成员由40位40岁上下的金融精锐组成。论坛致力于以前瞻视野和探索精神，夯实中国金融学术基础，研究金融领域前沿课题，推动中国金融业改革与发展。

自2009年以来，"中国金融四十人论坛书系"及旗下"新金融书系""浦山书系"已出版100余本专著。凭借深入、严谨、前沿的研究成果，该书系在金融业内积累了良好口碑，并形成了广泛的影响力。

前　　言

随着人民币汇率逐步实现清洁浮动，资本项目开放不断稳妥推进，人民币国际化程度不断提高，我国跨境资本流动管理的整体框架也将不断演进，外汇市场宏观审慎管理和微观监管（微观审慎监管、行为监管和"三反"——反洗钱、反恐怖融资、反逃税）的重要性将不断提升，实需管理、交易真实性审核的作用将相对逐步下降，管制类措施将越来越少，当然这会有个过程。我国跨境资本流动管理框架的演进既要对标国际规则，如国际货币基金组织（IMF）相关政策框架、《巴塞尔协议Ⅲ》等，又要符合我国国情，保持政策规则跨周期的一致性、稳定性和可预测性，既能服务"以国内大循环为主体、国内国际双循环相互促进的新发展格局"，服务建设更高水平开放型经济新体制，又能有效维护外汇市场平稳运行，维护金融稳定和国家经济金融安全。

IMF 跨境资本流动管理的政策框架。2008 年国际金融危机后，世界各国决策者面临的一个关键挑战是从金融全球化中获益的同时，如何预防和管理跨境资本流动风险，防范其对一国或全球金融稳定和可持续增长造成破坏。尤其是短期跨境资本具有逐

1

利性、易超调和顺周期性等特点，大进大出、快进快出容易引发跨境风险，甚至演变成金融危机，影响一国经济安全。以 IMF 为代表的国际社会逐渐转变立场，由此前的否定资本管制向肯定跨境资本流动宏观审慎管理转变。IMF 的政策框架中，除宏观经济政策和结构性政策外，当前主要有两类政策应对跨境资本无序波动，即宏观审慎措施（MPMs）和资本流动管理措施（CFMs），二者可能重叠。其中 MPMs 主要着眼于应对系统性风险，强调逆周期、跨部门管理，其实施可能影响跨境资本流动，但并不以控制跨境资本流动为目的。CFMs 旨在直接影响资本流动的总量或构成，既包括区分居民与非居民的限制性措施，也包括不区分居民与非居民的限制性措施，后者主要包括基于交易币种的措施（经合组织称之为 Currency Based Measures，CBMs，即区别对待本外币跨境流动）和非金融领域的其他措施（如投资税）。

IMF 认为许多 MPMs 工具有助于应对跨境资本流动的风险传染，包括：一是广泛适用工具，如逆周期资本缓冲、杠杆率要求、宏观审慎压力测试；二是分部门资本工具，如贷款价值比、债务收入比、分部门资本要求；三是流动性工具，如针对不同币种的差异化流动性覆盖率和净稳定资金比率要求、对外汇存款实施更高的准备金要求；四是结构性工具，如银行间风险敞口上限、市场结构调整等。IMF 的 MPMs 框架没有明确列举 MPMs 的全部形式，其评估一项措施是否为 MPMs 取决于该措施是否被设计用于降低系统性风险：一是识别需要应对的潜在系统性风险的来源；二是确定该措施的传导路径，以及能否合理地降低系统性风险。

IMF 认为当宏观经济政策和 MPMs 无法对冲资本流动引致的

经济金融风险时，可以启动 CFMs。在特定条件下（如汇率和外汇储备接近均衡水平，货币政策和财政政策操作空间有限，或 MPMs 无法有效应对系统性金融风险），运用 CFMs 可以防止跨境资本流动风险进一步蔓延，为其他政策赢得宝贵时间。同时，IMF 也强调 CFMs 不应取代传统的宏观经济政策，CFMs 的使用要遵循透明性、针对性、临时性和非歧视性原则。

我国的跨境资本流动管理。 2015 年底至 2017 年初，受国内外多重因素影响，我国外汇市场几度出现较严重的"跨境资本大规模流出—外汇储备持续下降—人民币贬值压力增大"的负向螺旋。按照党中央、国务院决策部署，外汇管理部门会同相关部门综合施策，积极采取稳定外汇市场的综合性措施，避免了可能发生的高强度外汇市场冲击。在总结应对冲击经验的基础上，国家外汇管理局潘功胜局长于 2017 年中提出了跨境资本流动"宏观审慎＋微观监管"两位一体管理框架，强调"打开的窗户不会再关上"。在跨境资本流动宏观审慎管理方面，2015 年 8 月，人民银行对境内金融机构远期售汇征收 20% 风险准备金。2016 年 5 月，外汇管理部门实行全口径跨境融资宏观审慎管理。此后，人民银行在人民币兑美元中间价报价模型中引入逆周期因子。随着外汇市场变化，相关跨境资本流动宏观审慎管理工具先后退出、再重启（2018 年）、再退出（2020 年）。中国的跨境资本流动宏观审慎管理实践既立足中国国情，又逐步与国际惯例接轨。需要提醒的是，宏观审慎概念不能滥用，即便是部分管理措施具有逆周期特点，也不能简单地自认为是宏观审慎管理工具。应准确评估跨境资本流动宏观审慎管理与各类国际义务的关系，不能违背《国际货币基金组织协定》第八条款，不能限制经常项下国际支付和转移，不能增加经常项下对外支付成本，不能形成多重汇率。在实施宏观经济政策和 MPMs 后仍解决不了问题时，可以启用 CFMs，但尽量不针对"已开放"项目的交易。

外汇市场微观监管"三支柱"。 外汇市场微观监管是跨境资本流动"宏观审慎 + 微观监管"两位一体管理框架的重要组成部分。与跨境资本流动宏观审慎管理旨在维护外汇市场大局稳定不同，外汇市场微观监管基于市场不完全、个体非理性等基本假设，立足我国资本项目未完全开放的现实制度条件，对各类主体的跨境汇兑和转移实施真实性审核及资本流动管理措施、开展行为监管和微观审慎监管，维护可兑换政策框架稳定性和可信度，维护外汇市场有序竞争秩序，保护外汇市场投资者、消费者合法权益，防止外汇市场微观交易主体过度的汇率风险、货币错配风险承担，维护国家经济金融安全。

结合国际国内金融监管经验和我国资本项目可兑换进程的实际，我国外汇市场微观监管应具备"三支柱"。支柱一是实需管理、交易真实性审核，从重事前审批转向强调事中事后监管，确保现有外汇管理政策有效落地执行。支柱二是行为监管，是监管部门对金融机构经营行为的监督管理，包括打击操纵市场和内幕交易、反欺诈和误导、信息披露要求、个人金融信息保护、反不正当竞争/反垄断、消费争议解决等，维护公平、公正、有效竞争的外汇市场秩序，保护消费者、投资者合法权益。外汇市场行为监管包括对外汇批发市场和外汇零售端的行为监管。支柱三是微观审慎监管，是监管部门为了防范金融机构资不抵债风险，维护金融体系稳定，制定资本充足率、资产质量、风险集中度、流动性、市场风险管理、货币错配等审慎指引，定期组织现场检查，监测、评估风险状况，及时进行风险预警和处置，维护金融稳定。同时，外汇市场微观监管强调"三反"，"三支柱"也强调充分发挥自律机制的补充作用。

外汇交易真实性审核/实需管理。利用金融科技提升非现场监管的风险预警水平。聚焦重点开展现场检查，加强对全国主要银行、非银行金融机构和支付机构的检查，聚焦高风险业务违法违规行为。推进监管部门信息共享和监管合作，形成监管合力。推进金融监管国际合作。保持外汇市场微观监管政策和执法标准跨周期的稳定性、一致性和可预测性。建立既对标国际规则，又符合我国实际的工作机制。

外汇市场微观审慎监管：货币错配与金融危机。拉美债务危机、亚洲金融危机、次贷危机、欧债危机、阿根廷债务危机等近代几乎所有金融危机和债务危机都与货币错配相关。货币错配不仅引发并加剧了历次金融危机和债务危机，而且增加了危机应对成本，限制货币政策调控空间，影响汇率机制发挥作用，加剧宏观经济金融稳定和跨境资本流动风险。IMF、国际清算银行、世界银行等研究发现，货币错配可能导致银行业发生系统性危机的概率提高 6 倍，汇率超调增加 12 个百分点，国内生产总值增速下降 5.5 个百分点等。此外，货币错配在微观层面对银行的信用风险、市场风险和流动性风险，以及企业的估值、净收入、资金来源等负面影响巨大。

危机后各国普遍加强货币错配问题监管，对我国外汇市场微观审慎监管也有较大启示。一是应加强货币错配与汇率风险的数据共享与监管合作，包括监管指标（如累计外汇敞口、资本充足率监管中对汇率风险的最低资本计量要求）和监测指标（如外汇流动性比例）等。二是研究外汇市场微观审慎监管要求及其可能的逆周期调节功能，促进非金融企业充分进行套期保值。对于没有进行有效对冲的外币贷款，研究计算资本充足率时提高其风险权重和相应资本金要求的必要性、可行性（参照《巴塞尔协议Ⅲ》）。引导企业树立"财务中性"管理理念。控制政府对市场主体的跨境债务提供隐性担保的问题。三是针对跨境投融资较为活跃的企业/企业集团，加强货币错配与汇率风险的监测和风险提示，研究针对非金融企业货币错配监管指标的要求，如印度尼西亚要求非银行企业6个月内到期的净外币负债对冲比例不得低于25%。四是发展境内衍生品市场，降低企业汇率风险对冲成本。

外汇批发市场行为监管。 国际上，外汇市场是最大的金融市场，日交易量达5万亿美元左右。过去普遍认为外汇批发市场是"净土"，原因是市场规模巨大，因而很难操纵。2007年以来，全球汇率操纵案件的曝光，敲响了监管警钟。汇率操纵不仅影响外汇市场的公平、透明、稳定，而且广泛影响道琼斯、标普500、富时100等主要股票指数。2014年以来，各国明显加大了对外汇市场的监管力度，数家国际大型银行因泄露客户敏感信息、操纵外汇市场汇率（常用手段包括抢先交易、自营交易、超额买卖、止损狩猎等）、欺诈交易等不当行为受到欧美等监管机构重罚超过百亿美元。

目前我国外汇批发市场秩序良好，发展稳健，但是也存在倒量交易影响价格有效性（外资机构对违规行为基本"敬"而远之），行为监管仍面临法规建设相对市场发展滞后、"有原则缺规则"、市场自律机制对不当交易行为约束性不足等问题。随着我国外汇市场逐步扩大双向开放，市场化程度提高，有必要未雨绸缪，加强外汇批发市场交易的行为监管。一是研究制定《银行间外汇市场交易行为监管指引》并修订《外汇管理条例》。二是强化外汇管理部门对外汇批发市场交易的行为监管职能，探索与其他国内、国际机构建立联合调查机制。三是建立外汇批发市场的规则体系。禁止操纵市场、欺诈交易、内幕交易、非法披露信息、利益输送、倒量交易等不当行为。2019 年国家外汇管理部门加强了对外汇批发市场的行为监管，外汇批发市场交易更加合规理性。2019 年银行间外汇市场交易量（外汇批发市场）与上年基本持平，改变了 2015 年以来外汇批发市场交易量逐年大幅增长的态势，如 2018 年、2017 年、2016 年交易量分别较上年增加了 4.5 万亿美元、3.5 万亿美元和 3.3 万亿美元，三年增幅均在 20% 以上，相当于 2019 年同比少增了 4 万亿~5 万亿美元交易量。四是要求市场参与者健全内控机制和风险管理框架。五是明确对操纵市场、欺诈交易等外汇批发市场违规交易行为的法律责任和处罚依据。在法律责任主体方面，实施人员和机构双罚制。在法律责任形式方面，对个人采取奖金追回、辞退、市场禁入、追究刑事责任等处罚；对机构主要是没收违法所得、罚款，中长期可研究限制结售汇综合头寸、限制外汇资产规模扩张、引入刑事法律责任等。在罚款金额方面，可借鉴发达市场经济体做法，综合考虑违法所得、市场危害影响程度、历史违规记录等因素，罚款金额应足以起到威慑作用。六是探索开展外汇批发市场违规行为处罚的行政和解试点。七是建立完善我国银行间同业拆借市场、债券市场、黄金市场等人民币批发市场的行为监管规则。八是研究建立线索举报奖励和保护制度（Whistleblower Program）。借鉴《二十国集团有效保护举报人的高级别原则》框架和发达市场经济体等国际经验，结合我国实际，建立和实施保护举报人的法律及政策，提供畅通的举报渠道，确保对报复者实行有力制裁，有效保护举报人。

外汇市场零售端行为监管：消费者与投资者保护。 2008 年国际金融危机以来，各国都在加强金融业行为监管与消费者保护。近年来，我国金融业发展迅速，金融对外开放程度不断加深，与外汇有关的金融产品和服务的可获得性显著提升。与一般金融产品和服务相比，外汇市场的金融产品和服务要求金融消费者（含投资者）具有更高的金融素养，其受境外金融市场变动的影响更为明显，金融消费者更容易暴露在风险之中，权益保障面临更多挑战。需要加强外汇市场消费者合法权益的保护，督促金融机构提升涉汇经营活动的合规性，有效保护金融消费者财产安全权、知情权、自主选择权、公平交易权、依法求偿权，加强个人信息保护，打击虚假宣传、欺诈等行为，维护公平透明的市场环境。引导金融消费者主动学习掌握金融知识和市场风险特征，树立"自享收益、自担风险"的意识，提高自我保护能力。

"跨境交付"模式下跨境金融服务的开放与监管。 近年来，借助数字技术的发展，跨境金融服务趋于增多，表现为金融机构在一个国家，通过数字平台给另外一个国家市场主体提供金融服务，即"跨境交付"模式的跨境金融服务。数字技术的发展促进了金融开放，也给各国监管带来了新的课题。更加开放的金融市场，需要更加有效的监管。要强调金融必须持牌经营，金融牌照必须有国界。跨境金融服务不可"无照驾驶"，跨境"无照驾驶"是对一国金融国境的侵犯，是对一国金融主权的侵犯。我国目前监管的重点是无法在我国国内拿到金融牌照的国内企业迂回国外拿到金融牌照、通过数字平台为国内提供金融服务的"无照驾驶"行为、相关的跨境资金流动违法违规行为以及在境内投放的各种非法广告等。我国金融业必须不断扩大开放，境外机构在我国开展金融活动必须依法履行我国金融牌照等有关规则要求，以持有的外国牌照在我国展业属于"无照驾驶"，牌照要有国界。我国相关金融监管部门必须守土有责，严查重罚跨境在我国境内"无照驾驶"行为及其涉及的跨境非法金融广告，外汇管理部门必须继续严惩涉及的违法违规跨境资金流动行为。推进国际司法合作、监管合作，共同维护国际金融秩序。

从跨境视角看 Libra 等数字货币。基于目前公布的 Libra 技术框架，从跨境资金流动视角看，数字货币 Libra 跨境自由流动将挑战我国现行外汇管理政策规定，非法跨境资本流动可能增加。应对思路：一是我国必须将数字货币 Libra 视作外币，其兑换、使用必须遵守我国现行各项外汇管理规定。二是必须坚持人民币境内法定货币地位。境内计价结算的法定货币只能是人民币，但是技术上要能够识别数字环境下的跨境交易和境内交易。三是对 Libra 应要求其持我国金融牌照，遵守我国监管规则。以上如果做不到，我国应禁止 Libra 等数字货币。从长远看，关键还是要深化改革，扩大开放，不断壮大我国经济实力和综合国力。各国货币在国际上的竞争，起决定作用的是各个国家的政治、经济、军事、文化等综合实力的竞争。

市场消息、汇率波动与个人外汇业务"羊群行为"特征。2015 年以来，我国外汇市场上的市场消息、汇率波动、个人外汇业务变化表现出很强的同步共振特征，个人外汇业务体现出"羊群行为"特征，对外汇市场平稳运行形成挑战。实证研究发现：

一是汇率波动和市场消息会影响个人外汇业务。汇率贬值或市场消息消极变动，会增加个人购汇；汇率升值或市场消息积极变动，会减少个人购汇。二是市场消息、汇率波动对个人外汇业务存在螺旋强化影响效应。市场消息对个人购汇的影响会通过汇率波动渠道被放大，汇率波动对个人购汇的影响也会通过市场消息渠道被放大，导致个人外汇业务"羊群行为"特征明显。应对思路：一是相关监管部门加大与市场沟通，及时澄清虚假或恶意消息，释放权威消息，防范个人外汇业务盲目受市场消息、汇率波动影响而出现"羊群行为"的风险。二是积极完善个人外汇业务管理，维护外汇市场稳定。

内外部金融周期差异对跨境资本流动的影响。在开放经济条件下，经济金融的繁荣和衰退与跨境资本流动联系紧密。一方面经济金融开放能够吸引国际资本流入，促进经济金融繁荣发展；另一方面经济金融开放也为跨境资本流动打开了方便之门，增加了一国经济金融体系面临外部冲击时的脆弱性。针对内外部金融周期差异对中国跨境资本流动的实证研究发现：一是中国跨境资本流动波动主要来自短期资本流动波动。从分类看，其他投资波动较大［根据IMF《国际收支手册》（第六版），金融账户分为直接投资、证券投资、金融衍生工具、其他投资和储备。其他投资为没有列入直接投资、证券投资、金融衍生产品和雇员认购权以及储备资产的头寸和交易。具体包括：（a）其他股权；（b）货币和存款；（c）贷款；（d）非人寿保险技术准备金、人寿保险和年金权益、养老金权益等；（e）贸易信贷和预付款；（f）其他应收、应付款；（g）特别提款权分配］。从方向看，流入波动要大于流出波动。二是利差、汇差、资产价差（股指变动差异和房价变动差异）是影响跨境资本流动的重要因素，汇差和资产价差对短期资本流动影响尤甚。三是内外部金融周期差异变动对资本流入的影响比对资本流出的影响更明显。四是近年来利差对跨境资本流动影响减弱，汇差和资产价差对跨境资本流动影响增强。研究启示：一是防范跨境资本流动风险要关注其他投资资本流动大幅波动风险。二是注意防范汇率和资产价格波动共振对跨境资本流动的冲击。

结构视角下跨境资本流动的顺周期性。从结构视角就我国国内经济周期和全球金融周期对不同类别、不同部门跨境资本流动影响的实证研究发现：一是总量跨境资本流动随着国内经济周期和全球金融周期顺周期变化，当国内 GDP 增速上升时，净流入增加；当全球金融风险上升时，净流入减少。如果把净流入分为流入和流出分别分析，顺周期性则更加明显。二是分类别看，直接投资跨境资本流动与国内经济周期和全球金融周期不存在显著的影响关系，即不存在顺周期性；其他投资跨境资本流动体现出与总量跨境资本流动一致的顺周期性；证券投资跨境资本流动受全球金融周期影响明显，当全球金融风险上升时，发展中国家证券投资净流入减少、发达国家证券投资净流入增加，证券投资跨境资本会避险流入发达国家。三是分部门看，其他投资项下银行部门和企业部门跨境资本流动顺周期性明显，政府部门和中央银行顺周期性不明显；证券投资跨境资本流动避险现象主要受企业部门驱动。研究启示：一是跨境资本流动风险管理要聚焦证券投资和其他投资，监管着力点是做好对银行部门和企业部门顺周期行为的调控。二是发展中国家在全球高风险时期要格外注意防范外部冲击引起的证券投资跨境资本流出。

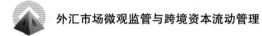

　　构建开放条件下更加强健的金融安全网。经过多年不懈努力，我国金融安全网建设取得积极成效，守住了不发生系统性金融风险的底线。为更好防范化解系统性金融风险，维护国家经济金融安全，应在不断完善微观审慎监管、存款保险、最后贷款人等传统金融安全网支柱的基础上，强化行为监管和宏观审慎管理，从传统三支柱金融安全网拓展为五支柱金融安全网。要进一步提高微观审慎监管有效性，在批发端和零售端加强金融业行为监管，深化存款保险早期纠正和风险处置职能，在实践探索中持续健全符合我国国情的宏观审慎政策框架，建立更加严格规范的最后贷款人机制。开放条件下，微观审慎监管要更加重视跨境金融服务持牌经营，重视汇率、货币错配、外币流动性、涉外贷款的国别集中度等风险管理，行为监管要更加重视外汇市场的虚假倒量、操纵市场、内幕交易和消费者/投资者保护，研究存款保险的国际合作机制，研究国际最后贷款人如何成为我国金融安全网的支撑部分和我国如何履行国际最后贷款人（人民币）职能，宏观审慎管理中要重视跨境资本流动宏观审慎管理框架的不断完善。同时，落实功能监管要求，消除监管空白、监管盲区，重视科技赋能，强化多部门协同，加强国际监管合作。统筹改革、开放与监管之间的关系，统筹发展与安全之间的关系，绝不可偏废。健全金融风险预防、预警、处置、问责机制，构建与更高开放水平相适应的、更加强健有效的金融安全网，维护金融稳定，维护国家经济金融安全。

目　　录

第一章　我国跨境资本流动管理的政策框架和实践 ················ 1

一、目前 IMF 关于跨境资本流动管理的政策框架 ············· 1

二、IMF 关于跨境资本流动管理的操作原则 ··········· 8

三、中国跨境资本流动管理的实践 ················· 11

四、立足中国实际，尊重国际惯例，不断完善优化
　　跨境资本流动管理框架 ················· 13

附件　IMF 2019 年资本流动管理措施分类 ············· 16

附表 1　IMF 对阿根廷资本流动管理措施的分类（2019 年）··· 18

附表 2　IMF 对中国资本流动管理措施的分类（2019 年）····· 23

附表 3　IMF 对印度资本流动管理措施的分类（2019 年）····· 31

附表 4　IMF 对韩国资本流动管理措施的分类（2019 年）····· 36

第二章　对我国外汇市场微观监管框架的构想 ·················· 37

一、外汇市场微观监管的"三支柱" ··············· 37

二、支柱一：不断完善外汇交易真实性审核/实需管理方式，
　　确保现有外汇管理政策有效落地和执行 ·········· 39

三、支柱二：从批发市场和零售市场两个维度，完善
外汇市场微观行为监管 ···························· 41

四、支柱三：加强跨部门监管合作，完善外汇市场
微观审慎监管 ································ 43

第三章 货币错配与金融危机：各国的教训和监管应对 ········· 46

一、货币错配的定义 ····························· 47

二、货币错配的衡量指标 ·························· 48

三、货币错配是历次债务危机的导火索和放大器 ········· 51

四、货币错配的影响 ····························· 61

五、20 世纪 90 年代至今 EMEs 货币错配走势 ·········· 66

六、货币错配的来源 ····························· 73

七、危机后各国普遍对货币错配加强监管 ·············· 80

八、启示 ···································· 94

第四章 构建我国外汇批发市场行为监管体系 ············· 98

一、我国外汇批发市场行为监管现状 ················· 98

二、加强我国外汇批发市场行为监管的必要性 ·········· 100

三、外汇批发市场行为监管的国际经验 ·············· 102

四、完善我国外汇批发市场行为监管 ··············· 108

专栏 4-1 CFTC 在美国外汇市场监管中发挥的作用 ····· 114

专栏 4-2 外汇管理部门加强监管 外汇批发市场交易
更加合规理性 ···················· 117

专栏 4-3 建立我国金融业批发市场行为监管体系 ········ 118

第五章　金融业行为监管不断强化：跨国银行汇率操纵案的警示 … 127

一、近年来的国际大行汇率操纵案 …… 128

二、国际大行汇率操纵案件频发的原因 …… 134

三、汇率操纵常用手段 …… 136

四、欧美监管机构对汇率操纵监管分工和法律依据 …… 150

五、欧美监管机构对汇率操纵处罚依据 …… 157

六、小结 …… 168

第六章　外汇市场零售端行为监管：消费者与投资者保护 …… 169

一、加强外汇市场金融消费者保护的必要性 …… 169

二、消费者的八项基本权利 …… 171

三、外汇市场金融消费者投诉的主要类型 …… 171

四、做好外汇市场金融消费者保护工作的建议 …… 179

第七章　"跨境交付"模式下跨境金融服务的开放与监管 …… 181

一、何谓"跨境金融服务" …… 182

二、更加开放、更趋一体化的全球金融市场 …… 185

三、从国际上看，开放的金融市场都有严格的金融监管 … 188

四、金融科技（FinTech）发展对跨境金融服务的影响 …… 194

五、我国"跨境交付"模式下跨境金融服务的开放 …… 199

六、加强跨境金融服务监管 …… 207

第八章　从跨境视角看数字货币 Libra …… 216

一、Libra 对外汇管理及跨境资金流动的影响 …… 216

二、新兴市场国家关于 Libra 必须想清楚的几个问题 …… 219

三、几点建议 ………………………………………… 221

四、结语 ………………………………………………… 223

第九章　市场消息、汇率波动与个人外汇业务"羊群行为"特征 … 225

一、引言 ………………………………………………… 225

二、文献综述 …………………………………………… 228

三、理论逻辑 …………………………………………… 233

四、检验设计与变量说明 ……………………………… 237

五、结果分析 …………………………………………… 243

六、结论与建议 ………………………………………… 251

第十章　内外部金融周期差异如何影响中国跨境资本流动 …… 253

一、文献综述 …………………………………………… 253

二、影响机制 …………………………………………… 256

三、实证模型与变量获取 ……………………………… 261

四、实证结果与分析 …………………………………… 266

五、结论与启示 ………………………………………… 279

第十一章　结构视角下的跨境资本流动顺周期性研究 ……… 281

一、引言 ………………………………………………… 282

二、文献回顾 …………………………………………… 285

三、跨境资本流动顺周期性的机制分析 ……………… 289

四、模型设定与数据来源 ……………………………… 292

五、结果分析 …………………………………………… 296

六、结论与启示 ………………………………………… 314

第十二章　构建更加强健有效的金融安全网 ················· 316

　　一、提高微观审慎监管有效性 ······················· 317

　　二、加强金融业行为监管 ···························· 326

　　三、完善宏观审慎管理框架 ························· 331

　　四、深化存款保险早期纠正和风险处置职能 ············· 333

　　五、完善最后贷款人职能 ···························· 334

　　六、结论 ··· 335

参考文献 ·· 338

后记 ·· 355

第一章 我国跨境资本流动管理的政策框架和实践

2008 年国际金融危机后，世界各国的决策者面临的一个关键挑战是：如何预防和管理跨境资本流动风险，防范其对一国或全球金融稳定和可持续增长造成破坏，同时从金融全球化中获益。尤其是短期跨境资本具有逐利性、易超调和顺周期性等特点，大进大出、快进快出容易引发跨境风险，甚至演变成金融危机。新世纪以来，以国际货币基金组织（International Monetary Fund，IMF）为代表的国际社会逐渐转变立场，不断完善跨境资本流动政策框架，提出了宏观经济政策、结构性政策、宏观审慎政策和资本流动管理措施四个层次的政策框架。借鉴国际经验，中国在实践探索中提出了跨境资本流动"宏观审慎 + 微观监管"两位一体管理框架，未来应不断完善跨境资本流动宏观审慎管理和微观监管，更好地服务实体经济高质量发展，提升防范化解跨境资本流动风险和维护国家经济金融安全的能力。

一、目前 IMF 关于跨境资本流动管理的政策框架

IMF 对资本流动管理的态度，经历了从否定资本管制到肯定跨

境资本流动宏观审慎管理的转变。20世纪90年代后期，IMF曾经酝酿对《国际货币基金组织协定》进行调整，拟要求成员国承担资本流动自由化的义务。亚洲金融危机的爆发打乱了改革进程。较多成员国认为过早实现资本流动自由化是亚洲金融危机的根源，IMF开始反思对跨境资本流动管理的立场。新世纪以来，IMF逐渐认可新兴经济体必要时采取跨境资本流动管理的合理性。2012年，IMF发布《资本流动的自由化和管理：机构观点》（*The Liberalization and Management of Capital Flows：An Institutional View*），提出应对跨境资本流动主要应包括四大类政策（见表1-1）：一是宏观经济政策，二是结构性政策，三是宏观审慎措施，四是资本流动管理措施。

表1-1　　　　跨境资本流动管理的四大类政策

政策类别	宏观经济政策	结构性政策	宏观审慎措施	资本流动管理措施
工具性质	中短期措施	长期性措施	中短期措施	中短期措施
实施目标	实现宏观政策目标	提高经济发展潜力	防范系统性风险	直接管理资本流动
实施环境	跨境资本流动引起宏观经济风险时优先使用	各国根据自身发展需要有选择性地持续推进	跨境资本流动引起金融稳定风险时优先使用	宏观经济政策和宏观审慎政策调整空间有限，或者必要的政策措施和宏观经济调整均需要一定时间起效时使用，并作为一揽子政策的一部分
具体工具	汇率政策、储备政策、货币政策、财政政策等	产业政策、微观政策	包括广泛适用工具、部门工具、流动性工具、结构性工具	包括税收、限制、持有期、准备金、强制结汇/汇回、禁止等

（一）跨境资本流动管理的四大类政策

第一，宏观经济政策旨在增进整个社会经济福利、改进国民经济运行状况、实现宏观调控目标。可影响跨境资本流动的宏观经济政策包括货币政策、财政政策、汇率政策及储备政策等。

货币政策通过调整货币供应量或利率等，会影响境内外利差，进而影响跨境资本流动。紧缩或扩张性的财政政策通过调节政府收支和国内总需求进而影响跨境资本流动。汇率政策通过汇率的升贬值来调节外汇市场供求失衡。储备政策通过吞吐外汇储备平抑外汇市场波动。

第二，结构性政策旨在提高经济潜在生产力。根据 2016 年二十国集团（G20）杭州峰会通过的《二十国集团深化结构性改革议程》，结构性政策主要涉及九大领域：一是促进贸易和投资开放；二是推进劳动力市场改革及获取教育与技能；三是鼓励创新；四是改善基础设施；五是促进财政改革；六是促进竞争并改善营商环境；七是改善并强化金融体系；八是增强环境可持续性；九是促进包容性增长。通过上述结构性改革举措可提高一国经济发展质量，为吸引长期稳定资本夯实基础。

从实践看，近年来新兴经济体无法有效应对跨境资本流动冲击，归根到底还是自身结构性矛盾和内生脆弱性所致。2018 年，阿根廷比索、土耳其里拉兑美元汇率分别贬值 50.6% 和 28.3%，源于相关国家在危机爆发前存在以下不足：一是经常项目逆差占 GDP 比重高；二是财政赤字高；三是通货膨胀高；四是外债依存度高；五是外汇储备不充足；六是经济结构单一，且过度依赖初级产品。

第三，宏观审慎措施（Macro Prudential Measures，MPMs）是应对系统性风险的审慎政策。所实施政策可能影响跨境资本流动，但并不以控制跨境资本流动为目的。系统性风险的核心是指金融体系受损，导致金融服务中断或被破坏，给实体经济带来严重的负面影响。宏观审慎措施的主要功能包括提升金融体系应对形势逆转的韧性；

在时间维度上，通过减少资产价格与信贷之间的顺周期反馈，抑制系统性脆弱因素累积；在结构维度上，遏制金融中介机构的内部联系及关键市场机构的重要作用可能引起的金融体系内部脆弱性累积。

微观审慎和货币政策存在不足，需要使用必要的宏观审慎措施。首先，在微观审慎方面，个体稳健并不意味着整体稳健。微观审慎监管强调单家机构风险防范，忽视了经济学上的"合成谬误"。其次，在货币政策方面，货币政策侧重于经济增长和物价水平等目标，但金融体系的内在不稳定对实体经济的影响越来越不容忽视。在货币政策之外，须建立维护金融稳定的逆周期审慎措施。

IMF 列出的常见宏观审慎措施（见表 1－2）：一是逆周期资本缓冲、系统性资本附加要求、系统流动性附加要求等措施；二是部分传统的监管指标，如贷款价值比、债务收入比、流动性覆盖率等也被认定具有宏观审慎特征。此外，IMF 宏观审慎政策框架并没有罗列宏观审慎措施的全部形式，以便各国采用新措施防范特殊情况下面临的系统性风险。

表 1－2　　　　　　　　　IMF 列出的宏观审慎措施

风险类别	周期性风险（跨期）	结构性风险（跨部门、跨产品、跨机构）
专门的宏观审慎措施	逆周期资本缓冲（CCB）	系统重要性机构管理 系统性资本附加要求
	非存款类债务税收	系统流动性附加要求
	逆周期风险权重	非存款类债务税
	周期系统流动性附加	对不通过中央对手方清算的交易提出更高资本要求
		提高部门资本要求
由其他工具演变而来的宏观审慎措施	贷款价值比（LTV） 债务收入比（DSTI） 贷款收入比（LTI） 杠杆率	出于控制金融风险考虑拆分金融机构的权力

风险类别	周期性风险（跨期）	结构性风险（跨部门、跨产品、跨机构）
由其他工具演变而来的宏观审慎措施	周期性存贷比限制 周期性贷款规模及增速限制	证券借贷和衍生品最低保证金要求
	周期性货币错配及敞口限制	对系统性风险敏感的存款保险风险溢价
	流动性覆盖率（LCR） 净稳定资金比率（NSFR）	特定类别交易限制（如限制系统重要性机构房地产交易）
	动态贷款损失准备（DPR）	限制企业部门信贷增长 限制企业外汇信贷比重

第四，资本流动管理措施（Capital Flow Management Measures，CFMs）旨在直接影响资本流动的总量或构成。根据 IMF 的机构观点（2012 年），CFMs 是旨在限制资本流动的措施，既包括区分居民与非居民的限制性措施（资本管制），也包括不区分居民与非居民的限制性措施（主要为跨境资本流动宏观审慎管理），如表 1-3 所示。后者主要包括基于交易币种的措施（经济合作与发展组织称之为 Currency-Based Measures，CBMs）和非金融领域的其他措施（如投资税）。

表 1-3　　　　IMF 列出的跨境资本流动措施

应对方向	措施类型	具体要求
应对资本流入	限制	限制居民向非居民借债 限制外汇衍生品交易头寸 限制银行外汇贷存比 限制银行短期外债比例
	税收	对证券、保证金存款和衍生品投资资金征税 对与居民进行金融交易的收益征税 对非居民购买境内房地产征税 对预付信用卡、借记卡、旅行支票和 ATM 取现征税 对非居民国债所赚利息征税 对银行外币计价的非存款负债征税

续表

应对方向	措施类型	具体要求
应对资本流入	持有期要求	设定非居民投资境内金融资产的最低持有期
	准备金要求	居民向非居民的借债需缴纳准备金 外汇存款需缴纳准备金 外汇衍生品交易需缴纳准备金
应对资本流出	限制	限制居民持有境外资产 限制从银行提取外币现钞 限制无本金交割外汇衍生品交易 限制在境外使用外币计价的支付卡 限制银行每日购汇头寸 限制个人与贸易无关的国际转移
	税收	针对银行购买的外汇征税
	禁止/许可要求	居民向非居民贷款需许可或禁止 居民向境外转移资产需许可或禁止 银行外汇衍生品交易需许可或禁止 提前偿还非居民贷款需许可或禁止 向境外转移股息需许可
	准备金要求	针对外汇远期合约和相关衍生品交易
	强制结汇/汇回要求	要求居民存放境外的出口收入或投资收益在一定时期内汇回国内
	其他	海外股息、利息、付款需要用外币 在有自有外汇时不能额外购汇进行对外付款

（二）在跨境资本流动管理中把握好 MPMs 与 CFMs 的平衡

首先，MPMs 与 CFMs 功能相近，但各有侧重。两者主要区别在于目标。MPMs 被经济合作与发展组织（OECD）视为抵御外部冲击、保持金融稳定的"基石"（Foundation），应优先使用。而资本管制等其他 CFMs 是应对外部冲击的"防火墙"（Firewall），是最后防御措施。为防范系统性风险的累积，MPMs 可以事先出台并予以维持，CFMs 不可以事先实施，一般情况下应为临时性措施。基于

CFMs 与 MPMs 的差别，IMF 强调对各国措施首先进行分类，据此提供政策建议，并从 2018 年开始对各成员国新变动的措施进行了分类。

其次，MPMs 与 CFMs 两大工具存在交集，难以完全分开。如果跨境资本流动引发系统性风险，CFMs 能有效降低系统性风险，则此类 CFMs 兼具 MPMs 宏观审慎属性（CFMs/MPMs）。如非居民大规模购房推动房价上涨，对非居民采取歧视性的贷款价值比要求是 CFMs/MPMs。一项宏观审慎措施可能对资本流动产生影响，并不足以被认定为 CFMs/MPMs。

OECD 将 CBMs 视为独立于 MPMs 或 CFMs 的跨境资本流动管理措施（如图 1 - 1 所示）。OECD 认为，CBMs 在实践中具有显著重要性，故将其视为一类独立的政策工具。OECD 框架下的 MPMs，主要指既不针对居民身份也不针对交易币种差异对待的审慎措施。虽然 CBMs 并不针对非居民交易进行歧视，但也具有 CFMs 属性（如针对银行外币远期交易无息准备金要求）。

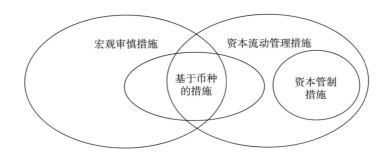

图 1 - 1 资本流动管理措施、宏观审慎措施和基于币种的措施之间的关系

最后，在与各国进行磋商时，IMF 把 CFMs 判定为"恰当"（Appropriate）和"不恰当"（Non - appropriate）两类。宏观经济政策没有充分使用之前就采取 CFMs，CFMs 长期使用不退出，被 IMF

判断为"不恰当"。尽管这种判定没有直接后果，但会使一国国际形象受损。

IMF认为判断一项资本流动管理措施是否"恰当"会综合考虑多种因素和该国所面临的实际情况。同一措施可能在一国是恰当的，在另一国则不恰当；或在某一情况下是恰当的，在另一情况下则不恰当。IMF和当事国对这些问题的判断可能有差异，IMF内部也会有不同的判断。

IMF强调资本项目开放最好不要反复，已经开放的资本项目最好不要走回头路，除非其他措施均已失效。其逻辑是一国可以根据金融稳健程度决定"开放"的快慢，但一旦"开放"，就应该尽量保持政策稳定性，避免走回头路带来的不确定性，扭曲市场。所以，宁可谨慎地实施自由化，也不要过度自由化后跨境资本流动波动大时再走回头路。

二、IMF关于跨境资本流动管理的操作原则

操作原则一：从长期来看，持续推进结构性改革是提高经济发展潜力，抵御外部冲击的根本举措。结构性政策属于长期性政策，各国可根据经济发展所处的不同阶段和薄弱环节，有选择性地稳步推进结构改革，夯实经济发展的根基。

操作原则二：从短期来看，解决跨境资本周期波动，需要依靠宏观经济政策、MPMs等价格和数量工具组合。IMF表示采取何种政策组合来解决跨境资本流动风险须视各国情况而定，在处理跨境资本流动引起的不同风险时要有针对性地优先使用相应的政策工具。

操作原则三：当资本流动主要引起的是宏观经济风险时，应优

先使用宏观经济政策。IMF 的报告展示了不同经济状态下应对资本异常流入时的政策组合（如图 1-2 所示），三个圆圈表示的经济状态依次为汇率非低估、外汇储备充足、经济过热。三种状态组合共衍生出 7 种不同的情况。以汇率非低估、经济非过热、外汇储备非充足的经济状态为例（图 1-2 中最上方扇形部分），由于经济并非过热，可通过降低利率政策抑制资本流入；由于外汇储备并不充足，汇率非低估，也可通过积累外汇储备应对资本流入，但应采取非冲销式干预，在防止汇率升值的同时刺激经济增长。

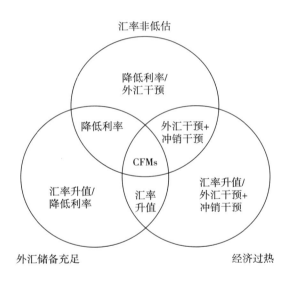

图 1-2 资本流入时的宏观经济政策组合

操作原则四：当资本流动主要引起的是金融稳定风险时，应优先使用 MPMs。跨境资本可以通过金融机构（银行）和非金融机构（企业和个人）两个渠道影响金融稳定，当经济体面临的外债和外币借款压力较大进而影响金融稳定时，需要使用 MPMs 加以管理。

对于跨境资本通过银行体系流入的情形，须关注银行负债风险和资产风险，实施针对银行部门的审慎工具。其中，针对银行负债风险的工具有本外币差别存款准备金要求、对金融机构非存款类负债征税等；针对银行资产风险的工具有调整外币贷款风险权重、外币敞口限制等。

对于跨境资本绕过银行体系进入的情形（比如企业直接在境外发债融资），须关注非金融机构的负债风险和货币错配风险，实施针对非金融机构的资本管制手段。由于这类流入资金处在审慎政策监管之外，针对其引起的金融稳定风险须使用一定程度的资本管制手段。

操作原则五：当宏观经济政策和宏观审慎措施无法对冲资本流动引致的经济金融风险时，可以启用CFMs。在特定条件下（如汇率和外汇储备接近均衡水平，货币政策和财政政策操作空间有限，或MPMs无法有效应对金融风险），运用CFMs可以防止跨境资本流动风险进一步蔓延，为其他政策赢得宝贵时间。

CFMs不应取代传统的宏观经济政策。IMF不反对使用CFMs，但强调CFMs的使用要遵循透明性、临时性和非歧视性原则。透明性即政策目标沟通应该透明，避免过分扰乱市场和公众预期，价格型政策优于数量型政策；临时性指当资本流入或流出压力减小时，应削减和退出CFMs，以降低对经济造成的扭曲；非歧视性是指通常情况下CFMs不应区分居民与非居民，对非歧视性措施应优先考虑。

综上所述，跨境资本流动管理是一个庞大的政策框架体系，包含不同的政策工具和操作原则。图1-3为IMF提出的应对资本流入时跨境资本流动管理的政策框架（资本流出时反向操作同样适用）。

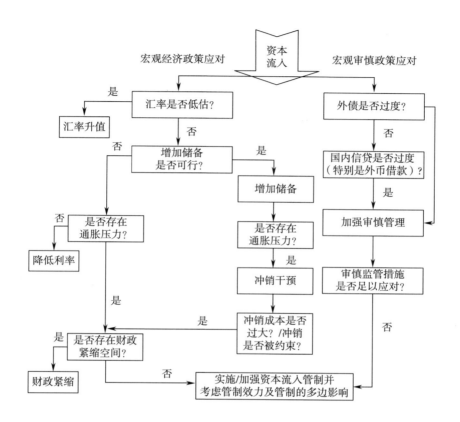

图1-3　资本流入时跨境资本流动管理的政策框架

三、中国跨境资本流动管理的实践

在改革开放以来相当长的一段时期，我国面临外汇短缺压力，外汇管理在维护国际收支平衡中发挥了十分重要的作用。1994年人民币汇率实现并轨，建立了以市场供求为基础的、单一的、有管理的浮动汇率制度。1998年亚洲金融危机期间，中国承诺人民币汇率不贬值，此后相当长的时间内人民币兑美元汇率保持在8.27上下，直到 2005 年人民币汇率形成机制改革。面对亚洲金融危机时期出现的资本外流压力，外汇管理多措并举，加强经常项目对外支付真实性审核、严格资本项目用汇管制，并加大外汇执法力度，严厉打击逃汇和骗购外汇。上述措施并没有违背经常项目可兑换承诺，对维护外汇市场稳定发挥了积极作用。

2005 年汇率形成机制改革以来，综合运用价格和数量工具维护外汇市场平衡。2005 年，人民币汇率不再单一盯住美元，开始实施以市场供求为基础、参考一篮子货币进行调节、有管理的浮动汇率制度，人民币汇率市场化程度提高、弹性增加，对维护外汇市场平衡发挥了更大的作用。2014 年 3 月，人民币汇率浮动区间扩大至 2%，汇率"自动稳定器"的作用不断加强。在价格调节作用不断增强的同时，数量调节工具日趋完善。2008 年国际金融危机前，运用外汇市场干预方式调节外汇市场供求，同时稳妥有序推进人民币资本项目可兑换，有序拓宽对外投资渠道，对冲资本流出压力。

2015 年以来，外汇管理探索构建跨境资本流动"宏观审慎 + 微观监管"两位一体管理框架。2015 年"8·11"汇改之后，面对资本持续外流压力，人民银行、外汇管理部门综合运用汇率、利率和外汇市场干预等数量和价格工具对跨境资本流动进行逆周期调节，同时加强真实性合规性管理，打击虚假贸易、地下钱庄等违法违规交易，维护外汇市场稳定。总结 2015 年底以来应对外汇市场几次高强度冲击的经验，外汇管理部门提出了跨境资本流动"宏观审慎 + 微观监管"两位一体管理框架。这个框架的核心包括三点：一是明确"打开的窗户不会再关上"。2017 年 2 月，外汇管理部门表示中国经济深度融入经济金融全球化的趋势不可更改，外汇管理政策不会后退，更不会走回资本管制的老路，将继续推动中国金融市场的改革开放。二是引入以宏观审慎为核心的跨境资本流动管理工具。以市场化方式逆周期调节外汇市场顺周期波动，防范国际经济金融风险跨市场、跨机构、跨币种、跨国境传染。2015 年 8 月，人民银行对境内金融机构远期购汇征收20% 风险准备金。2016 年 5 月，外汇管理部门实行全口径跨境融资宏观审慎管理。此后，人民银行在人民币兑美元中间价报价模型中引入逆周期因子。随着外汇市场好转，相关跨境资本流动宏观审慎管理工具先后退出。2018 年下半年，外汇市场再次出现高强度冲击，包括"逆周期因子"等带有宏观审慎特征的跨境资本流动管理工具再次重启。2020 年 10 月，"逆周期因子"淡出使用。三是推进外汇市场微观监管方式转变。改变用微观政策逆周期调节跨境资本流动的做法，保持政策和执行标准跨周期的稳定性、一致性和可预测性，依法依规维护外汇市场秩序，强调反洗钱、反恐怖融资、反逃税。

四、立足中国实际，尊重国际惯例，不断完善优化跨境资本流动管理框架

（一）打好政策组合拳，把握好工具的优先顺序

应对外汇市场冲击需要标本兼治，综合运用结构性政策托底、宏观调控政策夯实基本面、宏观审慎和资本流动管理措施削峰填谷熨平短期波动、微观监管维护外汇市场秩序。要在跨境资本流动"宏观审慎 + 微观监管"两位一体管理框架下，不断完善"宏观审慎工具 + 资本流动管理措施 + 微观监管"的"三支柱"。

1. 优先运用传统宏观经济政策工具。加强财政政策和货币政策的协调配合，保持经济社会持续健康发展。完善货币政策工具组合，继续深化利率市场化改革，完善货币政策传导机制。完善人民币汇率形成机制，增加汇率弹性，发挥市场在促进国际收支平衡和外汇市场稳定方面的决定性作用。

在传统宏观经济政策失效进而引起金融稳定风险时，优先考虑运用宏观审慎措施。健全宏观审慎政策框架，综合运用各类宏观审慎政策工具，防范跨市场传染以及跨境风险冲击，维护金融体系安全和外汇市场稳定。一是丰富政策工具箱。研究运用风险准备金、逆周期资本缓冲、动态贷款损失拨备，防范银行跨境交易带来的系统性风险。研究运用周期性货币错配及敞口限制、流动性覆盖率等政策工具，调整银行的外币贷款风险权重、外币敞口头寸等，有效控制货币错配、期限错配以及杠杆率等潜在风险隐患。二是强化监测预警和评估体系。借鉴国际经验，开展跨境资本流动高强度冲击压力测试，构建前瞻性的监测预警指标体系。借鉴金融部门评估规划（FSAP）做法，建立跨境资本流动宏观审慎压力测试模型。

在宏观审慎政策已经使用但难以奏效时，可以启用资本流动管理措施。一是运用 CFMs 时，多用临时、透明、非歧视性、市场化的资本流动管理措施，少使用行政性、非透明、歧视性的资本管制。二是要优先使用类托宾税等价格型管理工具，特殊情况下可考虑使用限制类或禁止/许可类等数量型管理工具。三是当资本流入或流出压力减小时，应择机削减和退出 CFMs。

2. 不断完善外汇市场微观监管。在现行国家法律法规和外汇管理政策框架下，保持微观监管政策跨周期的稳定性、一致性和可预测性，在保障守法合规市场主体贸易投资更加便利化自由化的前提下，严厉打击虚假欺骗性交易行为、地下钱庄等违法违规行为，维护外汇市场秩序。一是加强行为监管。在外汇零售市场打击虚假交易、误导消费者、虚假广告和新闻等行为，保证公平交易权、自由选择权、信息披露、反欺诈等以保护消费者、投资者。建立外汇批发市场监管体系，强化对不正当市场竞争、市场操纵、内幕交易、欺诈客户等行为的监管，强化反洗钱、反恐怖融资、反逃税监管。二是完善微观审慎监管。要树立"风险为本"的监管理念，强化对外汇市场系统重要性机构和高风险机构的监管，高度关注货币错配、期限错配等风险。建立外汇审慎监管指标体系和监测体系，发挥微观审慎工具配合宏观审慎管理的积极作用。

3. 充分发挥跨部门监管合力。稳健灵活的宏观经济政策、市场化程度不断提高的汇率政策、健全的金融机构治理结构、有效的金融监管等合力作用是应对各类外部冲击的关键基础，这些管理权限分布在人民银行、银保监会、财政部以及外汇局等部门。如人民银行负责牵头建立宏观审慎管理框架，银保监会负责制定银行业和保险业审慎监管规则，外汇局负责监测跨境资本流动和对全国外汇市场进行监督管理等。应对跨境资本流动冲击，需要跨部门配合。未来，要加强本外币一体化监管，实现银行、证券、保险、外汇等管理部门之间的信息共享，减少监管真空、监管重复与监管套利，强化监管合力。

4. 立足中国国情，逐步与国际惯例接轨。宏观审慎概念不能滥用，即便是部分管理措施具有逆周期特点，也不能简单地认为其是宏观审慎管理工具。准确评估跨境资本流动管理与各类国际义务的关系，不能违背《国际货币基金组织协定》第八条款，不能限制经常项下国际支付和转移，不能增加经常项下对外支付成本，不能形成多重汇率。在实施宏观经济政策和宏观审慎措施后仍解决不了问题，可启用 CFMs，但尽量不针对"已开放"项目的交易。

（二）加强跨境资本流动监管的国际合作

跨境资本流动宏观审慎管理没有明确的国际管辖权，但 IMF 等国际机构在涉及跨境资本流动宏观审慎管理和资本管制的定性问题上有很大的发言权。要加强与 IMF、境外货币当局等机构的信息沟通和监管协调，建立政策互信和货币政策合作，促进全球资本有序流动，维护全球金融稳定。同时，利用中国实践经验促进 IMF 跨境资本流动管理框架不断完善。

附件

IMF 2019 年资本流动管理措施分类

2019 年 10 月，IMF 发布《2019 年资本流动管理措施分类》，对 36 个国家和地区的 118 条资本流动管理措施（CFMs）进行了认定。其中，30 个国家和地区的 109 项措施被认定为不具有宏观审慎属性的资本流动管理措施，7 个国家和地区的 9 项措施被认定为具有宏观审慎属性的资本流动管理措施（示例见附表）。后者具体包括：

1. 5 项措施关于限制非居民购买境内房地产。一是对非居民征收更高的房地产税。（1）中国香港对非居民购买境内房地产，较居民征收更高的印花税。（2）马来西亚对非居民征收更高的房地产交易增值税。从 2014 年 1 月起，对非居民购买房产后五年内交易的增值税税率为 30%，此后交易的增值税税率为 5%；对居民三年内交易的增值税税率为 30%，第四年为 20%，第五年为 15%，第六年及以后为 0。（3）新加坡对非居民购买本国房产征收 10% 的额外印花税。二是对非居民要求更低的贷款价值比（LTV）。中国澳门对价格低于 330 万澳门元的房产，非居民 LTV 设定为 70%，低于对居民的 LTV 规定（90%）；对价格大于等于 330 万澳门元的房产，非居民和居民的 LTV 均为 70%。三是对非居民购买房产的单套价格下限规定。马来西亚 2009 年 6 月规定，非居民购买本国房产每套价格不得低于 25 万马来西亚林吉特，并于 2010 年 1 月将下限上调至 50 万马来西亚林吉特；其国内部分地区单独规定了购买限制和执行日期。

2.2 项措施关于限制银行外币负债。（1）格鲁吉亚对非居民存款超过存款总额 10% 的银行，提出更高的流动性资产要求。（2）韩国对银行非存款外币负债征收宏观审慎税。根据债务期限，1 年以下的税率为 0.2%，1~3 年的税率为 0.1%，3~5 年的税率为 0.05%，5 年以上的税率为 0.02%。一般情况下，税率上限为 0.5%；但紧急状况下，当资本流入激增时，可征收最长 6 个月的附加税，合计税率上限为 1.0%。

3.1 项措施关于限制企业外币负债。如印度尼西亚对持有外币外债的非银行企业执行审慎原则。（1）汇率风险对冲要求，6 个月内到期的净外汇负债对冲比例不得低于 25%，且从 2017 年起，对冲交易必须与印度尼西亚当地银行进行；（2）最低流动性比率要求，外币资产/本季度末起 3 个月内到期的外币负债的比例不得低于 70%；（3）信用评级要求，持有外币外债的企业信用评级不得低于 BB - 级（由印度尼西亚央行认可的评级机构进行评估）。

4.1 项措施关于限制银行外汇衍生品交易。韩国对银行外汇衍生品交易/上个月银行资本金比例设上限要求，本国银行上限为 50%，外资银行本国分支机构上限为 250%。

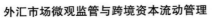

附表 1

IMF 对阿根廷资本流动管理措施的分类（2019 年）

流入/流出	类型	分类	实施日期	措施描述	变动	具体变动情况	评估	政策建议
流入	准备金要求	资本流动管理措施	2005 年	对资本流入的 30% 实施强制性的 365 天无利息存款。	取消（2016 年）		2016 年第四条款磋商报告	无
流入	限制/审批要求	资本流动管理措施	2011 年 10 月	需要获得事前审批才能进行外汇交易，包括旅游和旅游套餐以及在国外网上购物。授权要求适用于自由使用的外国资产以及用于某些旅游和旅行交易、与其他经常交易、收入和旅行付款不需要授权相关的付款。	收紧（2014 年 1 月），取消（2015 年 12 月）	从 2014 年 1 月开始，基于网络的海外购物需要事前获得授权，每年至多多额为 25 两笔交易，最高金额为 25 美元。2015 年 12 月，这一限制被取消。	2016 年第四条款磋商报告	无
流出	结汇汇回要求	资本流动管理措施	2011 年 10 月	原油、天然气和液化天然气生产商必须向阿根廷出口 100% 的外汇出口收入。在此之前，石油和天然气公司必须结汇 30%，而矿业出口商可以豁免。	剔除石油出口商（2014 年 10 月），全部取消（2017 年 10 月）		2017 年第四条款磋商报告	"今年，针对资金流出的少数资本流动管理措施（一些出口的外汇汇回和结汇的要求，以及在本地市场出售外汇的要求）已被取消……这与国际货币基金组织对资本流动的机构观点一致。"（2017 年第四条款磋商报告）

续表

流入/流出	类型	分类	实施日期	措施描述	变动	具体变动情况	评估	政策建议
流出	禁止	资本流动管理措施	2011年10月	当地保险公司被禁止海外投资。此前，它们被允许持有至多50%的海外投资和资金。	取消（2015年11月）		2017年第四条磋商报告	无
流出	审批要求	资本流动管理措施	2011年10月	需得到税务机构的事前审批才能购买美元用于储蓄。	取消（2016年）		2016年第四条磋商报告	无
流出	结汇汇回要求	资本流动管理措施	2012年1月	将汇相关金融债务的偿还、清算外证券发行的截止期限缩短至30天。与外国借款有关的外汇交易所得，必须交至金融机构债务人名下的活期账户。	取消（2015年12月）		2017年第四条磋商报告	无
流出	其他	资本流动管理措施	2012年4月	使用当地的借记卡从国外的ATM提取外币只能通过借记卡客户的国内外币账户。	取消（2015年12月）		2016年第四条磋商报告	无

续表

流入/流出	类型	分类	实施日期	措施描述	变动	具体变动情况	评估	政策建议
流出	结汇/汇回要求	资本流动管理措施	2012年4月	收益上缴、预付货款和预付款的最长期限为向国外支付款项之日起15个工作日内。	取消（2017年10月）		2017年第四条款磋商报告	"今年，针对资金流出的少数资本流动管理措施（一些出口的外汇要求，以及在本地市场出售外汇的要求）已被取消……这与国际货币基金组织对资本流动的机构观点一致。"（2017年第四条款磋商报告）
流出	审批要求	资本流动管理措施	2012年7月	在没有得到阿根廷央行批准的情况下，不允许居民购买没有指定用途的外国资产，央行对这些交易进行强制审批。	放宽（2014年1月），取消（2015年12月）	从2014年1月开始，如果符合一系列条件，居民每月最多可购买200万美元用于海外储蓄和投资。2015年12月，审批要求被取消。	2016年第四条款磋商报告	无

续表

流入/流出	类型	分类	实施日期	措施描述	变动	具体变动情况	评估	政策建议
流入/流出	限制	资本流动管理措施	2014年2月	限制银行的净外汇头寸，包括持有的现金和美元债券，以及净外汇期货头寸。	放宽（2016年），收紧（2018年5月和2019年9月）	2016年，这一上限被提高到银行净资本的15%。2018年5月，外汇多头头寸上限从每月平均余额的不超过银行上个月净股本的30%，降至每天不超过银行上个月净股本的10%。2018年6月，外汇多头头寸限制进一步从10%下调至5%。然而，如果银行购买以美元计价的美国国债（LETES），这一限制将放宽从银行净股本的5%放宽至30%。2019年9月，净多头外汇头寸上限被下调至上限的4%，即250万美元，选取二者较大值为限。	2016年第四条款磋商报告；2018年申请备用安排	"在管理阿根廷面临的资本账户风险方面，宏观经济政策发挥了关键作用（特别是提高政策利率、收紧财政和比索贬值）。因此，这种资本流动的管理措施并不能替代或避免必要的宏观经济调整，而是被用来支持宏观经济的调整。央行实施措施被视为与资本流动管理被国际货币基金组织的机构观点一致。"（2018年申请备用安排）

续表

流入／流出	类型	分类	实施日期	措施描述	变动	具体变动情况	评估	政策建议
流入／流出	限制	资本流动管理措施	2014年9月	对本国和外国银行账户之间的外汇转移（流入和流出）施加了限制。	取消（2016年）		2016年第四条款磋商报告	无
流出	结汇／汇回要求	资本流动管理措施	2015年12月	对于金融部门、非金融部门和地方政府的新增外国借款，在本国外汇市场上售外汇，是在日后进入该市场购汇进行本金支付的先决条件，包括全部或部分提前付款，无论提前多久。	取消（2017年1月）		2017年第四条款磋商报告	"今年，针对资金流出的少数资本流动管理措施（一些出口的外汇汇回要求，以及在本地市场出售外汇的要求）已被取消……这与国际货币基金组织对资本流动的机构观点一致。"（2017年第四条款磋商报告）
流入	限制	资本流动管理措施	2019年2月	银行持有央行票据（LEL-IQ）的上限为其存款的100%或其资本的65%（取其二者高值）。	没有变化		2019申请备用安排第3次评估	"该措施没有替代宏观经济调整，因此该措施是合理的。符合国际货币基金组织的机构观点。"（2019年申请备用安排第3次评估）

附表 2　**IMF 对中国资本流动管理措施的分类（2019 年）**

流入/流出	类型	分类	实施日期	措施描述	变动	具体变动情况	评估	政策建议
流入/流出	限制	资本流动管理措施	2016 年 3 月	中国人民银行推出了资本流动宏观审慎评估（MPA）框架。中国人民银行在 MPA 框架下监测跨境金融风险指标。当指标达到一定水平时，中国人民银行会调整各种参数以防范风险。	放松（2018 年 1 月）	2018 年 1 月，企业和非银行机构外国借款的最大杠杆率由 1 放宽至 2，其他参数不变。	2018 年和 2019 年第四条款磋商报告	"不应使用资本流动管理措施来积极管理资本流动周期，并取代必要的宏观经济调整和汇率灵活性……资本账户进一步开放，在中期内是可取的，但应该审慎地设置改革次序和目标。""从中期来看，资本流动管理措施应逐步取消，节奏应与汇率灵活性和其他配套改革相适应。"（2019 年第四条款磋商报告）

外汇市场微观监管与跨境资本流动管理

续表

流入/流出	类型	分类	实施日期	措施描述	变动	具体变动情况	评估	政策建议
流出	准备金要求	资本流动管理措施	2015年10月	金融机构购买外币远期合约和其他衍生品交易，需要代客在未来某一日期购买外币的，须缴付20%的一年期无息准备金。	收紧（2016年），降至零（2017年9月），收紧（2018年8月）	存款准备金率最初只对居民实施，但在2016年扩大到非居民。2017年9月降至0，2018年8月升至20%。	2016年和2019年第四条款磋商报告	"外汇远期准备金应该逐步取消。资本流动管理措施不应用于积极管理资本流动周期，并取代必要的宏观经济调整和汇率灵活性……在中期内是可取的，但应该审慎地设置改革次序和目标。"（2019年第四条款磋商报告）"从中期来看，资本流动管理措施应逐步取消，节奏应与提高的汇率灵活性和其他配套改革相适应。"

24

续表

流入/流出	类型	分类	实施日期	措施描述	变动	具体变动情况	评估	政策建议
流出	准备金要求	资本流动管理措施	2016年1月	银行离岸人民币存款准备金政策出台。	降至零（2017年9月）	2017年9月，存款准备金率降至0。	2018年和2019年第四条款磋商报告	"不应使用资本流动管理措施来积极管理资本流动周期，并取代必要的宏观经济调整和汇率灵活性……资本账户进一步开放，在中期内是可取的，但应该审慎地设置改革次序和目标。" "从中期来看，资本流动管理措施应逐步取消，节奏应与汇率灵活性和其他配套改革相适应。"（2019年第四条款磋商报告）

续表

流入/流出	类型	分类	实施日期	措施描述	变动	具体变动情况	评估	政策建议
流出	限制	资本流动管理措施	2014年5月	3亿美元以上的境外直接投资，在开展实质性工作前，必须向国家发展改革委提交书面项目简报。国家发展改革委对符合中国境外投资政策的项目出具确认函。通过10亿美元的境外直接投资须经国家发展改革委审批。	强化实施（2017年初）、广泛放松（2018年3月）	2017年初，境外直接投资相关法规的执行力度有所加大，包括：(1)中国人民银行敦促商业银行加强对通过境外直接投资汇出资金的审查；(2)境外直接投资监管机构密切关注某些非正常活动；(3)国家外汇管理局要求企业解释要汇资金的来源和用途。2018年3月，境外直接投资相关法规得到广泛放宽，其中包括：(1)取消了对10亿美元以上境外直接投资的审批的范围；(2)修改敏感行业的要求；(3)个人通过境外实体进行的间接投资包括在境外直接投资范围内。	2017年、2018年和2019年第四条款磋商报告	"不应使用资本流动管理措施来积极管理资本流动周期，并取代必要的宏观经济调整和汇率灵活性……资本账户应进一步开放，在中期内是可取的，但应该审慎地设置改革的次序和目标。""中期来看，资本流动措施应逐步取消，管理措施应逐步提高，节奏应灵活性与改革相适应，汇率灵活性和其他配套改革相适应。"（2019年第四条款磋商报告）

续表

流入/流出	类型	分类	实施日期	措施描述	变动	具体变动情况	评估	政策建议
流出	限制	资本流动管理措施	2011年10月	金融机构境外人民币贷款限额为全部人民币存款上年末余额的1%。	放松（2013年7月）	2013年7月，这一限制提高到3%；还增加了逆周期因素。	2018年和2019年第四条款磋商报告	"不应使用资本流动管理措施来积极管理资本流动周期，并取代必要的宏观经济调整和汇率灵活性……资本账户进一步开放，在中期内是可取的，但应该审慎地设置改革次序和目标。""中期来看，资本流动管理措施应逐步取消，节奏应与逐步提高的其他配套改革和汇率灵活性相适应。"（2019年第四条款磋商报告）

续表

流入/流出	类型	分类	实施日期	措施描述	变动	具体变动情况	评估	政策建议
流出	限制	资本流动管理措施	2010年11月	境外人民币取现金额限制为每天1万元。	收紧（2016年1月，2017年12月）	增加了每年10万元的限额，自2016年1月起生效。2017年12月，这一限额从按银行卡计算改为按个人计算。	2017年、2018年和2019年第四条磋商报告	"不应使用资本流动管理措施来积极管理资本流动周期，并取代必要的宏观经济调整和汇率灵活性……资本账户进一步开放，在中期内是可取的，但应该审慎地设置改革次序和目标。""中期来看，资本流动管理措施应逐步取消，汇率灵活性和其他配套改革应相适应。"（2019年第四条磋商报告）

28

续表

流入/流出	类型	分类	实施日期	措施描述	变动	具体变动情况	评估	政策建议
流出	限制	资本流动管理措施	2009年8月	企业境外放款上限相当于其权益乘以宏观审慎调节因子（30%）。贷款人和借款人之间需要具有股权关系。	强化（2016年）	强化执行，要求交易银行必须严格审查境外借款规模是否与贷款规模相适应，以及境外贷款使用的真实性和合理性。	2017年和2019年第四条款磋商报告	"不应使用资本流动管理措施来积极管理资本流动周期，并取代必要的宏观经济调整和汇率灵活性……资本账户进一步开放，在中期内是可取的，但应该审慎地设置改革次序和目标。""中期来看，资本流动管理措施应逐步提高的节奏应与汇率灵活性和其他相适应的改革相配套。"（2019年第四条款磋商报告）

续表

流入/流出	类型	分类	实施日期	措施描述	变动	具体变动情况	评估	政策建议
流出	限制	资本流动管理措施	2002—2014年	合格境内有限合伙人（QDLP）计划（2012年在上海实施，随后扩大）； 合格境内投资企业（QDIE）计划（2014年实施）； 合格境内机构投资者（QDII）（2006年实施）； 人民币合格境内机构投资者（RQDII）（2014年实施）； 合格境外机构投资者（QFII）（2002年实施）； 人民币合格境外机构投资者（RQFII）（2011年实施）。	放松（2017—2018年，2019年，2019年1月和9月）	QDLP计划暂停两年后恢复，2018年4月，额度进一步增加到50亿美元。 上海和深圳的QDIE项目自2015年以来首次扩大。2018年4月额度从13亿美元增加至50亿美元。 2018年4月，QDII计划也自2015年以来首次扩大。RQDII计划恢复，但在2018年5月，其报告和执行要求有所收紧。 2018年6月，QFII和RQFII计划进行了修改，以放宽对外国机构投资者从中国流出资金的限制。2019年1月，QFII额度翻了一番，达到3000亿美元。2019年9月取消了对QFII和RQFII计划的限制。	2018年和2019年第四季度磋商报告	"从中期来看，资本流动管理措施应逐步取消，节奏应与逐步提高的汇率灵活性和其他配套改革相适应。"（2019年第四季度磋商报告）

附表 3

IMF 对印度资本流动管理措施的分类（2019 年）

流入/流出	类型	分类	实施日期	措施描述	变动	具体变动情况	评估	政策建议
流入	限制/审批	资本流动管理措施	1991 年 7 月	实施了关于行业限制和审批流程的外商直接投资条例。	放宽（2013 年、2018 年 1 月、2019 年 3 月）	2013 年，印度放开了外资流入上限，允许在房地产经纪服务和核心投资公司的外商直接投资；在某些条件下，通过审批渠道允许外国航空公司在印度航空公司的投资比例达到 49%。从 2019 年 3 月开始，RBI 无需审批境外实体在某些领域开设分支机构/办事处。	2014 年和 2018 年第四条款磋商报告	"印度的资本流动管理框架正朝着资本账户自由化的总体方向发展。现在，大多数外商直接投资通过自动申请进入印度经济的各个部门，但在减少行政负担、改善洽谈和监管方面仍有空间。可考虑进一步放宽证券投资流动，同时对资本流动逆转的风险保持警惕。"（2018 年第四条款磋商报告）

续表

流入流出	类型	分类	实施日期	措施描述	变动	具体变动情况	评估	政策建议
流入	限制	资本流动管理措施	1995年	外国证券投资者(FPI)计划包括非居民对印度证券的投资,包括股票、政府债券、公司债券和可转换证券。	全面放宽(2016年,2018年4月、5月,2019年9月,2019年2月、4月)	2016年,FPI购买政府债券的限额有所提高。自2018年4月起,对本国中央政府债券投资的限额每年提高0.5个百分点至2018—2019年占证券存量的5.5%,2019—2020年占证券存量的6%。2018年4月,制定了对所有债券的集中度限制和对公司债券的单一/集团投资者限制,将政府债券的总额限制从20%提高到30%。从2018年5月开始,允许FPI投资剩余期限在1年以下的公司债,限额为总投资的20%,对中央政府发行的国库券同样管理。2018年9月,单一投资者限额从20%提高到25%。2019年2月,公司债券的集中度限制被取消。2019年4月,FPI获准在一定范围内投资市政债券。	2017年和2018年第四条款磋商报告	同上

续表

流入/流出（类型）	分类	实施日期	措施描述	变动	具体变动情况	评估	政策建议
流入 限制	资本流动管理措施	2000年5月	对银行境外外币借款实行限制。	放宽（2013年）	2013年，银行总行贷款限额从上季度末未动用的一级资本或资本1000万美元（不包括外币出口信贷融资借款工具）的15%提高到100%，二者取较高者为准。这些借款获准使用印度储备银行优惠的美元—卢比互换贷款利率（低于市场利率100个基点），期限为1至3年。	2014年和2018年第四条款磋商报告	"鉴于企业持续存在的脆弱性，进一步放开外部商业贷款（ECBs）限制应谨慎进行，并受到印度央行的密切监控。"（2016年第四条款磋商报告）"印度的资本流动管理框架正朝着资本账户自由化的总体方向发展。"（2018年第四条款磋商报告）

续表

流入/流出	类型	分类	实施日期	措施描述	变动	具体变动情况	评估	政策建议
流入	限制	资本流动管理措施	2000年5月	设立外部商业贷款（ECBs）是为了允许符合条件的居民实体从认可的非居民实体筹集商业贷款，需遵守一系列参数，诸如允许的最低期限、允许的最终用途、不允许的最终用途、最高总额等。	放宽（2013年，2014年9月，2015年11月，2018年4月和2019年1月）	2013年，基础设施财务公司境外借款占自有资金的比例上限从50%提高到75%，外币套期保值要求从敞口的100%降低到75%。2014年9月，合格的从事外部商业贷款的非居民贷款机构获准通过与合格的印度银行进行掉期交易，以印度卢比发放贷款。2015年11月，外部商业贷款政策修订，提高了长期借款和减少了对最终用途的限制，以户比计价借款成本上限。外部商业贷款框架在2018年4月作出统一，规定统一的总成本上限为基准利率加450个基点。2018年10月，石油上市公司被允许以3～5年的最低期限利用外部商业贷款运营资金（此前被禁止）；制造业企业获准以最低期限为1年利用外部商业贷款。2018年11月，基础设施领域的外部商业贷款的最低平均期限要求从5年降至3年；豁免强制性对冲规定的平均期限由10年减至5年；第一阶段的外部商业贷款的平均期限定由100%减至70%，平均期限为3年至5年。2019年1月，外部商业贷款框架进行了合理化调整，并扩大了准入。	2014年、2015年、2016年和2018年第四条磋商报告	同上

续表

流入/流出	类型	分类	实施日期	措施描述	变动	具体变动情况	评估	政策建议
流出	限制	资本流动管理措施	2003年3月	印度对境外直接投资的限制最初设定为自动申请渠道下印度市场主体净值（net worth）的100%。	收紧（2013年8月），全面放开（2014年7月）	2013年8月，这一限额从印度市场主体净值（net worth）的400%降至100%。2014年7月，这一限额重回400%，但印度央行必须审批在一个财政年度内超过10亿美元的任何融资承诺。	2014年第四条款磋商报告	无
流入	限制	资本流动管理措施	2015年9月	马萨拉债券计划允许企业在境外市场发行以卢比计价的普通债券（Masala），最低期限为5年，并设置最终用途限制。	放宽（2017年10月，2018年4月）	自2017年10月起，印度储备银行将马萨拉债券的发行安排在外国证券投资者对公司债券的投资限额之外。2018年4月，在基准利率基础上，规定了300个基点（之前的马萨拉债券为450个基点）的单一总成本上限。	2016年和2018年第四条款磋商报告	"鉴于企业持续存在的脆弱性，进一步放开外部商业贷款（ECBs）限制应谨慎进行，并受到印度央行的密切监控。"（2016年第四条款磋商报告）"印度的资本流动管理框架正朝着资本账户自由化的总体方向发展。"（2018年第四条款磋商报告）

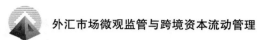

附表 4

IMF 对韩国资本流动管理措施的分类（2019 年）

流入/流出	类型	分类	实施日期	措施描述	变动	具体变动情况	评估	政策建议
流入	限制	资本流动管理措施/宏观审慎管理措施	2010 年 1 月	对银行外汇衍生品交易/上个月银行要求，本国银行上限比例上限为 50%，外资银行上限为本国分支上限为 250%。	收紧（2013 年 1 月），放宽（2016 年 7 月）	2013 年 1 月，对国内银行和外国银行分支机构的限额分别降至 30% 和 150%。2016 年 7 月，上限又分别放宽至 40% 和 200%。	2015 年、2016 年、2017 年、2019 年第四条款磋商报告	"应在持续应变化的基础上加以评估。""考虑采取应对系统性金融风险，但不旨在限制资本流动的替代措施，这也考虑到有关外汇和流动性措施的框架改革内容。"（2019 年第四条款磋商报告）
流入	税收	资本流动管理措施/宏观审慎管理措施	2011 年 8 月	对银行非存款外币负债征收宏观审慎税。根据债务期限，1 年以下的债务的税率为 0.2%，1～3 年的税率为 0.1%，3～5 年的税率为 0.05%，5 年以上的税率为 0.02%。一般情况下，税率上限为 0.5%；如资本流入激增时，可征税加增 6 个月的税率适用最长合计税率上限为 1.0%。	修订（2015 年 7 月）	为实现银行与非银行金融机构同等待遇，2015 年 7 月起，目标机构由银行扩大至证券公司、信贷专业金融机构和保险公司。然而，为减轻专业性外币债务负担，对非存款性外币债务规模超过月均 1000 万美元的非银行金融机构，按修订后的税率征税，且仅对 2015 年 7 月 1 日之后发生的负债征税。另一方面，不论初始合同期限，所有剩余期限为 1 年以下（含）的非存款均适用修订后的单一税率（10 个基点）。	2015 年、2016 年、2017 年、2019 年第四条款磋商报告	同上

第二章 对我国外汇市场 微观监管框架的构想

　　2015 年底至 2017 年初，受国内外多重因素影响，我国外汇市场几度出现较严重的"跨境资本大规模流出—外汇储备持续下降—人民币贬值压力增大"负向螺旋。按照党中央、国务院决策部署，外汇管理部门会同相关部门综合施策，积极采取稳定外汇市场的综合性措施，避免了可能发生的高强度外汇市场冲击。在总结应对冲击经验的基础上，国家外汇管理局潘功胜局长于 2017 年中提出了跨境资本流动"宏观审慎＋微观监管"两位一体管理框架。外汇市场微观监管是跨境资本流动"宏观审慎＋微观监管"两位一体管理框架的重要组成部分。结合国际国内金融监管经验和我国资本项目可兑换进程，我国外汇市场微观监管应具备"三支柱"。

一、外汇市场微观监管的"三支柱"

　　支柱一是实需管理、交易真实性审核，从重事前审批转向强调事中事后监管，确保现有外汇管理政策有效落地执行。

　　支柱二是行为监管，旨在维护外汇市场竞争秩序，保护消费者、投资者合法权益。

支柱三是微观审慎监管，避免市场主体过度的外汇风险承担，避免个体货币错配风险、汇率风险导致资不抵债，进而引发系统性风险。

"三支柱"也强调充分发挥自律机制的补充作用。

支柱一 实需管理/ 交易真实性审核	支柱二 微观行为监管	支柱三 微观审慎监管
从重事前审批转向强调事中事后监管 （1）运用金融科技提升非现场监管的风险预警水平 （2）聚焦对重点主体（银行、非银行金融机构、支付机构）和高风险业务（内保外贷、转口贸易、境外放款等）开展现场检查 （3）推进监管部门信息共享和监管合作 （4）保持外汇领域微观监管政策和执法标准跨周期的稳定性、一致性和可预期性，建立既对标国际规则又符合我国实际的工作机制	打击操纵市场和内幕交易、反欺诈和误导、信息披露要求、个人金融信息保护、反不正当竞争/反垄断、消费争议解决等 （1）外汇批发市场：建立健全法规体系；建立与批发市场行为监管相适应的现场/非现场检查工作体系 （2）外汇零售端：保护外汇市场金融消费者财产安全权、知情权、自主选择权、公平交易权、依法求偿权，加强个人信息保护 （3）确保现有政策落地是外汇市场微观行为监管的重点，查处违规是重要抓手	推动制定外汇市场微观审慎指引，避免个体风险引发系统性风险 （1）加强监管部门监管合作和信息共享 （2）结合我国实际，研究外汇市场微观审慎监管要求及其可能的逆周期调节功能 （3）对跨境贸易和投融资活跃的企业/企业集团，建立关于货币错配与汇率风险的监测体系和风险提示机制 （4）引导企业树立"财务中性"管理理念 （5）加强跨境金融服务的市场准入管理
充分发挥自律机制的补充作用		

图 2-1 外汇市场微观监管 "三支柱"

当前和未来较长一段时间的工作重点是实需管理、交易真实性审核（支柱一）。1996 年，我国实现经常项目可兑换；按照国际货币基金组织（IMF）7 大类 40 项分类标准，目前我国可兑换和部分可兑换的资本项目已达 37 项，占 92.5%。当前和未来较长一段时间，工作重点是坚持放管结合，完善实需管理、交易真实性审核等制度，增强监管有效性，确保现有外汇管理政策切实落地，维护外汇市场稳定。2019 年我国银行业所有的客户跨境收款 3.62 万亿美元，向境外付款 3.59 万亿美元，跨境收付合计 7.21 万亿美元，充分保障了市场主体合法合规的跨境收支需要。

未来，随着人民币汇率逐步实现清洁浮动，资本项目开放不断推进，外汇市场微观行为监管（支柱二）和微观审慎监管（支柱三）的重要性将显著提升，实需管理、交易真实性审核（支柱一）的作用相对会下降。从国际经验来看，大部分发达国家已经实现货币自由兑换和汇率自由浮动，跨境资金可无因划转，跨境资本流动管理主要是行为监管、审慎监管和基于"三反"（反洗钱、反恐怖融资、反逃税）的监管。未来随着改革推进，我国与发达国家金融监管政策的差异可能会逐步缩小，外汇市场微观行为监管、微观审慎监管和"三反"也将发挥越来越重要的作用。

从另一个维度看，外汇市场微观监管也是功能监管的典型模式，无论是金融机构、企业还是个人，无论是境内主体还是境外主体，无论是使用外币现钞还是现汇，只要其进行跨境外汇收支、境内外汇划转、外币现钞存取或外汇经营活动，就被纳入监管范围之内。从外汇管理部门的角度来看，目前此类功能监管的职责更多是集中于货币汇兑环节，还有一些职责分散在国家发展改革委、商务部、银保监会、证监会等负责"交易环节"的上中游部门。

二、支柱一：不断完善外汇交易真实性审核/实需管理方式，确保现有外汇管理政策有效落地和执行

习近平总书记在中央政治局第十七次集体学习时强调，制度的

生命力在于执行，要强化制度执行力，加强制度执行的监督，切实把我国制度优势转化为治理效能。外汇市场微观监管政策法规的有效落地执行是外汇管理部门治理能力提升的关键。

（一）运用金融科技提升非现场监管的风险预警水平

针对外汇形势的新特征、新变化，持续完善非现场检查指标体系，更好地挖掘和使用现有数据，避免数据"睡觉"问题。丰富数据源，及时发现跨境资本流动的异常情况，夯实非现场检查工作基础。探索运用大数据、机器学习、人工智能等技术，改进非现场监测分析系统功能，提高线索查找精准度和现场检查针对性。充分利用大数据进行风险筛查，使外汇市场风险防范关口前移。重点加强对外汇市场系统重要性机构和高风险机构有关涉汇信息的监测分析。

（二）聚焦重点开展现场检查

加强对全国主要银行、非银行金融机构和支付机构的检查。聚焦高风险业务，重点打击跨境担保、转口贸易、境外放款、外币现钞、特许兑换等外汇业务中存在的非法行为。

（三）推进监管部门信息共享和监管合作

深化与税务、海关等部门的合作，扩大信息和数据共享范围，便利银行进行交易真实性审核。及时通报违规主体和案例，对严重违规主体依法实施联合惩戒措施，形成监管合力。配合公安等部门，持续高压打击地下钱庄等违法犯罪活动。推进金融监管的国际合作。

（四）保持外汇市场微观监管政策和执法标准跨周期的稳定性、一致性和可预期性

建立既对标国际规则，又符合我国实际的工作机制。

三、支柱二：从批发市场和零售市场两个维度，完善外汇市场微观行为监管

行为监管是监管部门对金融机构经营行为的监督管理，包括打击操纵市场和内幕交易、反欺诈和误导、信息披露要求、个人金融信息保护、反不正当竞争/反垄断、消费争议解决等，维护公平、公正、有效竞争的外汇市场秩序。外汇市场行为监管包括对外汇批发市场和外汇零售端的行为监管。

（一）完善外汇批发市场行为监管是近中期的一项工作重点

一是建立健全外汇批发市场法规体系。修订1996年《银行间外汇市场管理暂行规定》，规范交易行为。在《外汇管理条例》中增加外汇批发市场行为监管相关内容。参考国际惯例及我国外汇批发市场上最新出现的交易产品和工具等动态发展，研究及时出台专项指引，形成监管法规体系（如市场信息规范指引、市场销售人员行为规范指引等）。二是建立外汇批发市场非现场检查工作体系。加强数据采集，完善统计监测，做到对苗头性、趋势性问题早发现、早预警、早处置。三是建立批发市场现场检查工作体系。开展对外汇批发市场违法违规行为的检查。提升外汇检查队伍专业能力和水平。同时，研究银行间同业拆借市场、债券市场、外汇市场、黄金市场、大宗商品市场等各类金融批发市场的监管及其规则的统筹问题。

（二）在外汇市场零售端行为监管方面，重点是保护金融消费者合法权益

党的十九届四中全会指出"坚持以人民为中心的发展思想""必须坚持一切行政机关为人民服务、对人民负责""保障人民权益""强

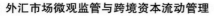

化消费者权益保护"。保护外汇市场消费者合法权益包括保护财产安全权、知情权、自主选择权、公平交易权、依法求偿权，加强个人信息保护，打击虚假宣传、欺诈等行为，维护公平透明的市场环境。一是切实保护外汇市场金融消费者利益。我国《消费者权益保护法》规定，消费者发生权益争议时，有权向有关行政部门投诉。相关管理部门应切实畅通投诉举报渠道，便利金融消费者咨询和解决纠纷，及时回应社会关切，支持金融消费者依法维权。二是督促金融机构提升涉汇经营活动的合规性。金融机构应科学设定业绩考核目标，完善对一线柜员和管理层的激励机制和培训，不能仅关注销售业绩，更要注重合规。针对客户的业务询问和政策咨询，应客观、准确、全面解答，不可推卸责任、搪塞客户。三是引导金融消费者主动学习掌握金融知识和市场风险特征。引导树立"自享收益、自担风险"的意识，提高自我保护能力，避免被虚假宣传误导。引导跟进了解有关政策法规，自觉养成"参与非法金融活动不受法律保护"的意识，主动远离非法金融活动。四是督促有关主体严格依法合规开展金融营销宣传。落实《关于进一步规范金融营销宣传行为的通知》要求，规范广告行为。

（三）确保现有政策落地是外汇市场微观行为监管的重点，查处违规是重要抓手

检查发现，相关监管政策和银行内控制度仍存在执行不到位的情况。银行一线柜员要有守护好外汇市场"国门"的意识，将法规要求落实到每天每笔具体业务中，让合法合规的市场主体更加便利，让违法违规者无空可钻。同时，监管部门也应依法查处违规行为。次贷危机以来，欧美等国银行因金融外汇市场违法违规行为被处罚大约3500亿美元。我国应借鉴发达市场经济体经验，立足我国实际，明晰外汇市场和跨境金融服务监管规则，加大对违法违规行为的处罚力度。

四、支柱三：加强跨部门监管合作，完善外汇市场微观审慎监管

审慎监管是指监管部门为了防范金融机构资不抵债风险，维护金融体系稳定，而制定资本充足率、资产质量、风险集中度、流动性、货币错配等审慎经营规则，定期组织现场检查，监测、评估风险状况，及时进行风险预警和处置，维护金融稳定。随着我国深入推进全面开放新格局，金融开放度、资本项目开放度、人民币汇率市场化程度越来越高，外汇市场审慎监管需不断完善、强化。

（一）加强监管部门监管合作和信息共享

外汇管理部门应与其他监管部门建立机制，定期交换关于跨境收支、金融市场、货币错配、汇率风险等的监管指标和监测指标信息、检查处罚信息，及时沟通市场问题。

（二）研究外汇市场微观审慎监管要求

结合我国实际，外汇管理部门应会同相关部门，共同研究外汇市场微观审慎监管要求及其可能的逆周期调节功能（宏观审慎属性）。高度关注银行没有进行有效对冲的外汇贷款风险，以及企业集团境外发债等活动的汇率和外币利率风险。引导银行在风险定价中充分评估考虑有关客户的货币错配风险、汇率风险、大宗商品价格波动风险及相关套期保值情况等。研究市场主体跨境债务的隐性担保问题，抑制借入未对冲外币债务的风险倾向。

（三）建立关于非金融企业货币错配与汇率风险的监测体系和风险提示机制

对跨境投融资活动活跃的企业/企业集团，密切关注其货币错配

与汇率风险。对其外汇敞口情况、风险对冲情况等建立监测指标体系，在此基础上建立风险提示机制。会同相关部门推动企业提升报表和数据质量，便于金融机构全面、准确评估相关风险。

同时，结合我国实际，研究针对非金融企业货币错配的监管指标要求。如印度尼西亚对持有外币外债的非银行企业要求：6 个月内到期的净外汇负债对冲比例不得低于 25%；外币资产/本季度末起 3 个月内到期的外币负债的比例不得低于 70%；持有外币外债的企业信用评级不得低于 BB－级（由印度尼西亚央行认可的评级机构进行评估）。

（四）引导企业树立"财务中性"管理理念

持续向市场主体宣传"风险中性"的财务管理理念，正确看待"套保亏损"与实际损失的关系，正确看待套保成本和企业财务管理成本正常支出的关系。支持符合条件的中资企业在依法合规、风险可控、商业可持续的前提下，参与境内外、场内外衍生品交易。

（五）守土有责，加强跨境金融服务的市场准入管理

市场准入也是外汇市场微观审慎监管的重要组成部分。金融科技快速发展促进了跨境交付模式（如金融机构在一国领土内向另一国领土内的消费者提供金融服务）下的金融服务创新，但也滋生了跨境"无照驾驶"等违法违规问题。我国金融业必须不断扩大开放，境外机构在我国开展金融活动必须依法履行我国"金融牌照"等有关规则要求，以持有的外国牌照在我国展业属于"无照驾驶"，牌照要有国界。我国相关金融监管部门必须守土有责，严查重罚跨境在我国境内"无照驾驶"行为及其涉及的跨境非法金融广告，外汇管理部门必须继续严惩涉及的违法违规跨境资金流动行为。此外，应进一步研究跨境金融服务的行为监管问题，并加强跨国合作，注重

保护金融消费者权益。

随着我国改革开放不断推进，我国经济更加融入全球经济、金融市场更加融入全球金融市场，人民币汇率市场化过程中波动幅度增大，跨境资本流动更加自由、便利，市场主体汇率风险管理越来越重要，监管部门加强外汇市场监管、维护外汇市场良性秩序、防范外部风险跨境传染越来越重要。在实践中不断完善外汇市场微观监管框架，需要交易环节、汇兑环节各个监管部门的共同努力。

第三章　货币错配与金融危机：
各国的教训和监管应对

  货币错配是新兴经济体（EMEs）的阿喀琉斯之踵。拉美债务危机、亚洲金融危机、次贷危机、欧债危机、阿根廷债务危机等近代几乎所有金融和债务危机都与货币错配相关。货币错配不仅引发并加剧了历次金融和债务危机，而且增加了危机应对成本，限制货币政策调控空间，影响汇率机制发挥作用，加剧宏观经济金融稳定和跨境资本流动波动风险。近些年，国际货币基金组织（IMF）、国际清算银行（BIS）、经济合作与发展组织（OECD）、世界银行等国际组织对此问题都有深入研究，他们发现，货币错配可能导致银行业发生系统性危机的概率提高6倍，汇率超调增加12个百分点，国内生产总值增速下降5.5个百分点等。此外，货币错配在微观层面对银行的信用风险、市场风险和流动性风险，以及企业的估值、净收入、资金来源等负面影响也较大。美联储前主席格林斯潘形容货币错配为"星星之火，可以燎原"（tinder awaiting conflagration）①；欧洲系统性风险委员会认为，外币贷款给欧洲银行业带来系统性风险；欧洲复兴开发银行表示外币贷款是关键脆弱性来源；七国集团（G7）财政部长和央行行长会

---

  ① PIIE（2004）. Controlling Currency Mismatches in Emerging Markets – Introduction.

等国际会议多次呼吁 IMF 等国际组织有效识别新兴经济体的货币错配风险，并加强国际监督①。危机后，各国普遍对货币错配加强监管。

一、货币错配的定义

最早提到货币错配是 Cooper（1971）对主权债务币种结构的研究。对货币错配普遍关注，则是 20 世纪 80 年代拉美债务危机和 20 世纪 90 年代亚洲金融危机以后②。

关于货币错配的定义，一是仅从负债端考虑（存量），如 OECD 定义，外债中外币债务占比失衡即为货币错配③。二是考虑资产端和负债端（存量），即国家、政府、银行、企业、家庭等资产负债表中，外币资产与外币负债不匹配的现象④。三是综合考虑资产端和负债端（存量和流量），如 IMF⑤、BIS⑥ 等认为，当一国"资产本币化"和"负债外币化"占主导地位，使得净资产（资产负债表存量）或净收入⑦（损益表流量⑧）易受汇率变动影响时，即为货币错配。

---

①　U. S. Department of the Treasury（2003）. Statement of G7 Finance Ministers and Central Bank Governors.

②　A. Cooper. The Founding of Technologically – Based Firms［J］. The Center for Venture Management，1971.

③　OECD（2012）. International Capital Mobility：Structural Policies to Reduce Financial Fragility.

④　Barry Eichengreen，Ricardo Hausmann and Ugo Panizza. Currency Mismatches，Debt Intolerance and Original Sin：Why they are Not the Same and Why It Matters［J］. 2003，National Bureau of Economic Research.

⑤　IMF（2003）. The Balance Sheet Approach and Its Application at the Fund.

⑥　BIS. Looking at Aggregate Currency Mismatches and Beyond.

⑦　BIS（2016）. A New Dimension to Currency Mismatches in the Emerging Markets：Non – Financial Companies.

⑧　PIIE（2004）. Controlling Currency Mismatches in Emerging Markets – Measuring Currency Mismatches.

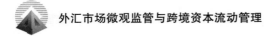

需要注意的是，货币错配中的外币负债与外债概念不同。外债与外币负债相等的前提，一是所有跨境债务全部以外币计价，二是境内债务全部以本币计价①。

二、货币错配的衡量指标

（一）从国家层面来看

一是仅考虑外币负债。如早期的原罪理论（Original Sin）采用原罪指标，即外币计价债务占总债务的比例（见表3－1）。

表3－1 原罪理论货币错配指标计算公式②

原罪指标	计算公式
OSIN1	$\dfrac{本国发行外币债券规模}{本国发行债券总规模}$
OSIN2	$\max\left\{\dfrac{本国发行外币债券和贷款规模}{本国发行债券和贷款总规模},\ \text{OSIN3}\right\}$
OSIN3	$\max\left\{\dfrac{外币计价债券规模}{本国发行债券总规模},\ 0\right\}$

二是考虑外币资产、负债和收入。（1）IMF货币错配指标为（外币资产－外币负债）/GDP③，在此基础上引入外币收入，补充指标为外债/出口④。此外，单纯货币错配指标（Pure Mismatch Ratio，MISM）为外币负债占总债务比/（出口/GDP）。（2）原罪理论升级

---

① BIS（2016）. A New Dimension to Currency Mismatches in the Emerging Markets：Non－Financial Companies.

② Eichengreen－Hausmann－Panizza（2002）. Original Sin：The Pain, the Mystery, and the Road to Redempt.

③ IMF（2006）. Analyzing Balance－Sheet Vulnerabilities in a Dollarized Economy：The Case of Georgia.

④ IMF（2010）. A New Index of Currency Mismatch and Systemic Risk.

版也将外币资产和外币收入纳入考虑，指标演变为（外汇储备－外币负债）/出口×原罪指标。

表3－2　　　　　　　　　单纯货币错配指标计算公式①

错配指标	计算公式
MISM	$\dfrac{\text{外币负债/总债务}}{\text{服务和货物贸易出口额/GDP}}$

三是目前广泛认可的指标为总量有效货币错配指标（Aggregate Effective Currency Mismatch，AECM），包括：（1）债务型货币错配（持有净外币负债，此时净外汇头寸和 AECM 为负值），指标为净外汇头寸×外币负债占总负债的比例/出口；（2）债权型货币错配（持有净外币资产，此时净外汇头寸和 AECM 为正值），指标为净外汇头寸×外币负债占总负债的比例/进口。其中，净外汇头寸为本国央行和商业银行持有的净外汇头寸＋本国非银行部门对外国银行（限于数据可得性，由 BIS 成员银行近似代替）持有的净外汇头寸－本国在国际发行的外币债券存量规模；外币负债为银行和非银行部门对 BIS 成员银行的外币负债＋国内外汇贷款＋本国在国内发行的外币计价债券＋本国在国外发行的外币计价债券。

表3－3　　　　　　　　　总量有效货币错配有关指标②

指标	计算公式
净外汇头寸	央行和商业银行净外汇头寸＋ 非银行部门对 BIS 成员银行的净外汇头寸－ 本国在国际发行的外币计价债券存量规模
外币负债	银行和非银行部门对 BIS 成员银行的外币负债＋ 国内外汇贷款＋本国在国内发行的外币计价债券＋ 本国在国外发行的外币计价债券

①　PIIE（2004）. Controlling Currency Mismatches in Emerging Markets – Introduction.

②　Goldstein and Turner（2005）. Controlling Currency Mismatches in Emerging Markets.

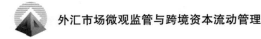

表 3 – 4　　　　　　　　总量有效货币错配指标计算公式①

指标	计算公式
债务型 货币错配	$\dfrac{净外币债务 \times 外币负债占总负债比例}{货物和服务贸易出口额}$
债权型 货币错配	$\dfrac{净外币资产 \times 外币负债占总负债比例}{货物和服务贸易进口额}$

此外，有研究将期限错配纳入考虑，如世界银行用短期外债/外汇储备来衡量短期货币错配②。也有指标将外汇衍生品头寸纳入考虑，指标为（外币资产 – 外币负债 + 净外汇衍生品头寸）/GDP。

（二）从政府层面来看

常用指标为（政府外币资产 – 政府外币负债）/GDP③。

（三）从银行层面来看

一是考虑银行外币资产和外币负债比值，早期简单衡量指标为银行外币资产/外币负债，或本国银行向外国银行借入的外债/本国银行向私人部门发放的外币贷款。二是考虑银行净外币负债，如美联储和 IMF 指标为（银行吸纳的外币存款 – 银行外币贷款）/银行总负债④或（银行外币负债 – 银行外币资产）/GDP⑤。三是考虑银行贷款对象的外汇收入能力，如 Roman（2010）提出的实际错配指标（de facto mismatch），认为虽然银行外币资产负债敞口通常不大，但对无外汇收入的家庭和企业发放的没有对冲的外币贷款（unhedged）

---

①　Goldstein and Turner（2005）. Controlling Currency Mismatches in Emerging Markets.

②　Jason Furman, Joseph Stiglitz（1998）. Economic Crises: Evidence and Insights from East Asia.

③　IMF（2006）. Analyzing Balance – Sheet Vulnerabilities in a Dollarized Economy: The Case of Georgia.

④　IMF（2018）. Foreign Currency Bank Funding and Global Factors.

⑤　IMF（2006）. Analyzing Balance – Sheet Vulnerabilities in a Dollarized Economy: The Case of Georgia.

风险较高，应从公式里的外币资产中剔除①，因此货币错配指标为
〔银行对居民和非居民的外币负债 - （银行对居民和非居民的外币资
产 - 银行对无外汇收入的公司和家庭的外币贷款）〕/银行总资产。
四是商业银行累计外汇敞口、汇兑损益等指标②。

表 3 - 5　银行实际错配指标（de facto mismatch）计算公式③

错配指标	计算公式
实际 错配指标	银行对居民和非居民外币负债 - （银行对居民和非居民外币资产 - 银行对无外汇收入的公司和家庭的外币贷款） 银行总资产

（四）从企业层面来看

常用指标为（企业外币资产 - 企业外币负债）/企业总负债或
（企业外币资产 - 企业外币负债）/GDP④。

三、货币错配是历次债务危机的导火索和放大器

（一）历次金融和债务危机的共同点

一是危机前，各国债务普遍过高，债务水平显著上升。如拉美
债务危机前，拉美国家外债高速增长，1976—1982 年平均增速高达
21%；亚洲金融危机、欧债危机等其他债务危机爆发前 5 年，相关
国家债务增速亦高达 9% ~ 19%。二是过高的债务增速在外部账户上
表现为经常账户持续赤字，历次债务危机前各国均出现外部失衡，

---

① Roman (2010). Currency Mismatch and Systemic Risk in Emerging Europe.
② 王毅. 我国商业银行货币错配风险研究 [D]. 复旦大学，2009.
③ Roman (2010). Currency Mismatch and Systemic Risk in Emerging Europe.
④ IMF (2006). Analyzing Balance - Sheet Vulnerabilities in a Dollarized Economy：The Case
of Georgia.

部分国家经常账户赤字/GDP 一度高达 4%～6%。三是高债务增速在国内体现为资产价格泡沫，背后是债务与资产价格的正反馈机制。如美国次贷危机前，房地产市场出现明显泡沫，2000—2006 年实际房价涨幅达 50%。四是金融监管放松是债务快速积累背后的重要推手。债务存在负外部性，个体增加债务并未考虑对宏观金融稳定的损害，均衡水平下债务水平将超过最优水平。历次债务危机前普遍出现金融监管放松，加剧债务快速积累。五是汇率制度不灵活、债务期限错配与货币错配加剧债务危机。拉美和亚洲国家在危机前汇率制度不灵活，导致资本流动大进大出。欧债危机期间 PIIGS 国家（葡萄牙、意大利、爱尔兰、希腊、西班牙）因无法通过大幅贬值缓解债务危机冲击，复苏较慢。六是危机救助中始终面临道德风险的权衡，但一旦发生债务危机，对风险传染的担心将压倒对道德风险的考量。七是债务危机会留下长长的阴影。美国和欧元区在债务危机后经济复苏都不及以往周期，通胀长期达不到央行目标，货币政策正常化进展缓慢。八是债务很难被消除，只能被转移。政府被迫加杠杆以托底经济，历次债务危机后，政府部门债务占 GDP 的比重均出现持续上升①。

（二）自身经济金融脆弱性是部分新兴经济体近年来危机频发的根本原因

一是国内经济政治不稳定。部分新兴经济体存在政治动荡、货币超发、通胀过高等问题，经济基本面较差，易受市场冲击。如土耳其 2009—2018 年广义货币年均增幅达 17%，通胀长期处于 10% 左右的高位，远高于 5% 的目标。2018 年，土耳其通胀达 20%，GDP 同比萎缩 3%。阿根廷 2009—2018 年广义货币供应

---

① CF40 青年报告（2019）：债务的边界。

量年均增长 27%，2019 年通胀持续走高，达 53.8%，名义利率达 70%。二是经常账户逆差严重。2018 年底，阿根廷、土耳其经常账户逆差与 GDP 之比分别达 6% 和 10% 左右，远超国际预警线（4%），且出现贸易、财政"双赤字"，如阿根廷财政赤字占 GDP 的比重达 5%，再加上外汇储备不足，若外部环境恶化，易引发本币贬值和债务危机，加剧跨境资金流动风险。三是外债过高且币种和期限错配。2019 年年中，阿根廷、土耳其短期外债与外汇储备之比分别达 213% 和 143%，远超 100% 的国际警戒线。阿根廷政府债务中约 62% 为外币债务。土耳其企业外债中三分之一为短期外债。

（三）历次债务危机都与货币错配高度相关

一是近代几乎所有危机都以货币错配为标志[①]，货币错配能很好地预测危机。例如，对 20 世纪 90 年代银行部门资产负债缺口的研究表明，几乎所有金融危机都和银行货币错配高度相关[②]。又如，1994—2002 年，拉美、亚洲、中欧等 22 个新兴市场经济体（EMEs）数据表明，历次危机前都出现货币错配急剧上升、危机后货币错配下降（见表 3 - 6）[③]。二是短期外债/外汇储备是最好的预测指标之一。例如，美联储针对金融危机的早期预警系统，通过对 20 世纪 90 年代危机的验证表明，短期外债/外汇储备是表现最好的预警指标，成功预测了亚洲和拉美 12 次金融和债务危机中的 11 次[④]，其中在亚洲预测准确率为 100%，在拉美预测准确率为 88%。又如，货币错

---

① Allen（2002）. A Balance Sheet Approach to Financial Crisis.

② Morris（2002）.

③ Goldstein and Turner（2005）.

④ Fed（2000）. Do Indicators of Financial Crises Work? An Evaluation of an Early Warning System.

配是导致 1997 年亚洲金融危机的重要原因之一，危机前短期外债/外汇储备攀升，危机后明显降低①。

表 3-6   1994—2002 年 EMEs 净外币资产和外币债务占比②

单位：10 亿美元、%

地区/国家	指标	1994 年	1995 年	1996 年	1997 年	1998 年	1999 年	2000 年	2001 年	2002 年
拉美	净外币资产	-43.6	-51.1	-66.3	-85.5	-120.5	-131.7	-128.2	-169.8	-182.4
	外币债务比	22.9	25.3	26.9	26.8	25.6	29.3	29.2	28.7	32.9
阿根廷	净外币资产	-16.7	-24.6	-30.9	-41.2	-54.2	-62.6	-70.4	-103.9	-99.9
	外币债务比	32.9	36.4	40.2	41.4	43.2	44.7	46.2	49.2	58.9
巴西	净外币资产	4.0	6.6	-1.9	-25.4	-40.4	-47.1	-49.1	-64.2	-75.6
	外币债务比	15.1	15.8	16.6	17.1	14.3	18.4	19.6	19.0	23.7
哥伦比亚	净外币资产	3.4	1.0	-1.4	-2.7	-4.4	-4.1	-3.0	-3.5	-4.4
	外币债务比	34.7	34.2	36.1	36.3	36.0	35.9	33.0	33.8	34.5
墨西哥	净外币资产	-54.2	-57.2	-63.9	-45.4	-46.3	-43.8	-34.6	-18.2	-19.4
	外币债务比	26.8	39.4	46.3	40.5	44.4	40.1	37.0	33.9	33.8
亚洲大国	净外币资产	139	146.9	157.6	185.6	250	348	442.9	559.6	671.7
	外币债务比	10.2	10.6	11.4	12.1	9.0	7.3	6.2	5.5	4.8
中国	净外币资产	35.5	52.0	84.5	137.0	155.7	181.5	226.5	304.4	373.5
	外币债务比	10.6	9.6	9.0	8.3	6.5	4.8	3.8	3.1	2.1
印度	净外币资产	11.4	9.8	12	13.7	17	22.5	28.4	39	60.8
	外币债务比	7.5	8.1	8.3	9.2	8.7	7.4	6.3	5.1	4.6
亚洲其他国家	净外币资产	1.2	-13.1	-32.2	-78	-37.7	-5.3	5.3	20.1	28.4
	外币债务比	23.2	26	26.2	31.9	25.9	22.8	22.2	20.9	19.8
马来西亚	净外币资产	17.1	14.3	9.6	-4.5	8.9	16.1	13.3	12.9	7.9
	外币债务比	13.9	13.8	14.6	19.8	17.7	16.9	15.8	15.9	18.2
菲律宾	净外币资产	3.4	1.9	-3.8	-12.2	-9.1	-9.3	-11.6	-12.8	-14.6
	外币债务比	12.4	13.4	17.7	25.3	26.1	29.1	31.9	33	35.2

---

① PIIE（2004）. Controlling Currency Mismatches in Emerging Markets – Introduction.
② PIIE（2004）. Controlling Currency Mismatches in Emerging Markets.

续表

地区/国家	指标	1994 年	1995 年	1996 年	1997 年	1998 年	1999 年	2000 年	2001 年	2002 年
欧洲	净外币资产	0.7	16.8	18.6	18.2	25.4	28.4	31.4	39.5	39.4
	外币债务比	19.2	19.6	18	19.5	19.2	20.1	19.8	18	16.9
俄罗斯	净外币资产	13.9	11.1	3.6	−15	−34.3	−21.4	1.4	11	16.4
	外币债务比	35.3	26.7	22.1	22.1	47.2	42.1	37	34.2	35.5
土耳其	净外币资产	−12.3	−10.8	−11.5	−15	−19	−19.6	−37.2	−39.4	−46.2
	外币债务比	40.6	35.6	33	33.5	31.2	31.2	31.4	24.6	22.9

资料来源：彼得森国际经济研究所。

1. 1994 年墨西哥比索危机

货币错配是 1994 年墨西哥金融危机爆发的重要原因[1]，危机导致墨西哥 GDP 增速下降了 7 个百分点。货币错配的表现：一是从国家层面来看，净外币负债上升。1996 年墨西哥净外币负债升至 640 亿美元，为非危机时期的 3 倍左右。二是从政府部门来看，外币计价债务/外汇储备大幅上涨[2]。1994 年，墨西哥政府部门发行的美元计价国债规模翻了 10 倍，比外汇储备高出 100 亿美元[3]；外汇 M_3（M_2 + 非银行短期证券）超过外汇储备；广义货币 M_2 中的美元部分超过外汇储备历史最高水平近 5 倍[4]。三是从银行部门来看，外币负债规模大幅上升。1994 年底，墨西哥银行部门外币负债 1740 亿比索，同比翻倍。四是从公司部门来看，外币负债占比较高，且与外币收入严重不匹配。1994 年，墨西哥公司部门负债中外币占比为 60%，而收入中外币占比仅 10%。

---

① Miskin（1997）. Understanding Financial Crisis：A Developing Country Perspective.

② PIIE（2004）. Controlling Currency Mismatches in Emerging Markets – Why Currency Mismatches Matter.

③ Calvo（2004）. Does Openness to Trade Make Countries More Vulnerable to Sudden Stops, or Less.

④ Calvo, Goldstein（1996）.

2. 1997年亚洲金融危机

基本趋势是亚洲金融危机前（1995—1997年）货币错配上升，危机后货币错配下降。20世纪90年代，为刺激经济增长，韩国等经济体鼓励信贷扩张和借入外债（尤其是短期外债）。1995—1999年，印度尼西亚、韩国、马来西亚、泰国等国数据表明，仅看货币错配指标，可完美预测亚洲金融危机。[1] 而外汇储备充足和短期外债较低（货币错配较低）是中国香港、中国台湾和新加坡等经济体免于危机的主要原因之一。

货币错配的表现：一是从国家层面看，以外债/GDP衡量，韩国发行的国际债券/GDP[2]、外债/GDP分别从1990年的7%和13%上升至1996年的30%和32%。以短期外债/外汇储备衡量，1996年底，42个发展中国家有11个国家短期外债/外汇储备大于1[3]。如南非危机时期短期外债达外汇储备的12倍。韩国[4]危机时期短期外债达外汇储备的7倍，1997年12月，韩国外汇储备接近于零，不得不向IMF求助；1999年非危机时期短期外债为外汇储备的60%。泰国、印度尼西亚危机时期短期外债均达外汇储备的近6倍，非危机时期短期外债为外汇储备的75%左右。以期限错配衡量，截至1997年底，亚洲国家从国际银行体系借入外债3800亿美元，其中60%为短期外债（一年以下）[5]。如韩国短期外债/外债从1990年的45%升至1996年的64%。以净外币负债衡量，韩国1997年达584亿美元，

---

① Jason Furman, Joseph Stiglitz (1998).

② World Bank (1999). The Asian Bet.

③ Jason Furman, Joseph Stiglitz (1998). Economic Crises: Evidence and Insights from East Asia.

④ PIIE (2004). Controlling Currency Mismatches in Emerging Markets.

⑤ Report of the Working Group on Strengthening Financial Systems (1998).

为 1995 年非危机时期的 5.5 倍；泰国 1997 年净外币负债为 334 亿美元，而非危机时期净外币资产为 268 亿美元。以外币债务占总债务的比重衡量，韩国、印度尼西亚、泰国危机期间分别达 31.5%、46.7% 和 35.2%，占比为非危机时期的近 3 倍。以总量有效货币错配指标（AECM）衡量，1997 年韩国、泰国和印度尼西亚分别达 −11.09、−16.24 和 −21.57（负值绝对值越大，表明净外币债务越严重），而非危机时期为 4 左右（见表 3−7）。

表 3−7　1994—2002 年净外币资产、外币债务占比和货币错配情况①

单位：10 亿美元、%

国家	指标	1994 年	1995 年	1996 年	1997 年	1998 年	1999 年	2000 年	2001 年	2002 年
韩国	净外币资产	− 3.2	− 10.7	− 36.8	− 58.4	− 23.9	16.4	45	52.8	46.7
	外币债务比	16.0	18.1	21.9	31.5	19.3	15.9	14.3	12.9	11.5
	AECM	− 0.45	− 1.31	− 5.26	− 11.09	− 2.93	1.81	3.34	3.98	2.93
印度尼西亚	净外币资产	− 13.5	− 14	− 14.5	− 27.8	− 19.8	− 11.5	− 4.7	2.1	8.3
	外币债务比	33	32.6	32.9	46.7	42.9	33.1	32.0	28.9	22.5
	AECM	− 9.53	− 8.61	− 8.13	− 21.57	− 16.8	− 7.65	− 2.33	1.3	3.91
泰国	净外币资产	− 5.8	− 15.2	− 23.5	− 33.4	− 17.8	− 0.6	8.3	17.9	26.8
	外币债务比	26.4	32.8	32.5	35.2	23.3	18.8	17.9	15.7	12.7
	AECM	− 2.71	− 7.11	− 10.68	− 16.24	− 6.29	− 0.16	2.09	4.08	4.68

资料来源：彼得森国际经济研究所。

　　二是从银行部门看，银行债务外币化、资产本币化加重了危机，如韩元大幅贬值后，银行债务负担加重，政府不得不对银行进行救助。以银行外币外债/银行资产衡量，印度尼西亚、泰国达 50%，韩国达 45%，菲律宾近 30%，同期亚洲大型经济体平均水平仅为 10%。② 以短期外币债务占短期债务的比重衡量，1996 年底泰国银

---

①　PIIE（2004）. Controlling Currency Mismatches in Emerging Markets.

②　PIIE（2004）. Controlling Currency Mismatches in Emerging Markets.

行部门短期外币债务为 290 亿美元，占其短期债务的 98%①，而银行外币资产仅为 70 亿美元。

表 3 – 8　　　　　　　　亚洲金融危机前后货币错配变化②

（国家短期外债/外汇储备和银行外币外债/银行资产）

国家	1995 年	1996 年	1997 年	1998 年	1999 年
印度尼西亚	国家：208% 银行：19%	国家：197% 银行：18%	国家：224% 银行：30%	国家：113% 银行：29%	国家：75% 银行：52%
韩国	国家：184% 银行：25%	国家：222% 银行：30%	国家：330% 银行：45%	国家：76% 银行：21%	国家：59% 银行：16%
马来西亚	国家：35% 银行：—	国家：44% 银行：17%	国家：75% 银行：24%	国家：39% 银行：19%	国家：27% 银行：17%
泰国	国家：124% 银行：46%	国家：125% 银行：44%	国家：152% 银行：50%	国家：88% 银行：27%	国家：45% 银行：18%

资料来源：彼得森国际经济研究所。

三是从公司部门看，短期外债快速增长③，且普遍未进行套期保值，如印度尼西亚 95% 的上市公司未对外债的货币错配风险进行对冲④。

3. 俄罗斯、阿根廷、巴西、土耳其等国金融危机

一是 1998 年俄罗斯金融危机。（1）净外币负债危机时期达 343 亿美元，同比翻倍，非危机时期（2002 年底）净外币资产为 164 亿美元。（2）外币负债占总债务的比重危机时期达 47%，非危机时期为 35%。（3）总量有效货币错配指标（AECM）危机时期为 – 19，非危机时期为 7。

二是 2000—2002 年土耳其危机。（1）净外币负债危机时期为 462 亿美元，为非危机时期的 4.5 倍。（2）AECM 指标危机时期达

---

① PIIE (2004). Controlling Currency Mismatches in Emerging Markets.

② PIIE (2004). Controlling Currency Mismatches in Emerging Markets.

③ Burnside, Eichenbaum, Rebelo (1999).

④ Dale Gray (1999).

－20，为非危机时期的 2 倍。

三是 2001—2002 年阿根廷金融危机。（1）净外币负债危机时期为
1039 亿美元，为非危机时期的 6.2 倍。（2）外币负债占总债务的比
重，20 世纪 90 年代末危机时期，阿根廷接近 100% 的公共债务为外币
计价①，80% 的私人债务为外币计价，其中超过一半的银行债务以外
币计价②。（3）AECM 指标危机时期达－208，为非危机时期 7.4 倍。

四是 2002 年巴西金融危机。（1）净外币负债危机时期达 756 亿
美元，但非危机时期（1995 年底）净外币资产为 66 亿美元。（2）外
币负债占总债务的比重危机时期达 24%，非危机时期为 14% 左右。
（3）AECM 指标危机时期达－25，非危机时期为 1 左右。

表 3－9　俄罗斯、阿根廷、巴西、土耳其金融危机前后货币错配对比③

单位：亿美元、%

国家	指标	危机时期	非危机时期
俄罗斯	净外币资产	－343	164
	外币债务比	47	35
	AECM	－19	7
阿根廷	净外币资产	－1039	－167
	外币债务比	59	33
	AECM	－208	－28
巴西	净外币资产	－756	66
	外币债务比	24	14
	AECM	－25	1
土耳其	净外币资产	－462	－103
	AECM	－20	－10

资料来源：彼得森国际经济研究所。

---

① NBER (2005). Sudden Stop, Financial Factors and Economic Collapse in Latin America.
② IMF (2004). Lessons from the Crisis in Argentina.
③ PIIE (2004). Controlling Currency Mismatches in Emerging Markets.

4. 2008 年国际金融危机

国际金融危机前，货币错配上升，特别是新兴欧洲[1]。一是从家庭部门来看，由于外币贷款利率远低于本币贷款利率，欧洲国家的家庭部门大量从银行借入外汇，如匈牙利家庭部门外币贷款占其家庭部门总贷款的比例从 2004 年的 5% 升至 2008 年的 60%，罗马尼亚和波兰该比例也较高。

二是从企业部门来看，2000 年至 2007 年，斯洛伐克和保加利亚的公司部门外币贷款占其公司部门总贷款的比例分别上升了 20 个和 25 个百分点[2]。

三是从银行部门来看，2004—2007 年新兴欧洲银行部门货币错配指标上涨 16%，2007 年银行外币贷款占总贷款的比例达 50%，远超其他 EMEs[3]。危机期间银行渠道发挥了关键作用[4]。危机期间，货币错配严重的银行渠道跨境借贷（包括代客和银行自身）大幅萎缩，资本流出呈现幅度大、速度快、持续时间长的特点。如 2008 年第三季度前，发达国家的银行渠道资金流入量维持在每季度 1 万亿美元以上。雷曼兄弟公司破产后，货币错配严重的银行渠道资金迅速转为流出，峰值超过每季度 2 万亿美元。2009 年第三季度后，全球避险情绪有所缓解，但银行渠道资金流入量持续萎缩，并显著低于危机前水平。

银行与企业行为的自我强化加剧了美元短缺，引发连锁反应。以韩国为例，其国内银行的美元负债在 2008 年国际金融危机前远超美元资产，债务到期需要不断借入美元。而国内进出口企业单边看涨韩元，持有较多美元贷款，中小企业普遍通过外汇衍生工具押注

①　Roman（2010）. Currency Mismatch and Systemic Risk in Emerging Europe.

②　IMF. Detailed Guidance on Macro Prudential Instruments.

③　IMF Romain（2010）. A New Index of Currency Mismatch and Systemic Risk.

④　2018 年《中国国际收支报告》。

韩元相对美元升值，同样积累大量美元债务。危机时，全球避险情绪加剧，美元融资成本攀升，跨境借贷萎缩，国内银行间市场极度缺少美元。银行停止向企业提供外币贷款，企业只能出售资产获取美元，加剧国内资产和汇率下跌，导致境外投资者进一步减持韩国股票和债券资产，引发连锁反应。2008 年韩元兑美元贬值近 26%，贬值幅度为 1997 年以来最大。

值得注意的是，相比较而言，国际金融危机前，金砖国家较OECD 国家货币错配风险更小①。主要原因：一是金砖国家更多用外国直接投资（FDI）代替外债；二是金砖国家积累了较多外汇储备；三是 OECD 国家外债中外币负债规模不断提高，尤其是银行短期外币借债增加。

四、货币错配的影响

（一）加剧危机严重程度，增加危机应对成本②

一是危机时期加剧 GDP 增速下降和汇率超调。实证表明，货币错配在非危机时期对经济增长有贡献，危机时期加剧危机严重程度③。（1）银行实际货币错配指标（de facto mismatch）每增加 6.6个百分点，非危机时期经济增长率上升 0.8 个百分点，危机时期GDP 增速下降 5.5 个百分点（5.5 percent more severe downturn）④。

---

①　OECD（2012）. International Capital Mobility：Structural Policies to Reduce Financial Fragility.

②　PIIE（2004）. Controlling Currency Mismatches in Emerging Markets – Introduction；Aaron；Cavallo.

③　Roman（2010）. Currency Mismatch and Systemic Risk in Emerging Europe.

④　Cavallo（2001）. Does Openness to Trade Make Countries More Vulnerable to Sudden Stops，or Less.

（2）针对 20 世纪 90 年代货币危机的实证回归分析表明，一国外币债务/GDP 每增加 10 个百分点，汇率超调增加 11.8 个百分点，产出收缩增加 1.6 个百分点（yielding an additional output contraction of 1.6 percent）[1]。（3）2018 年阿根廷爆发债务危机，货币错配严重加剧汇率超调，导致汇率贬值 50%。二是限制国家借债能力，阻碍经济复苏。20 世纪 90 年代，EMEs 严重的货币错配（主要是政府部门外币债务高企和外汇储备不足）使其举借外债非常困难，限制了其经济复苏和发展[2]。货币错配是拉美债务危机之后，各国实际信贷增速弹性不同的重要解释因素，货币错配程度越低的国家，信贷恢复和经济复苏越快[3]。而拉美和新兴亚洲较新兴欧洲在国际金融危机后表现更好[4]，主要原因之一即是货币错配程度较低。

（二）增加宏观经济金融稳定和跨境资本流动波动风险

一是降低国家信用评级。外债分为本币外债和外币外债，研究表明，当一国外币外债占总外债的比重从 0 升至 100%，国家评级会下降三个档次（一个等级）；当衡量货币错配的 AECM 指标从 75 分位升至 25 分位，国家评级会下降 0.1~0.5 个档次[5]。二是加剧 GDP 和跨境资本流动的波动风险。实证分析表明，对于发达国家和发展中国家的 GDP 产出波动性和跨境资本流动波动性的差异，其中四分

① Federal Reserve（2005）. Exchange Rate Overshooting and the Costs of Floating.

② BIS（2016）. A New Dimension to Currency Mismatches in the Emerging Markets：Non – Financial Companies.

③ BIS（2016）. A New Dimension to Currency Mismatches in the Emerging Markets：Non – Financial Companies.

④ Reberto（2004）. Understanding Differences in Growth Performance in Latin America and Developing Countries between the Asian and the Global Financial Crises.

⑤ BIS（2004）. Assessing New Perspectives on Country Risk.

之一可由发展中国家货币错配程度较高解释[1]。三是汇率风险上升。对债权型货币错配严重国家（外币资产远高于外币负债），若汇率升值可能出现资产缩水。对债务型货币错配严重国家（外币负债远高于外币资产），若汇率贬值可能出现偿付危机。如 EMEs 发行美元债券的公司持有的流动金融资产大多为本币资产[2]，错配严重，本币贬值时损失较大。四是可能导致国际收支危机，原因是市场主体集中卖掉国内资产偿还外债，会对外汇储备和汇率造成压力[3]。五是可能导致银行业发生系统性危机的概率提高 6 倍，OECD 研究表明，低货币错配国家年均银行系统性危机概率约 1%，高货币错配国家危机概率为 6%[4]。

（三）限制货币政策调控空间[5]

一是贬值通过提振出口对 GDP 的扩张作用，小于加重外币负债负担带来的收缩作用[6]。外币负债严重的国家如通过降息和贬值应对危机，银行和企业可能出现偿付危机，甚至倒闭；如通过升息来支撑本币，会加重公司财务负担，加剧经济衰退。二是外币债务限制央行发挥最后贷款人作用[7]。若危机伴随货币贬值，央行外币债务负担加重，降低央行在国内作为最后贷款人扭转流动性危机的能力和意愿。三是降低货币政策传导机制有效性。在广义货币总量中，外

---

[1]　Eichengreen – Hausmann – Panizza（2002）. Original Sin：The Pain, the Mystery, and the Road to Redempt.

[2]　BIS（2018）. Currency Depreciation and Emerging Market Corporate Distress.

[3]　Allen（2002）. A balance Sheet Approach to Financial Crisis.

[4]　OECD（2012）. International Capital Mobility：Structural Policies to Reduce Financial Fragility.

[5]　PIIE（2004）. Controlling Currency Mismatches in Emerging Markets – Introduction.

[6]　BIS. Looking at Aggregate Currency Mismatches and Beyond.

[7]　Eichengreen – Hausmann – Panizza（2002）. Original Sin：The Pain, the Mystery, and the Road to Redempt.

币占比的提高，会降低国内货币总量和利率政策对借贷行为的影响[①]。

（四）影响发展中国家的浮动汇率机制发挥作用[②]

货币错配较高的国家不敢放开汇率。一是针对债务型货币错配的 EMEs（即持有净外币负债），浮动恐惧论指出[③]，发展中国家偏好固定汇率以限制错配风险，反过来加剧错配。二是针对债权型货币错配的 EMEs（即持有净外币资产），高储蓄两难论认为，成长较快的新兴经济体通过出口顺差积累了大量外汇储备，形成净外币资产，从而面临政策选择困境。如果汇率不升值，会被发达国家采取贸易制裁等行动；如果汇率被迫升值，会面临贸易顺差下降甚至逆差，可能对经济发展造成负面影响[④]。

（五）微观层面来看，货币错配对企业负面影响较大

一是对公司估值产生负面影响，实证计量分析发现，公司市值对汇率波动敏感性很强[⑤]，如韩国企业持有外债对公司价值的负面影响非常显著[⑥]。二是对公司净收入产生负面影响，债务水平更高的公司净收入增速更慢[⑦]。三是影响公司资金来源，研究墨西哥比索危机发现，贬值前短期外币债务更高的公司，贬值后得到的投资更少[⑧]。

---

① Martin Tobal（2018）. Currency Mismatch in the Banking Sector in Latin America and the Caribbean.

② PIIE（2004）. Controlling Currency Mismatches in Emerging Markets – Why Currency Mismatches Matter.

③ Calvo（2002）. Fear of Floating; Ganapolsky（2003）.

④ 苗师玮. 货币错配中的汇率风险问题研究综述［J］. 管理现代化，2016（6）.

⑤ Bystrom（2014）. The Impact of Currency Movements on Asset Value Correlations.

⑥ Kim（2016）. Foreign Currency Exposure and Balance Sheet Effects.

⑦ Forbes（2002）.

⑧ Aguiar（2005）.

以匈牙利为例①，货币错配的公司数量占比为 7%，而由于获取股权投资难度相对较大，其贷款占整个公司部门贷款的比例为三分之二。四是货币错配严重的公司受危机打击更大，如匈牙利货币错配严重的公司附加价值（Value - added）占比从危机前的 23% 降至危机后的 21%，就业人数占比从 17% 降至 13%，所得投资占比从 29% 降至 22%。

（六）公司层面货币错配的溢出效应放大银行风险②

一是从银行资产端来看，银行对公司外币贷款承担连带风险；且大公司更容易在国际债券市场直接融资，向银行借外币贷款的通常为中小公司，信用风险更大；银行持有跨境债券较多，亦加剧风险。欧央行指出，在本币大幅贬值的情况下，没有对冲的外币贷款偿还成本显著上升，尤其是，若本币贬值叠加外币利率上升，将明显加剧债务无法偿还的信用风险，坏账准备金增加和坏账冲销会显著降低银行资本水平和盈利水平，加剧银行外汇资金短缺和自身债务偿还风险③。二是从银行负债端来看，随着利差交易上升，公司借外债存到境内银行，表现为现金持有增加④，如韩国私人非金融企业持有信托和投资基金 2012 年和 2013 年分别增长 36% 和 45%。利用境内外利差大举借外债的公司顺周期性较强，一旦利差收窄或波动性增大，集中取回外币存款可能引发挤兑风险，尤其是对高度依赖公司存款的银行和非银行金融机构。

---

①　Currency Mismatch and the Sub - Prime Crisis: Firm Level Stylised Facts from Hungary.

②　BIS（2014）. Risks Related to EME Corporate Balance Sheets: The Role of Leverage and Currency Mismatch.

③　ECB（2010）. Financial Stability Review.

④　BIS（2014）. Risks Related to EME Corporate Balance Sheets: The Role of Leverage and Currency Mismatch.

五、20 世纪 90 年代至今 EMEs 货币错配走势

（一）基本趋势

20 世纪 90 年代以前货币错配严重，20 世纪 90 年代末至 2008 年国际金融危机期间下降，2010 年以来又有所上升。

一是从总债务中外币债务占比来看，20 世纪 90 年代，拉美和中等收入亚洲国家平均水平为 20%～25%，某些国家甚至达 40%，20 世纪初有所下降，2010 年以来又有所上升。

二是从净外币负债/出口或净外币资产/出口来看，20 世纪 90 年代，拉美、亚洲部分地区净外币负债/出口达 80%，之后净外币负债下降，转为净外币资产。2010 年以来，净外币资产下降，特别是在拉美和部分亚洲地区，2014 年底净外币资产几乎下降到零。

（二）分阶段来看

第一个阶段是 20 世纪 90 年代至 2008 年国际金融危机前夕，EMEs 货币错配总体从高位下降。更多发展中国家从净外币负债转向净外币资产[1]，使 EMEs 迅速从国际金融危机中恢复。分地区来看，货币错配问题在拉美地区几乎消除[2]。分部门来看，EMEs 货币错配下降主要体现在官方政府部门和银行部门。

EMEs 货币错配下降，从原因来看，一是由于政府从发行国际债券转向国内发行本币债券，加上本币公司债券市场的发展，缓解了

---

① Philip（2010）. Financial Exchange Rates and International Currency Exposures.

② BIS（2016）. A New Dimension to Currency Mismatches in the Emerging Markets: Non – Financial Companies.

货币错配，尤其是在亚洲地区。二是借外币债务的公司多分布在有外汇收入能力（天然对冲）的行业[1]。三是自 1995 年以来，外国银行更多通过 EMEs 当地分行发放本币贷款，部分替代了 EMEs 外币债务。外资银行在当地分行以本币贷款（而非跨境）呈上升趋势，在发展中国家和亚太地区已占其对外资银行债务的三分之一，在拉丁美洲超过一半[2]。四是积累外汇储备，2003 年中至 2008 年，EMEs 外汇储备存量增加 4 万亿美元。国际金融危机爆发后，上述因素增加了拉美[3]、亚洲[4]等国央行的货币政策空间，通过大幅降息等扩张性政策来应对危机，而不用担心贬值增加外币债务负担，从而迅速从危机中复苏[5]。

表 3 - 10　　1994 年与 2004 年各类经济体净外汇头寸变化

（从净外币负债转向净外币资产）[6]

项目	1994 年		2004 年	
	平均值	中位数	平均值	中位数
所有国家	- 0.31	- 0.24	0.18	0
发达国家	0.18	0.08	0.54	0.42
新兴经济体	0.05	- 0.03	0.44	0.06
发展中国家	- 0.71	- 0.58	- 0.16	- 0.16

资料来源：IMF。

---

① Summary: Joint CGFS-FSB-SCAV Workshop Onrisks from Currency Mismatches and Leverage Oncorporate Balance Sheets.

② PIIE (2004). Controlling Currency Mismatches in Emerging Markets.

③ De Gregorio (2014).

④ Park et al. (2013).

⑤ BIS (2016). A New Dimension to Currency Mismatches in the Emerging Markets: Non - Financial Companies.

⑥ Philip (2010). Financial Exchange Rates and International Currency Exposures.

第二个阶段是 2010 年以来，EMEs 大举增加外债，货币错配卷土重来，尤其是拉美、印度尼西亚、俄罗斯和土耳其，但仍低于 20 世纪 90 年代水平。国际金融危机以后，发达国家政府债务虽然增加，但家庭和公司部门大规模去杠杆；对比之下，EMEs 总体信贷呈快速扩张态势。近年来 EMEs 货币错配风险加剧的主要表现，一是外币计价的国际债券发行量上升；二是境内非银行部门对境外银行的外币负债增加，特别是巴西、中国、印度、印度尼西亚和俄罗斯等，并于 2012 年底达到顶峰。截至 2015 年，EMEs 对外国银行的债务超过 58 万亿美元，较 2007 年增长 80%。分部门来看，非贸易部门（如建筑行业）的外债增长尤为显著[1]。分地区来看，对外国银行的债务相对幅度和绝对规模增长最大的是新兴亚洲（148%）和拉美（93%）。此外，新兴欧洲国家货币错配风险也持续存在[2]。

（三）分部门来看

2010 年以来，EMEs 政府部门货币错配有所缓解[3]，主要由于外汇储备积累和政府外币债务减少。而非政府部门货币错配一直在上升，体现为净外币负债近年来不断上升[4]。具体来看：

1. 从非政府部门整体走势来看

20 世纪 90 年代至 2010 年下降，2010 年以来上升。一是从外币债务占总债务的比重看，20 世纪 90 年代非政府部门达 30% ~ 40%，之后下降到 10% ~ 20%，2010 年以来反弹至 20% ~ 30%。二是

---

① NBER（2017）. Lessons Unlearned? Corporate Debt in Emerging Markets.

② Yesin（2013）. Foreign Currency Loans and Systemic Risk in Europe.

③ BIS. Looking at Aggregate Currency Mismatches and Beyond.

④ BIS（2016）. A New Dimension to Currency Mismatches in the Emerging Markets：Non - Financial Companies.

从净外币债务/出口来看，2014—2015 年，EMEs 非政府部门净外币负债/出口达 37%，其中，拉美地区近 50%。三是从跨境融资来源来看，私人部门国际债券融资规模已超过国际贷款融资规模，如 2013 年拉美五国私人部门国际债券融资规模（1000 亿美元）已超过国际贷款融资规模（800 亿美元），而 2008 年前者仅占后者的三分之一①。四是从国际债券和私人部门海外分支机构发债占总债券的比重来看，2004—2008 年拉美私人部门发行国际债券规模占其债券发行总规模的 34%，2009—2013 年升至 64%。此外，私人部门海外分支机构发债规模也在上升，如拉美私人部门海外分支机构发债规模占其债券发行总规模的比重从接近于零升至 37%。五是从债券发行币种来看，美元占比大幅上升，从不到三分之一升至超过一半②。

2. 从公司部门走势来看

一是非金融企业部门对危机后 EMEs 信贷增长贡献最大。自 2009 年以来，EMEs 杠杆率稳步上升，主要原因是非金融企业债务显著上升③，从 24 万亿美元升至 2015 年的 37 万亿美元，非金融企业债务/GDP 从 2009 年的 60% 升至 2015 年的 90%（非金融部门信贷/GDP 从 109% 升至 175%），其中，某些 EMEs 非金融企业债务/GDP 超过 100%④。从公司债务与盈利增速对比来看，2008—2012

---

① IDB（2014）. Global Recovery and Monetary Normalization.

② IDB（2014）. Global Recovery and Monetary Normalization.

③ Summary：Joint CGFS-FSB-SCAV Workshop on Risks from Currency Mismatches and Leverage on Corporate Balance Sheets.

④ BIS（2014）. Risks Related to EME Corporate Balance Sheets：The Role of Leverage and Currency Mismatch.

年，三分之一的 EMEs 公司债务增速超过盈利增速①，据测算，2008 年公司部门偿还债务余额平均需要 2 ~ 2.8 年盈利，2012 年则需要 2.5 ~ 3 年盈利。

二是从跨境资金来源来看，公司国际发债增速超过银行信贷②，绝对规模也快赶上银行③。EMEs 非银行私人部门跨境信贷来源占比最大的仍是境外银行，其次是公司国际发债。2008 年以来，EMEs 公司部门债务显著上升，其中很大一部分是国际债券（其中美元计价债券占主导地位，2012 年占 80%）。2007—2015 年，企业发行国际债券存量从 3600 亿美元升至 11 万亿美元。其中，2010 年以来，金融企业国际债券发行从每年 4000 亿美元升至 1 万亿美元，非金融企业翻倍至 4000 亿美元④。如拉美五国（巴西、智利、哥伦比亚、墨西哥、秘鲁）对国际债券市场依赖度显著提高，其公司债中国际债券占比从 2008 年的 22% 提升至 2013 年的 43%⑤。原因是国际市场低利率和宽松流动性，以及银行货币错配风险较高，使企业转向发债获取融资。

三是从外币债务来看，金融危机以来，EMEs 外币（特别是美元）公司债快速增长。（1）从存量来看，EMEs 公司外币债务/GDP 从 2008 年的 2.8% 上升至 2013 年的 5.3%⑥。（2）从流量来看，

---

① International Monetary Fund（2014）. Making the Transition from Liquidity – to Growth – Driven Markets.

② BIS（2016）. A New Dimension to Currency Mismatches in the Emerging Markets: Non – Financial Companies.

③ BIS（2014）. Risks Related to EME Corporate Balance Sheets: The Role of Leverage and Currency Mismatch.

④ Corporate Debt in Emerging Economies: A Threat to Financial Stability.

⑤ IDB（2014）. Global Recovery and Monetary Normalization.

⑥ Ayala et al.（2015）.

2000—2014 年，EMEs 公司部门大举增加外币借款①。其中，2009—2012 年，主要 EMEs 公司部门发行外币国际债券 3750 亿美元，较国际金融危机前（2005—2008 年）翻倍②；2013—2014 年达到顶峰，年均发行量近 3600 亿美元。(3) 从占比来看，2009 年以来，外币债券较本币债券增长更快，外币债券占比持续上升。2007 年，EMEs 非金融企业发行的国际债券中外币债券占比为 16%，2014 年升至 80%③。2009—2014 年，美元债券占总债券发行规模的 33%，占外币债券发行规模的 84%。

四是从企业类型来看，2010 年以前，借入外币债务的公司主要为出口企业。如 20 世纪 90 年代，墨西哥在国际资本市场上融资的公司主要集中在出口企业④，1995—1997 年信贷紧缩主要影响的是中小非出口企业；1997 年，墨西哥 142 家上市非金融企业大多为出口型企业，出口/销售额为 40% 左右，外币债务占总债务的比重为 53% 左右。2010 年以后，EMEs 公司借入外币债务普遍上升，特别是非出口型企业，原因是境内外利差和汇率升值。2010—2014 年，主要 EMEs 的公司在国际债券市场发行了 12 万亿美元债券，其中发行规模最大的是中国，其次是巴西。由于含大量无外汇收入的非出口企业，公司外币债券中投资级以下的占比大幅上升⑤，导致 2015 年发行量大幅下跌至 1280 亿美元。

---

① BIS（2016）. A New Dimension to Currency Mismatches in the Emerging Markets: Non – Financial Companies.

② BIS（2014）. Risks Related to EME Corporate Balance Sheets: The Role of Leverage and Currency Mismatch.

③ NBER（2017）. Lessons Unlearned? Corporate Debt in Emerging Markets.

④ Krueger and Tornell（1999）.

⑤ Ayala et al.（2015）.

3. 从银行部门走势来看

一是亚洲金融危机以后至 20 世纪初，EMEs 银行外币债务占银行总债务的比重降低，如印度尼西亚从 1993 年的 36% 降至 2002 年的 5%，墨西哥从 1983 年的 47% 降至 2002 年的 15%，南非从 1993 年的 30% 降至 2002 年的 9%①。二是 2008 年国际金融危机以后至今，外币债务持续上升，美国以外国家的银行部门美元债务从 2009 年的 107 万亿美元增加至 2018 年的 128 万亿美元，且银行美元债务中跨境债务占比提高（2018 年增至 51%），部分原因是银行通过其美国分行获得的美元债务占其总美元债务的比例降低（从 2008 年的 30% 降至 2018 年的 23%）②。

（四）从区域分布来看

一是从国家层面来看，中国表现较为稳健，中等 EMEs 和拉美国家表现较弱，如拉美 16 国从 2007 年开始大幅增加外币负债，其中 12 国净外币负债增加③。（1）以外币债务占总债务的比例看，大型亚洲国家占比最低，且持续处于低位（10% 以下）；其次为其他亚洲国家，从亚洲金融危机的 35% 降至国际金融危机的 15%，近年来略有上升（不到 20%）；再次为拉美国家，从 20 世纪 90 年代末的 45% 降至国际金融危机的 20% 以下，近年来升至 20% 以上。（2）以净外币头寸/出口衡量④，20 世纪 90 年代以来大型 EMEs（如中国、印度、韩国、俄罗斯）净外币资产/出口一直强劲，2000 年大幅增长，此后稳定在 120% 左右；中型 EMEs（如巴西、印度尼西亚、墨

① Ayala et al.（2015）.

② BIS（2018）. The Geography of Dollar Funding of Non – US Banks.

③ Martin Tobal（2018）. Currency Mismatch in the Banking Sector in Latin America and the Caribbean.

④ BIS. Looking at Aggregate Currency Mismatches and Beyond.

西哥、土耳其）2010 年以来净外币资产/出口下降。

二是从银行层面来看，中国、韩国、泰国等亚洲国家处于相对低美元化（Low Dollarization）地区，1995—2004 年外汇存款占银行总存款的比例平均值低于 10%，乌拉圭、阿根廷、秘鲁等拉美国家处于相对高美元化地区，1995—2004 年外汇存款占银行总存款的比例平均值在 40% ~ 94% 之间。

三是从企业层面来看，土耳其等国公司部门外币负债占比较高。部分国家企业外币负债与外汇收入严重不匹配。大宗商品和制造业等出口行业的外汇收入可为外币负债提供天然对冲，如巴西、墨西哥、俄罗斯、南非。而印度公共事业企业等近年国际发债积极的行业，由于缺少相应外汇收入来源，口袋风险（Pocket Risk）较高[1]。

六、货币错配的来源

（一）从国际市场因素看

一是境内外利差使 EMEs 外币贷款和发行境外债券增多[2]。研究表明，与美元利差（调查显示，约 40% 的公司认为非常重要[3]）、货币升值和固定汇率[4]为货币错配的重要原因。国际金融危机后，美联储、欧央行、日本央行等发达国家（地区）央行实施扩张性货币政

---

① BIS（2014）. Risks Related to EME Corporate Balance Sheets: The Role of Leverage and Currency Mismatch.

② Summary: Joint CGFS-FSB-SCAV Workshop on Risks from Currency Mismatches and Leverage on Corporate Balance Sheets.

③ Graham and Harvey（2001）.

④ Acharya and Vij（2016）和 Bruno and Shin（2017）.

策，在国际市场低利率和宽松流动性背景下，本外币贷款利差进一步扩大①，使 EMEs 大量借入外币贷款，并在国际债券市场发行更多债券筹措资金。再加上 EMEs 主权债务问题使其私人公司部门借债的信用价差增大，因而较容易在国际债券市场筹措到资金（即使是在货币错配较严重的情况下），其中很大一部分是外币债券。

二是发达国家货币处于国际主导地位。目前，美元、欧元、日元、英镑和瑞士法郎五种货币在国际储备、国际支付、全球贸易融资和外汇市场交易中占比达 90% 以上。原罪理论认为，EMEs 在国际上很难发行本币计价债券，非 EMEs 自身政策导致，而是国际金融市场使然，EMEs 依靠本身政策很难解决，呼吁国际机构和十国集团（G10）国家发行 EMEs 货币指数债券，通过增强 EMEs 货币在国际债券市场的认可度和使用度来解决②。

发达国家货币的国际主导地位主要体现在：（1）从总体债务币种结构来看，2001 年底拉丁美洲的本币债务占总债务的比例仅为 47%③，美国以外国家的本币债务占总债务的比例的平均值为 87%（新兴亚洲为 88%），且美元在全球外币债务中占主导地位④。（2）从银行债务币种结构来看，美国以外国家的银行部门美元计价债务 2015 年底达 97 万亿美元（其中 EMEs 规模为 33 万亿美元，较 2009 年翻倍）；2018 年 6 月底达 128 万亿美元⑤，与国际金融危机的顶峰时期水平相当；全球 81% 的跨境银行债务以五种主要货币计价。

① ECB（2010）. Financial Stability Review.
② Eichengreen – Hausmann – Panizza（2002）. Original Sin：The Pain, the Mystery, and the Road to Redempt.
③ PIIE（2004）. Controlling Currency Mismatches in Emerging Markets.
④ BIS. Looking at Aggregate Currency Mismatches and Beyond.
⑤ BIS（2018）. The Geography of Dollar Funding of Non – US Banks.

（3）从公司债务币种结构来看，2018 年年中美国以外国家的非银行部门存量美元债务共 11.4 万亿美元，其中 EMEs 占三分之一（3.7 万亿美元），较 2010 年翻倍①。（4）从国际债券发行的币种结构来看，1993—1998 年，发展中国家发行债券占国际债券发行总规模的 10%，其中仅 2.3% 以本国货币计价，以其货币计价的债券占国际债券发行总规模的 0.2%。截至 2020 年三季度末，国际债券市场 26 万亿美元存量中，欧元、美元、日元、英镑计价的占比为 95%。

（二）从国内市场因素看

1. 从供给侧来看

一是国内储蓄不足，本币资金来源缺乏，如中东欧国家②。二是外资银行在国内市场所占份额较大，国内外汇贷款资金来源充足③。例如，奥地利、比利时、法国、德国等银行在中东欧国家较为活跃，助长了该地区外币负债和货币错配上升。三是国内金融市场尤其是债券市场发展不足，导致借美元债务④。四是外汇储备或外汇收入不足，如大宗商品出口国货币错配风险通常较小⑤。危机教训是要有充足的外汇储备，特别是经济金融波动性较大的新兴市场国家、固定汇率制度或易受汇率冲击的国家、经常账户逆差严重因而需要更多流动性的国家⑥。

2. 从需求侧来看

一是市场主体汇率风险对冲意识、动力和避险工具可得性不足。

---

① BIS（2018）. Currency Depreciation and Emerging Market Corporate Distress.

② ECB（2010）. Financial Stability Review.

③ ECB（2010）. Financial Stability Review.

④ Ricardo（2003）. Excessive Dollar Debt: Financial Development and Underinsurance.

⑤ BIS（2014）. Risks Related to EME Corporate Balance Sheets: The Role of Leverage and Currency Mismatch.

⑥ PIIE（2004）. Controlling Currency Mismatches in Emerging Markets.

调查显示，平均 74% 的公司对外币头寸进行对冲①，印度尼西亚 36% 的公司对外币头寸进行对冲②。需要注意的是，通过衍生品对货币错配进行对冲也可能产生期限错配，原因是衍生品通常期限较短，需要滚动③。二是过度借债。实证表明，发展中国家债务水平越高，美元化和货币错配越高④。货币错配和债务水平高度相关⑤，对 2003—2007 年 29 个 EMEs 实证分析表明，信贷/GDP 与货币错配增加正相关，相关系数为 0.71⑥。尤其是在中东欧地区的非欧元国家，信贷增长和外币负债具有较强的正相关性⑦。

3. 从市场环境来看

一是政府数据不透明，导致缺乏市场自律。二是通胀问题严重和货币政策可靠性不足⑧，实证分析表明，通胀越高，本币负债成本越高，货币错配越严重，如通胀每增加一倍，货币错配程度增加 5 个百分点⑨。以土耳其为例，2010—2017 年，通胀从 7.5% ~ 10% 上升至 10% ~ 12.5%，本国发行债券中外币债券占比从 18% 上升至 46%⑩。三是财政政策过于激进，债务币种和期限管理不足，政府国内借债可能推高利率，对私人部门借债产生挤出效应（Crowding－out），因而政府倾向借入外债避免这一问题。但长期来看，若汇率

---

① 2016 Risk Management Practice Survey by Wells Fargo.

② Harisuddin（2015）.

③ Gagnon（2014）.

④ Reinhart, Rogoff, Savastano（2003）.

⑤ Roman（2010）. Currency Mismatch and Systemic Risk in Emerging Europe.

⑥ BIS（2012）. Credit at Times of Stress: Latin American Lessons from the Global Financial Crisis.

⑦ ECB（2010）. Financial Stability Review.

⑧ IMF Olivier（2003）. Why do Emerging Economies Borrow in Foreign Currency.

⑨ Gianni（2003）.

⑩ VOX（2018）. Re－emerging Currency Mismatches.

贬值可能出现偿付危机。研究表明，审慎的财政政策和可控的债务水平可有效降低货币错配①。四是汇率波动性不足。有理论认为浮动汇率加剧货币错配②，原因是汇率波动增加对冲成本，减少对冲行为③。主流观点认为固定汇率加剧货币错配④，且互为因果，原因是在汇率波动性较小，特别是存在汇率升值预期的情况下⑤，市场主体认为不受汇率波动影响，不需要对外汇敞口进行对冲⑥。有研究认为，亚洲金融危机前，新兴市场国家保持固定汇率是关键性错误，使市场主体忽略了汇率风险⑦。如泰国和马来西亚危机前保持固定汇率制度数十年，印度尼西亚和韩国实行有限的管理浮动汇率制度⑧，菲律宾的汇率浮动区间也很有限。对亚洲、拉美和欧洲的实证分析表明：（1）固定汇率制度下的未对冲外汇借款问题较浮动汇率更加严重⑨。对拉美五国非金融企业实证分析表明，在汇率波动更小的时期，美元债务占比更大⑩。（2）从固定汇率制度转向浮动汇率制度的新兴市场国家，货币错配问题得到缓解。如墨西哥1994年放弃钉住汇率转向浮动汇率，其上市公司货币错配下降⑪。五是政府隐性担

---

①　PIIE（2004）. Controlling Currency Mismatches in Emerging Markets.

②　Fed（2002）. Exchange Rate Regimr and Financial Dollarization：Does Flexibility Reduce Bank Currency Mismatches.

③　McKinnon（2001）.

④　Eichengreen - Hausmann - Panizza（2002）. Original Sin：The Pain，the Mystery，and the Road to Redempt.

⑤　ECB（2010）. Financial Stability Review.

⑥　Burnside（2000）.

⑦　Ito，Takatoshi（1996）. Asian Currency Crisis and the International Monetary Fund，10 Years Later：Overview.

⑧　Federal Reserve Bank of San Francisco Conference（2009）：Lessons from Asian Financial Experience.

⑨　Max Corden（2002）.

⑩　Cowen（2003）.

⑪　Lorenza，Alejandro（2001）.

保或显性救助增加企业借外债的道德风险①。亚洲金融危机期间，泰国、印度尼西亚、韩国等对银行负债提供了政府隐性担保和救助，增加了道德风险，助长了金融部门风险倾向②。此外，对1991—2015年23个新兴经济体实证分析表明，贸易和金融开放度与货币错配显著正相关③。

（三）从监管层面因素看

1. 国际层面

一是监管重视不足。国际金融危机前，在巴塞尔委员会等国际监管框架下，并未对本币贷款和外币贷款的信用风险进行区别监管。二是监管覆盖范围有限。亚洲金融危机前，巴塞尔委员会就已建议将银行的汇率风险敞口纳入市场风险资本金计量④，但由于发展中国家在其成员中席位不多，对发展中国家效力不强，而发展中国家恰恰是货币错配风险高发区。三是监管易规避。1996年，巴塞尔委员会对银行净外汇敞口施加8%的资本金要求，仅针对银行未并表的资产负债表，不少银行通过境外分行借入或发放外币债务以规避监管。

2. 国家层面

一是国家推动监管改革的动力不强，根据2002年IMF汇兑年报统计，全球仅四分之一的国家对外汇有关信用风险采取了监管措施，所有的发达国家（原因是其本币在国际上被广泛接受）和绝大部分"美元化"严重的国家（前10名国家仅2国采取措施）都未针对货

---

① Jeanne（2001）．Why do Emerging Economies Borrow in Foreign Currencies.

② PIIE（2004）．Controlling Currency Mismatches in Emerging Markets.

③ 巴曙松．新兴经济体货币错配的影响因素研究［J］．中国外汇，2016（19）．

④ Financial Stability Forum（2000）．Report of Working Group on Capital Flows.

币错配采取任何监管措施①。

二是对货币错配缺乏有效的审慎监管标准②。国际金融危机前，由于缺乏审慎监管经验，国家较多采取汇兑限制；较多限制外汇资金应用，而非限制外汇资金来源，如韩国仅从资金用途方面禁止在国内使用银行向非金融公司发放的外币贷款。

三是针对货币错配采取的措施效力不强。（1）对净外汇敞口的限制易规避。通过套利交易（Carry Trade），同时在远期市场持有看多头寸，并在即期市场持有看空头寸，可在计算外汇净头寸时相互抵销，使限制净外汇敞口的措施效力下降。如在 1994 年墨西哥比索危机中，墨西哥银行大量进行远期、互换等衍生品交易，不在净外汇敞口计算结果中体现，危机中比索贬值使看多头寸损失严重。（2）准备金要求较宽松。1996 年底（亚洲金融危机前），仅20% 的发展中国家对银行外汇存款的准备金要求比本币存款更高。（3）流动性要求较宽松。阿根廷在 2001 年以后放松了流动性比率等审慎政策要求，加重了银行危机③。

四是没有对"未对冲"（Unhedged）的外币贷款进行限制，包括：（1）无外汇收入作为天然对冲的非出口企业和个人的外币贷款；（2）未通过衍生品进行金融对冲的外币贷款。银行对无外汇收入的家庭和企业贷款风险较高，原因是易受汇率风险冲击，增加偿付风险，因此有研究将这部分贷款从银行外币资产中剔除。危机前，银行普遍没有对外币贷款对象的对冲情况（包括外汇收入或外汇衍生

① IMF（2003）. The Role of Supervisory Tools in Addressing Bank Borrower's Currency Mismatches.

② IMF（2003）. The Role of Supervisory Tools in Addressing Bank Borrower's Currency Mismatches.

③ PIIE（2004）. Controlling Currency Mismatches in Emerging Markets.

品对冲）进行严格的尽职调查。如匈牙利，危机前，无外汇收入的家庭部门借入了大量住房抵押外币贷款。国际金融危机爆发后，由于汇率大幅贬值，导致没有对冲的借款人的外币贷款偿还能力严重下降，违约概率大幅上升，增加了银行部门的损失。银行收紧信贷，导致市场流动性收紧和房价进一步下跌，形成负向螺旋，引发系统性风险。2008 年至 2013 年，匈牙利福林对瑞士法郎和欧元分别贬值 65% 和 25%，大大增加了外币贷款偿还成本。银行进一步提高瑞士法郎和欧元的外币贷款利率，导致家庭部门外币贷款中的不良贷款占比从 2008 年的 1% 飙升至 2013 年的 21%。

七、危机后各国普遍对货币错配加强监管

金融危机的教训：一是要确保银行资产和负债币种一致，或对外币敞口进行有效对冲[1]；二是要保持充足的外汇储备，足以覆盖短期外币负债支付需要；三是要稳定市场预期，减少投机行为和羊群效应。

（一）国际层面

1. 巴塞尔委员会（BCBS）

国际金融危机后，《巴塞尔协议Ⅲ》在信用风险评估中强调，银行外币贷款的信用风险应高于本币贷款的信用风险，因此应对外币贷款施加更高的资本金要求[2]，特别是应对没有对冲的外币贷款提高风险权重，以追加额外资本金要求[3]。具体包括：

---

[1]　Federal Reserve Bank of San Francisco Conference（2009）. Lessons from Asian Financial Experience.

[2]　PIIE（2004）. Controlling Currency Mismatches in Emerging Markets.

[3]　IMF. Detailed Guidance on Macro Prudential Instruments.

一是将未对冲的外币贷款的风险权重提高至 1.5 倍①。（1）根据《巴塞尔协议Ⅲ》的信用风险管理框架，对于个人零售地产和商业地产的贷款，借款人收入来源和贷款币种不同的，要在原风险权重的基础上乘以 1.5，上限为 150%。对冲包括天然对冲（正常经营活动能获得贷款相应币种收入）和金融对冲（通过与金融机构签订协议进行衍生品对冲）。只有当天然对冲和金融对冲能够覆盖贷款偿还金额 90% 的情况下，才被视为有效对冲，否则需要施加 1.5 的风险权重倍数。（2）巴塞尔委员会要求所有成员在 2022 年 1 月 1 日之前，实施该监管措施（受 2020 年新冠肺炎疫情影响，实施时间推迟至 2023 年 1 月 1 日）。（3）该监管要求出台的背景是，国际金融危机中，欧洲居民大量借入瑞士法郎贷款（原因是贷款利率较低），而其收入大多为欧元，货币错配严重，加重了银行业危机。（4）巴塞尔委员会信用风险专家表示，巴塞尔协议给出的是最低监管要求，各国可根据实际国情和需要，扩大监管要求的覆盖范围，或施加额外的监管要求。如 1.5 倍的风险权重要求，可从仅针对个人扩展至针对所有非金融企业客户；可从仅针对房地产行业，扩展至针对其他所有行业。

二是在资本充足率监管中，对于市场风险中的汇率风险单独计量最低资本要求②。根据《巴塞尔协议Ⅲ》市场风险监管框架，汇率作为四大市场风险来源之一（其他三类风险分别为利率、股票和大宗商品价格风险），对于汇率风险需要单独计量资本金。《巴塞尔协议Ⅲ》最新指引包括新标准法、新高级内部模型法和简易法三种方法。（1）新标准法。先计算所有外汇产品和头寸的汇率敏感度，

---

① Basel Ⅲ (2017). Finalising Post-crisis Reforms.
② Basel Ⅲ (2019). Minimum Capital Requirements for Market Risk.

通过各货币对的风险权重、相关性等计算得出。（2）新高级内部模型法。采用压力期的预期尾部损失，替代一般风险价值加压力风险价值。（3）简易法（仅适用于非系统重要性银行），汇率风险资本要求为8%×每种外币净外汇敞口之和（短边法，取每种外币净看多头寸之和与每种外币净看空头寸之和较高者）×1.2（Scaling Factor，放大系数）。

三是对于外汇和重要币种加强流动性覆盖比率的监测，但这并非硬性监管要求①。（1）根据《巴塞尔协议Ⅲ》流动性风险管理框架，本外币合计的流动性覆盖比率（LCR），即高质量流动资产/30天内资金净流出的比例应大于等于100%。国际金融危机后，巴塞尔委员会指出②，由于汇率风险也是流动性风险的一部分，应对外币和重要币种的流动性覆盖比率进行评估和跟踪。（2）目前，对于外币和重要币种（巴塞尔协议定义为该币种负债占集团总负债的5%以上）的LCR，巴塞尔协议框架仅将其作为监测指标，对银行有报送要求，而非硬性监管要求。各国可根据实际情况，加强相关流动性监管要求。（3）其中：①高质量流动资产（HQLA）定义为可以迅速转为现金，且基本无价值损失的资产，包括一级高质量流动资产，如现金和银行承兑汇票，央行准备金，主权机构、央行、BIS、IMF、多边开发银行发行或担保的风险权重为零的可交易证券；二级高质量流动资产（折扣后金额不得超过HQLA的40%），包括满足一定评级、期限等要求的官方机构或私人公司部门发行或担保的可交易证券等。②30天内资金净流出计算公式为：压力情景下，（30天内

---

① Basel Ⅲ (2013). The Liquidity Coverage Ratio and Liquidity Risk Monitoring Tools.

② Basel Ⅲ (2011). A Global Regulatory Framework for More Resilient Banks and Banking Systems.

预计资金流出规模－30天内预计资金流入规模）和30天内预计资金流出规模的25%较大者。资金流出规模预计方法为，将每种资产分类并赋予相应压力期外逃比例，如稳定类零售存款外逃比例为3%以上（与银行有长期稳定关系、自动存入工资等交易账户存款，被存款保险机制完全覆盖），次稳定类零售存款外逃比例为10%以上（外汇存款通常为次稳定类存款），小企业批发资金外逃比例为5%或10%以上，清算、托管、现金管理等操作性存款外逃比例为25%，合作银行存款外逃比例为25%或100%，非操作性批发资金来源外逃比例为20%、40%或100%。

四是对抵押外币贷款和担保外币贷款，若以本币形式提供抵押或担保，应对抵押或担保施加额外的折扣，从而增加风险敞口，增加资本金要求[①]。根据巴塞尔协议的信贷风险管理框架，如果抵押品或提供担保的主要收入来源币种与贷款敞口的币种不一致，要对抵押或担保施加8%的额外折扣（Hfx），从而降低抵押或担保可抵销的风险敞口，使抵押或担保后的敞口 $E^* = \max\{0, E(1+He) - C(1-Hc-Hfx)\}$ 相较本币贷款有所增加，从而增加资本要求。此外，如果银行和同一客户之间同时有贷款和存款业务，计算风险加权资产时，存款和贷款可相互抵销一部分，只计算净贷款/存款（On Balance Sheet Netting）。而当该客户的存款（相当于抵押品）和贷款存在币种错配时，也要对其存款施加8%的额外折扣。

五是对衍生品交易和证券融资交易的信用估值调整（Credit Valuation Adjustment，CVA）风险的额外资本金要求[②]。巴塞尔委员会专

---

① Basel Ⅲ (2017). Finalising Post – crisis Reforms.
② Basel Ⅲ (2017). Finalising Post – crisis Reforms.

家表示，在基本法下，CVA 风险不涉及汇率风险；标准法下，CVA 风险资本的计算涉及部分外汇敞口内容，但其设计初衷并非主要针对外汇风险。

2. 国际货币基金组织

2000 年 IMF 建议：一是 EMEs 外币债务问题和纠纷由外国法庭裁决，以减少本地政府的隐性担保助长道德风险的问题。二是针对银行净外汇头寸限制政策容易被规避的问题，IMF 建议考虑：（1）对银行总外汇敞口或总衍生品头寸进行限制；（2）对衍生品头寸征税或征收无息准备金（tax or unremunerated reserve on derivatives positions），对衍生品保证金征税（general tax on derivatives margin positions）①；（3）对银行外汇衍生品交易提高保证金或损失拨备要求；（4）对新增外币贷款提高风险权重，从而提高资本金要求；（5）对新增外币贷款增长率或新增外币贷款在新增贷款总额中占比的增长率设置上限②。

3. 欧洲复兴开发银行

2010 年欧洲复兴开发银行发起倡议，表示外币贷款是关键脆弱性，建议各国发展本币和境内资本市场，以减少未对冲的外币债务③。

4. 欧洲系统性风险委员会

2011 年欧洲系统性风险委员会提出官方建议④，认为外币贷款给欧洲银行业带来系统性风险，建议共 7 条⑤：一是银行对外币贷款

---

① IMF（2011）. Policy Instruments to Lean Against the Wind in Latin America.
② IMF. Detailed Guidance on Macro Prudential Instruments.
③ EBRD（2010）.
④ Yesin（2013）. Foreign Currency Loans and Systemic Risk in Europe.
⑤ ESRB Recommendation on Lending in Foreign Currencies.

加强风险提示：（1）要求金融机构向借款人充分披露外币贷款风险；
（2）鼓励金融机构向客户提供本币贷款代替外币贷款，对外币贷款
提供外汇风险对冲工具。二是各国监管机构应充分评估并限制外币
贷款的信用风险：（1）监测非金融私人部门外币贷款规模和货币错
配情况，并采取必要措施限制外币贷款规模；（2）发放外币贷款前
充分考虑借款人偿还能力，以及汇率和外币利率风险的承受能力；
（3）考虑设置更严格的贷款发放标准，如贷款价值比（LTV）、偿债
收入比（DSTI）等。三是监管应充分关注外币贷款对信贷总量的影
响，如果外币贷款助长信贷过快增长，可采取上述建议二相关限制
措施。四是加强银行内部风险控制：（1）监管机构应向金融机构发
布风险指引，使其更好地了解外币贷款风险在内控中的重要性和操
作方法，包括内部风险定价和内部资本配置指引；（2）银行应根据
其外汇敞口规模和复杂性落实上述指引。五是加强对银行的资本要
求：（1）各国监管机构应遵循巴塞尔协议指导原则，要求银行持有
足够资本金，以覆盖外币贷款的信用风险和市场风险等。相关评估
应依据欧洲议会和理事会指引条款124（Article 124 of Directive 2006/
48/EC）。如果监管措施效力不够，监管可对欧盟内相关机构的母行
采取附加资本金要求等措施。（2）欧洲银行业监管局（EBA）负责
向各国监管机构发布资本要求相关指引。六是加强外币贷款流动性
管理，各国监管机构应密切监测金融机构外币贷款的流动性和资金
来源风险，并预先采取相关限制措施，特别是：（1）资产和负债的
期限和货币错配；（2）对货币互换（包括货币利率互换）的依赖度
风险；（3）资金来源的集中度风险。七是对等原则：（1）对于母国
机构跨境或通过其境外分支机构发放的外币贷款，母国和东道国应
采取同样严格的措施，且相关措施应对并表前后的资产负债表都适

用；（2）东道国应针对外币贷款的有关监管措施与母国监管机构、欧洲系统性风险委员会和欧洲银行业监管局充分沟通，并由母国监管机构在其官网发布东道国相关监管措施。

（二）国家层面

金融危机后，各国加强了针对货币错配的监管。对银行，包括对外币负债和净外汇头寸的量化限制，将外汇敞口纳入信用风险从而提高资本金要求，增加对没有对冲的外币贷款的额外资本金要求，提高准备金要求，加强流动性管理等①。对企业来说，包括要求外币债务与外汇收入相匹配等。

1. 信用风险方面

一是要求外币债务与外汇收入或资产相匹配。（1）政府层面，20 世纪 90 年代，许多新兴市场国家政府开始降低对外币债务的依赖。如印度政府外币债务占总债务的比例降至 4.7%。新西兰规定，为获取外币资产（如外汇储备）可进行外币借款，为获取本币资产应进行本币借款，由于大部分政府投资都是为了获取本币资产，因此应进行本币借款。（2）银行层面，要求银行全面评估企业的信用风险，确保外币贷款对象有充足的外汇收入作为天然对冲或通过外汇衍生品进行金融对冲。如 2003 年印度要求，银行发放超过 1000 万美元外币贷款的前提是借款人具有外汇对冲。土耳其禁止当地银行向住户和没有对冲的公司提供外币贷款（但实践中银行通过离岸分行向境内没有对冲的公司提供外币贷款，以规避该限制，导致外债增加，当局不得不取消了该限制）。罗马尼亚规定，银行对没有对冲的借款人的外币贷款规模/银行自有资金上限为 300%。（3）企业

---

① PIIE（2004）. Controlling Currency Mismatches in Emerging Markets – Roles for Institutional Factors and Microeconomic Incentives.

层面，要求其外币债务与外汇收入相匹配，或进行汇率风险对冲，公司报告和审计也更强调资产负债的币种和期限结构风险。马来西亚要求借入外币债务的公司要有相应外汇收入。印度尼西亚 2015 年要求持有外币债务的企业 6 个月内到期的净外币负债的对冲比例不得低于25%，且从 2017 年起，对冲交易必须与印度尼西亚当地银行进行。

二是对银行提高外币贷款，特别是未对冲的外币贷款的风险权重。格鲁吉亚对外币贷款赋予 200% 的风险权重①。乌拉圭在计算资本充足率（CAR）时，对没有对冲的借款人的外币贷款风险权重提高至本币贷款的125%，从而提高资本金要求。塞尔维亚对住房抵押外币贷款和其他没有对冲的外币贷款分别赋予 75% 和 125% 的风险权重，高于住房抵押本币贷款的风险权重 50%。波兰也对未对冲的外币贷款（主要是住房抵押外币贷款）赋予较本币贷款更高的风险权重。

三是对银行提高外币贷款的损失拨备要求，并强化对外币贷款风险的监测评估。如秘鲁要求银行启用内部机制来识别和监测外币贷款风险，进行压力测试，每半年向监管部门报告外汇风险敞口和潜在损失，并从 2006 年开始将外币贷款的风险拨备比率设置为 0.25% ~1%。乌拉圭对外汇商业贷款的风险拨备比率提高至 7%（本币商业贷款为0.5%）。韩国 2010 年收紧银行外币贷款拨备要求。智利对货币错配严重的银行贷款也有额外拨备要求。罗马尼亚要求银行对未对冲借款人的外币贷款进行分类降级，迫使银行增加损失拨备。

---

① IMF（2006）. Analyzing Balance – Sheet Vulnerabilities in a Dollarized Economy：The Case of Georgia.

四是对企业和个人严格外币贷款价值比（LTV：外币贷款/抵押品价值）或偿债收入比（DSTI：本息偿付/外汇收入）等限制。乌拉圭外汇消费贷款的利息收入比上限收紧至 15%（本币消费贷款为 30%）。匈牙利 2010 年 6 月对新增外汇抵押贷款的贷款价值比和偿债收入比规定了上限，并于 2010 年 8 月全面禁止新增外币贷款。2011 年由于信贷条件紧张，该禁令被解除。同时建议银行将瑞士法郎（CHF）债务置换为欧元债务，以降低货币错配带来的系统性风险[①]。波兰 2010 年也对外汇抵押贷款实施了更严格的偿债收入比上限。乌拉圭限制借款人的外币债务/外汇收入比。

五是对企业提高借入外币债务的信用评级要求。印度尼西亚 2015 年规定，持有外币债务的企业信用评级不得低于 BB－级（由印度尼西亚央行认可的评级机构进行评估）。

2. 市场风险方面

一是提高对银行外汇敞口的资本金计量要求。秘鲁 2010 年开始针对总外汇敞口附加 2.5% 的资本金计量要求。巴西规定净外汇资本金不得超过总资本金的 60%，对净外汇敞口中超过 5% 资本金的部分，有 50% 的资本金计量要求[②]。

二是加强对银行外汇敞口的限制。（1）净外汇头寸方面，香港隔夜净外汇头寸（美元除外）上限为资本金的 5%，任何单一货币的净外汇头寸上限为资本金的 10%。泰国规定净外汇头寸不得超过一级资本的 15%[③]。韩国净外汇敞口上限为一级资本的 20%。智利规定银行货币错配（即外币资产负债净敞口）不得超过核心资本

[①] Yesin（2013）. Foreign Currency Loans and Systemic Risk in Europe.

[②] PIIE（2004）. Controlling Currency Mismatches in Emerging Markets.

[③] PIIE（2004）. Controlling Currency Mismatches in Emerging Markets.

的 20%①。墨西哥规定净外汇头寸不得超过一级资本的 1.83 倍②。
（2）总外汇头寸方面，印度尼西亚总外汇头寸（取看多总头寸或看
空总头寸二者较大者）上限为资本金的 20%③。巴拉圭将外汇头寸
上限从资本金的 50% 收紧至 30%。墨西哥规定外汇头寸（open FX
position）不得超过一级资本的 15%④。格鲁吉亚 2002 年限制银行外
币负债和头寸，规定银行外汇头寸不得超过资本金的 20%。（3）看
空外汇头寸方面（Short FX Position，即外币负债大于外币资产，本
币贬值会增加偿付压力），哥伦比亚规定看空外汇头寸不得超过资本
金的 5%，低于看多头寸上限，以限制外币负债。秘鲁将看空外汇头
寸上限从资本金的 15% 收紧至 10%（同时将看多外汇头寸上限从
75% 放松至 100%），以降低外债流入，鼓励资本流出。（4）看多外
汇头寸方面，玻利维亚 2009 年将银行看多外汇头寸（Long FX Posi-
tion）上限从资本金的 70% 收紧至 60%，随后五个季度内将外币资
产/外币负债从 1.02 有效降至 0.98⑤。菲律宾看多外汇头寸上限为资
本金的 5% 或 1000 万美元（取二者低者为上限)⑥。

　　三是限制基金持有外币资产的比例。如阿根廷将共同基金持有
外币资产的比例上限设置为 25%，将养老基金持有外币资产的比例
上限设置为 17%。

　　3. 流动性风险方面

　　一是对企业提高长期外币贷款的占比要求。印度限制公司 2000

　　① PIIE（2004）. Controlling Currency Mismatches in Emerging Markets.
　　② BIS（2018）. Foreign Currency Borrowing, Balance Sheet Shocks and Real Outcomes.
　　③ PIIE（2004）. Controlling Currency Mismatches in Emerging Markets.
　　④ BIS（2018）. Foreign Currency Borrowing, Balance Sheet Shocks and Real Outcomes.
　　⑤ Martin Tobal（2018）. Currency Mismatch in the Banking Sector in Latin America and the Caribbean.
　　⑥ PIIE（2004）. Controlling Currency Mismatches in Emerging Markets.

万美元以上的外币贷款期限不低于 5 年，以提高长期外币贷款（即资产）在银行外币贷款中的占比。

二是对企业设置最低外汇流动性比率要求。印度尼西亚 2015 年规定外币资产/本季度末起 3 个月内到期的外币负债的比例不得低于 70%。

三是对银行提高外币贷款的长期稳定资金来源要求。韩国鼓励银行借长期外债来支持外币贷款发放，将银行长期融资/外币贷款比率要求从 90% 提高至 100%[①]。

四是对银行提高外汇存款和外债的准备金征收要求。外汇存款方面，危机后，对外汇存款征收更高准备金要求的发展中国家占比上升。如菲律宾对银行外汇存款征收 100% 的准备金，其中 75% 的准备金需与外汇存款为同种货币[②]。阿根廷对活期外币存款准备金要求为 20%（高于活期本币存款的准备金要求 19%），对定期外币存款准备金要求为 0 ~ 20%（高于定期本币存款的准备金要求 0 ~ 14%）。巴拉圭对一年期以下的外币存款准备金要求为 21%（高于一年期以下本币存款的准备金要求 15%）。秘鲁对银行的国内外币债务（主要是国内外汇存款等）较本币额外征收 30% 的准备金。罗马尼亚对 2 年期以下外币存款准备金要求为 25%（高于 2 年期以下本币存款的准备金要求 15%），欧央行认为该政策有效降低了该国外币贷款占比近 10 个百分点（从 60% 降至 50%）。外债方面，哥伦比亚对银行外债征收无息准备金。

五是对银行提高短期外币负债的准备金和税率要求，罗马尼亚

---

① IMF（2011）. Policy Instruments to Lean Against the Wind in Latin America: Stricter Liquidity Ratios Requiring Domestic Banks to Raise the Ratio of Long – termfinancing for FX Loans to 100 Percent（from 90 percent）.

② PIIE（2004）. Controlling Currency Mismatches in Emerging Markets.

对外币 2 年期以上存款的准备金要求为零，低于外币 2 年期以下存款的准备金要求 25%。韩国 2015 年对银行等金融机构非存款外币负债征收宏观审慎税。根据债务期限，1 年以下的税率为 0.2%，1～3 年的税率为 0.1%，3～5 年的税率为 0.05%，5 年以上的税率为 0.02%。一般情况下，税率上限为 0.5%；但紧急状况下，如资本流入激增，可征收最长 6 个月的附加税，合计税率上限为 1.0%。

六是对银行提高流动性比例要求。韩国在本外币合计的流动性覆盖率指标基础上，单独对外汇流动性覆盖率（LCR）提出要求，2017 年至 2019 年，外汇流动性覆盖率最低标准逐年提升，分别为 60%、70% 和 80%。格鲁吉亚 2013 年对非居民存款占存款总额的比例超过 10% 的银行，提出更高的流动性资产要求。墨西哥要求银行持有足够的流动性外币资产，以覆盖 1 天、8 天、30 天和 60 天外币资产和负债的最大缺口。智利要求银行流动性外币资产超过活期外汇存款的 19% 和定期外汇存款的 14%。

七是对银行提高外币资产质量要求。阿根廷规定外币资产只能投资于高信用评级的外国债券，或作为存款放在纽约的大银行。部分国家限制银行持有外汇计价证券，降低银行持有高收益、高风险外国政府债券的风险。

4. 发展和完善外汇衍生品市场监管，以限制衍生品投机交易和增加风险对冲工具

如韩国对银行外汇衍生品交易/上个月银行资本金比例有上限要求，2016 年规定本国银行上限 40%，外资银行本国分支机构上限

200%①。格鲁吉亚大力发展外汇衍生品市场，增加对冲工具。以色列 2011 年通过 10% 的准备金要求限制银行与非居民开展外汇衍生品交易②。巴西 2010 年将外汇交易和利率远期合约的外汇头寸日保证金调整税从 0.38% 升至 6%，并要求金融机构报送衍生品头寸，增加数据透明度。墨西哥要求市场主体报送与衍生品合同有关的市场、信贷和流动性风险。韩国 2010 年对银行外汇衍生品头寸设置上限，且规定外汇远期交易不得超过银行权益资本金的 50%。哥伦比亚 2007 年限制银行总外汇衍生品头寸，外汇看多头寸和看空头寸分别不超过资本金的 500%。

5. 大力发展本币债券市场，以本币融资替代外币融资

危机后 EMEs 大力发展本币债券市场，如拉美本币债券占其债券发行总量的比例从 2001 年的 50% 升至 2011 年的 75%③。以色列通过发展本币政府债券市场，美元化程度从 20 世纪 80 年代的 50% 降至 2004 年的 15%。

6. 扩大对外商直接投资开放，替代信贷渠道的外币债务资金流入

如韩国通过扩大 FDI 开放政策，2 年内银行外债/GDP 下降了 13 个百分点④。OECD 研究表明，限制 FDI，银行业系统性危机概率会提高 1.5 倍以上。

---

① IMF 2019 Taxonomy of Capital Flow Management Measures.

② IMF（2011）. Policy Instruments to Lean Against the Wind in Latin America.

③ VOX（2018）. Re - emerging Currency Mismatches.

④ OECD（2012）. International Capital Mobility：Structural Policies to Reduce Financial Fragility.

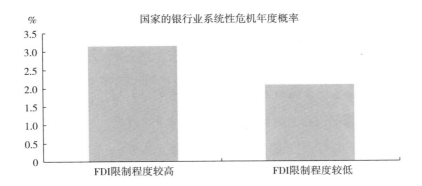

图 3 – 1　对 FDI 的限制政策会增加危机风险

（资料来源：OECD）

7. 稳定国内通胀和预期，以增加本币资产和负债的可靠度和接受度

研究表明，将通胀纳入政策目标的 EMEs，发行的国际债券中外币债券占比显著下降。土耳其2002 年通胀迅速从70%降至10% ，并维持该通胀水平十年左右，促进了本币债券市场发展。以色列将通胀纳入货币政策目标后，稳定了通胀和预期，降低了投资者对持有本币资产的不确定性担忧①。墨西哥危机后发行了与通胀挂钩的政府债券，有效降低了银行资产负债表的美元化②。

8. 在国家层面，增加外币资产和风险缓冲

如格鲁吉亚通过积累外汇储备，货币错配程度降低。

9. 危机中利用国际多边救助机制

如格鲁吉亚求助巴黎俱乐部进行债务重组，申请 IMF 外部冲击救助等③。墨西哥比索危机中美国和 IMF 提供520 亿美元救助资金④。

---

①　ADB（2007）. To Dollarize or De – Dollarize：Consequences for Monetary Policy.

②　O'Dogherty and Schwartz（2001）.

③　IMF（2006）. Analyzing Balance – Sheet Vulnerabilities in a Dollarized Economy：The Case of Georgia.

④　NBER（1995）. The Collapse of the Mexican Peso：What Have We Learned.

八、启示

（一）加强货币错配与汇率风险的数据共享与监管合作

外汇管理部门和金融监管部门应研究建立数据共享机制，定期交换国际收支、外资投资境内债券股票、衍生品市场、商业银行货币错配与汇率风险监管指标（如累计外汇敞口、资本充足率监管中对汇率风险的最低资本计量要求、外债额度核定情况）和监测指标（如外汇流动性）等相关数据，以及有关检查处罚信息，及时沟通市场问题。

（二）研究外汇市场微观审慎监管要求

结合我国实际，外汇管理部门应会同相关部门，共同研究外汇市场微观审慎监管要求及其可能的逆周期调节功能（宏观审慎属性），促进非金融企业进行充分的套期保值。

一是银行向非金融私人部门发放外币贷款，应充分考虑借款人的对冲情况（包括外汇收入作为天然对冲和通过衍生品进行金融对冲），及其对汇率等风险的承受能力。对于没有进行有效对冲的外币贷款，研究提高其风险权重和相应资本金要求的必要性、可行性及其可能的逆周期调节功能（参照《巴塞尔协议Ⅲ》中对于个人住宅和零售地产未对冲的外币贷款提高风险权重至 1.5 倍的最新要求，巴塞尔委员会要求所有成员在 2022 年 1 月 1 日之前实施。受 2020 年新冠肺炎疫情影响，实施时间推迟至 2023 年 1 月 1 日）。严控无外汇收入的房地产企业、地方政府融资平台以及高杠杆企业等境外发债导致的微观货币错配加剧。

二是引导企业树立"财务中性"管理理念。继续向市场主体宣传"风险中性"的财务管理理念，正确看待"套保亏损"与实际损

失的关系，以及套保成本和企业财务管理成本正常支出的关系。支
持符合条件的中资企业在依法合规、风险可控、商业可持续的前提
下，参与境内外、场内外衍生品交易。同时，研究禁止企业从事超
出其专业能力的复杂衍生品业务。加强跨部门沟通协调，引导国有
企业等市场主体提高套期保值比例，督促、指导企业加强风险防范。

三是控制政府对市场主体的跨境债务提供隐性担保，抑制非出
口部门借入未对冲外币债务的风险倾向，降低道德风险。

（三）对跨境投融资较为活跃的企业/企业集团，加强货币错配
与汇率风险的监测和风险提示

一是针对跨境投资和融资活动比较活跃的企业/企业集团，密切
关注其货币错配与汇率风险，针对其外汇敞口情况，外币贷款、境
外发债与外汇收入匹配情况，货币错配与汇率风险对冲情况，跨境
或有负债等建立监测（非硬性监管指标）体系，在此基础上建立风
险提示机制。

二是提升数据质量和透明度。相关部门应加强监管合作，提升
企业报表和数据质量，便于金融机构全面、准确评估企业货币错配
和汇率等有关风险。

三是研究针对非金融企业货币错配监管指标的要求。如对持有
外币外债的非银行企业执行审慎原则，包括汇率风险对冲要求、最
低流动性比率要求、信用评级要求等。

（四）银行更精确进行本、外币贷款风险定价

银行应充分评估本、外币贷款客户的货币错配、汇率风险和套
期保值等情况，并研究反映在风险定价中，间接引导和促进企业充
分进行风险对冲。

一是银行发放人民币贷款和外币贷款时，应全面评估客户外币

资产负债情况，包括企业内保外贷形成的或有负债及其货币错配、汇率风险和套期保值情况，以更全面反映客户整体信用风险、市场风险和流动性风险等，更精确对本、外币贷款进行风险定价。如欧央行建议，银行通过贷款定价向企业转嫁外币贷款（尤其是没有对冲的外币贷款）相关的额外资本金占用和损失拨备等风险成本，可从需求侧有效降低外币贷款风险。

二是应高度关注企业（含境外分支机构）境外发债的相关汇率和外币利率风险。近年来，部分行业的中资企业境外发债快速增长，媒体报道一直较多。

三是针对进口依赖型加工企业，银行应充分评估其受汇率、大宗商品价格波动、外币利率等影响的市场风险。对于原料、设备主要依赖进口，却无外汇收入作为进口支付来源的非出口导向型企业，银行应充分考虑其受汇率、大宗商品价格、外币利率等市场风险因素互动交织影响，导致进口商品成本上升的风险，或由于外币利率、汇率、大宗商品衍生品策略不当，放大市场波动对其资产负债表的影响。如近几年，部分原料严重依赖进口的企业，在进口商品价格不变、人民币汇率大幅波动，或人民币汇率平稳、铁矿石等进口商品价格波动较大，或外币利率上升、导致企业浮动利率外币债务的偿债成本上升，或对石油等大宗商品价格对冲策略不当等情况下，导致企业损失惨重。

（五）发展境内衍生品市场，降低企业汇率风险对冲成本

一是在防范风险的前提下，进一步丰富境内衍生品市场可交易品种，发展期权、掉期、期货等多样化的衍生品工具，培育多样化的合格投资者队伍，提升市场深度与广度。

二是借鉴国际货币基金组织、欧洲复兴开发银行等有关建议，

大力发展本币债券市场等境内资本市场，以降低企业对外币融资可能的过度依赖。

三是对稳定性更高的外商直接投资（FDI）进一步扩大开放，替代信贷渠道的外币资金流入。

（六）完善汇率机制，增加汇率灵活性

IMF 认为，实行有管理的浮动汇率制度可消除隐含的汇率保险，增加汇率灵活性可更好地防范货币错配风险。

第四章　构建我国外汇批发市场行为监管体系

金融业行为监管是指监管部门对金融机构经营行为的监督管理，包括打击操纵市场和内幕交易，反垄断促进有效竞争，"反洗钱、反恐怖融资、反逃税"，保护投资者和消费者的利益，以确保金融市场的稳健运行。从国际上看，行为监管包括对金融业零售市场和批发市场的监管。就我国外汇市场而言，受外汇市场开放程度的影响，较为侧重外汇零售市场的行为监管，而对外汇批发市场，则"有原则缺规则"。

一、我国外汇批发市场行为监管现状

（一）我国外汇批发市场立法较为原则，基本未对外汇市场交易行为监管作出规范

一是《外汇管理条例》对外汇批发市场的管理规定较为原则，法律责任较轻。在管理规定方面，仅原则明确外汇交易应当遵循公开、公平、公正和诚实信用原则；外汇交易币种和交易形式由外汇管理部门规定；外汇管理部门可依法对外汇市场进行调节；在法律责任方面，金融机构违反外汇市场交易管理规定的，可被

没收违法所得，处以 20 万元至 100 万元的罚款，或责令停止经营相关业务。

二是《银行间外汇市场管理暂行规定》（银发〔1996〕423号，以下简称《暂行规定》）一定程度上细化了对外汇市场的管理规则，但仍未将市场主体交易行为的事中、事后监管作为重点。《暂行规定》主要规范了交易场所、交易代理资格、汇率标价方法、交易价格的最大浮动幅度、需要批准的交易事项（如交易方式、交易时间、交易币种及品种、清算方式等应当报批）等。

三是中国外汇交易中心根据交易品种制定了交易操作规则，但侧重于交易的技术性规范，包括《银行间外汇市场人民币外汇即期交易规则》《全国银行间外汇市场人民币外汇远期交易规则》《全国银行间外汇市场人民币外汇掉期交易规则》《全国银行间外汇市场人民币外汇货币掉期交易规则》《全国银行间外汇市场人民币对外汇期权交易规则》等，主要涉及会员管理、交易市场、报价成交、清算交割等。

四是全国外汇市场自律机制出台自律性文件《中国外汇市场准则》[①]（以下简称《准则》），为我国外汇市场主体提供了通用性指导原则和行业最佳实践的操作规范，内容包括常规惯例、通用原则、交易执行、风险控制、交易确认与清算、经纪公司、技术术语等，旨在促进外汇市场的专业、公平、高效、稳健运行。

（二）我国外汇批发市场行为监管缺位

一是法规建设相对滞后于市场发展。近 20 年来，我国外汇批

---

① 2017 年，全国外汇市场自律机制基于外汇市场实践，并充分借鉴了《全球外汇市场准则》及主要国家外汇市场自律机制的相关规定制定了《中国外汇市场准则》。

发市场参与主体日益多元化，交易规模持续提升，交易方式和品种不断丰富，与股市、债市联动关系更加明显，在金融市场体系中的重要性不断凸显。但《暂行规定》一直未做修订，法规相对滞后。

二是行为监管"有原则缺规则"。《外汇管理条例》仅原则规定"外汇市场交易应当遵循公开、公平、公正和诚实信用的原则"，但缺乏关于行为监管实际操作的规范，特别是对不当交易行为的具体认定。在实践中，也无依据此原则对违规交易行为进行处罚的案例。此外，《暂行规定》第四章虽专设了"对交易行为的监管"，但主要是规范交易主体资格、交易方式、交易时间、交易币种等，并没有涉及可能损害市场公平竞争的行为监管及其相应的法律责任。

三是自律机制对不当交易行为约束性有限，特别是在"处罚"层面。《准则》和交易规则并非法律法规，无法作为追究市场主体行政法律责任的依据，且自律也不能代替政府监管。

二、加强我国外汇批发市场行为监管的必要性

（一）有利于维护外汇市场和金融体系稳定

未来，随着外汇市场的双向开放，部分机构的发展冲动将增强，境外机构的业务渗透压力也会增大，不当交易行为的风险将日益显现。由于金融市场具有内在关联性，有必要通过完善外汇市场行为监管，防范汇率的异常波动，以及股市、债市、汇市交叉传染扩散的风险。

（二）有利于外汇批发市场的规范发展

一是外汇管理部门已于 2015 年 1 月取消对境内金融机构的入市

资格许可审批，有鉴于此，有必要加强事中、事后的行为监管。二是银行间外汇市场的交易主体以境内商业银行为主，未来将逐步扩展允许更多非银行金融机构、非金融企业进入。而后者相对于银行来说，内控机制相对较弱，有必要对其加强行为监管。三是随着人民币国际化进程的不断推进与外汇市场的持续双向开放，境外投资者开始逐步参与我国的外汇市场，有必要对其加强行为监管，对标国际规则。

（三）有利于维护外汇市场多方参与主体的合法权益

外汇批发市场参与者众多，影响利益广泛，市场形成的汇率直接影响到众多进出口企业以及个人等。但该市场结构较为独特，少数核心参与者拥有较大的支配能力和市场交易份额。因此，有必要加强对外汇批发市场的行为监管，特别是对交易量较大机构的行为监管，以防范其利用垄断力量影响市场而产生风险。

（四）有利于完善外汇批发市场的基础设施

一是国际金融市场的发展经验表明，行为监管规则是重要的市场基础设施。以美国期货市场为例，早期主要依靠自律，出现了大量操纵、内幕交易等行为，严重损害了市场信心。有鉴于此，美国于1921年出台了《期货交易法》，核心就是规范交易行为，由此奠定了市场发展的制度基础。

二是要促进我国外汇批发市场的开放发展，先进的交易系统和平台十分重要，同时市场交易行为的规范等基础制度建设也不可或缺。随着我国外汇批发市场交易规模的增长、上市品种的增多，以及人民币汇率波动幅度增加和双向预期的形成，其对完善、高效的市场行为规则要求也更加迫切，亟待补上监管短板，在更高层次上接轨国际外汇市场。

（五）有利于吸取前车之鉴，防患于未然

近年来，国际外汇市场接连曝出操纵汇率、内幕交易等丑闻，暴露了部分金融机构风险内控严重不足的问题，也凸显了加强市场行为监管的重要性。2014—2015 年，欧美监管机构查处的汇率操纵案中（以下简称国际大行汇率操纵案），花旗银行、摩根大通银行、巴克莱银行、瑞士银行等多家国际大行交易员，在 2007 年至 2013 年 1 月，以近乎每天的频率共谋操纵外汇市场，主要影响欧元兑美元货币对交易，包括伦敦时间下午 4 点的路透定盘价。其共谋交易使用了专属聊天群和暗语来掩盖其不当行为，在特定时间段避免买或卖方向的交易，使汇率朝着对其敞口有利而不利于其他市场参与者的方向运行。上述银行由于操纵行为及其暴露的机构内控不足等问题，先后遭到美国、英国等不同监管机构的处罚，罚款金额合计百亿美元，对部分金融机构开具的处罚金额，创其被罚款纪录的新高。值得注意的是，国际大行汇率操纵案中欧美监管机构处罚的部分银行属于国际大行，其海外分行或中国子公司目前也是我国银行间外汇市场会员，有的还是做市商。

三、外汇批发市场行为监管的国际经验

美国、英国外汇批发市场发展较早，其市场交易量和活跃度在全球具有举足轻重的地位，并已建立了相对成熟、完善的行为监管体系。目前，两国有多个监管机构基于不同法规规定、从不同角度对外汇市场实施行为监管，主要包括以下五个方面。

（一）对市场参与主体的准入资格管理

一是根据《美国商品交易法》的规定，仅合格的合约参与者（ECP）才能开展衍生品交易。合格的合约参与者包括开展自营交易的金融机构、政府投资基金等，以及作为经纪商或开展代理交易的金融机构等，还有美国商品期货交易委员会（CFTC）认定的合格机构/个人。

二是根据欧盟委员会《欧洲市场基础设施监管规则》（EMIR）的规定，英国允许三类市场主体参与外汇市场交易：金融机构（FC）①、具有"系统重要性"的非金融机构（NFC＋）和不具有"系统重要性"的非金融机构（NFC－）②。各类市场参与者需从本国监管机构处获得授权许可。

（二）对市场不当交易行为的直接监管

第一，美国对外汇衍生品市场或与其相关的交易行为进行监管，禁止市场操纵、欺诈等不当交易行为。一是《美国商品交易法》与《美国联邦法规汇编》明确规定，任何人不得直接或间接操纵或试图操纵任何互换、远期交割的合约。操纵价格的行为，均为非法③。二是《美国商品交易法》规定，针对订立的任何商品或远期交割商品的买卖合约，任何人进行欺骗（Cheat）或欺诈（Defraud），或试图欺骗或欺诈其他人的行为，均为非法。三是《美国商品交易法》还

---

① FC 是指根据欧盟各项金融服务条例登记的银行、保险和再保险公司、投资公司、欧盟可转让证券集合投资计划、养老基金、另类投资基金管理人管理的另类投资基金等。

② FC 之外的在欧盟境内设立的非金融机构统称 NFC。

③ 根据该法，欺诈行为具体包括：（1）欺骗（Cheat）或欺诈（Defraud），或试图欺骗或欺诈其他人；（2）故意向其他人作出任何虚假报告或声明，或故意促使他人向该其他人作出任何虚假报告或声明；或者故意为该其他人录入任何虚假记录，或故意促使他人为该其他人录入任何虚假记录；（3）就任何指令或合约或就任何指令或合约的处置或执行，以任何方式故意或试图蒙骗其他人，或者在所作出的任何代理行为中，针对为其他人发出的或与该其他人订立的合约，以任何方式故意或试图蒙骗该其他人。

就其他不当交易行为作出禁止性规定，包括倒量、串通交易、非市场价格交易、虚假交易等。值得注意的是，尽管《美国商品交易法》相关条款并不直接适用于外汇即期交易，但是由于即期交易市场形成的基准汇率（如伦敦下午4点WM/路透汇率）可直接用于货币互换、外汇互换、外汇期货、外汇期权和其他金融衍生品的定价，操纵外汇即期交易的行为也会被视作违反上述规定。此外，美国《谢尔曼法》相关条款也是外汇市场交易应遵循的重要行为规范。根据该法第1条规定：任何契约，以托拉斯形式或其他形式的联合、共谋，用来限制贸易或商业，均为非法。任何人签订上述契约或从事上述联合或共谋，均为严重犯罪。

第二，英国对外汇批发市场交易行为实施监管。一是根据欧盟《市场滥用行为监管条例》（*Market Abuse Regulation*，MAR），明确禁止内幕交易、非法披露、市场操纵（包括企图操纵）等不当交易行为。二是根据欧盟《内幕交易和市场操纵刑事处罚指令》（CSMAD），明确将外汇交易违规行为引入刑罚规定，故意违反法律规定的，构成犯罪并应受到刑事处罚。三是英国金融行为监管局（FCA）制定的《监管手册》细化了MAR法案要求，要求机构必须有适当的保障措施来识别和减少内幕交易、市场操纵等金融犯罪的风险。此外，若市场不当交易行为违反刑事法律，英国严重欺诈办公室（UK Serious Fraud Office）将追究其刑事责任。

（三）对市场参与主体的内控制度和风险管理要求

一是美国存款类机构在外汇市场交易中若因管理不当，导致违规交易，美联储和美国货币监理署等可对其实施处罚。在2015年"国际大行汇率操纵案"中，美国银行控股公司因其控股的美国银行在外汇市场交易中违反了《商品期货法》《反托拉斯法》等规定，构成了"不安全和不可靠的行为",美联储依据《联邦存款保险法》[①] 对美国银行控股公司开出了 2.05 亿美元的罚金;美国货币监理署则依据《联邦存款保险法》对美国银行开出了 2.5 亿美元的罚金。

二是英国监管规范也对机构从业行为的内控管理进行了规定,若金融机构在外汇市场的不当交易行为违反"机构从业原则",FCA 可据此进行处罚。FCA 通过《监管手册》规定了 11 项"机构从业原则",概括了机构在现行金融监管体制下的基本义务[②]。前述"国际大行汇率操纵案"中,由于银行对交易员使用私人聊天室和其他电子交易渠道疏于管控,且长期未能发现,FCA 认为这些银行违反了《监管手册》中"机构从业原则"第 3 项的要求(机构必须以合理谨慎的态度,负责任地、有效地组织并控制其事务,同时应建立适当的风险管理体系)。因此,根据《2000 年金融服务与市场法》的规定[③],FCA 对违规银行处以重罚。

---

① 美国《联邦存款保险法》规定,任何存款机构从事经营业务时不得有"不安全和不稳健的行为"或违反法律法规、监管规定、联邦银行监管机构规定的行为等。

② 11 项机构从业原则具体包括:(1)机构应诚信开展业务;(2)机构开展业务应具备相应的技能,并谨慎从事;(3)机构必须以合理谨慎的态度,负责任地、有效地组织并控制其事务,同时应建立适当的风险管理体系;(4)机构必须保有充足的财务资源;(5)机构必须遵守市场行为的适当标准;(6)机构必须适当顾及客户利益,并公平对待客户;(7)机构必须适当顾及客户的信息需求,并以清晰、公平和不具有误导性的方式与其沟通信息;(8)机构必须公正管理机构内部、机构与客户之间以及客户与客户之间的利益冲突;(9)机构必须以合理谨慎的态度,确保对于任何依赖其判断的客户,给出适当的建议并作出适当的自由裁量决定;(10)当机构受托为客户资产负责时,机构必须充分保护客户资产;(11)机构必须以开放和合作的方式及其监管者交往,并必须向 FCA 适当披露监管者合理预期的有关公司的任何情况。

③ 根据英国《2000 年金融服务与市场法》第 206 条规定,FCA 认为被授权的主体违反了本法或根据本法制定的其他规定的要求(如内控要求),可对其实施 FCA 认为适当金额的处罚。

（四）对违规外汇交易行为的处罚措施

第一，美国监管机构对违规交易机构的处罚措施较为全面。一是 CFTC 对于违反《美国商品交易法》的机构可采取以下措施：禁止所涉机构在注册实体（依据该法指定或注册的交易场所、结算组织等）交易，并要求相关注册实体拒绝给予该机构任何会员权；暂停或撤销该机构在 CFTC 的注册资格；计征罚款，如对操纵或试图操纵行为，按照 100 万美元或其不当收益 3 倍金额的高者计罚，并可同时要求所涉机构按其违法、违规行为直接导致的损失向客户返还该等款项。二是美国司法部对违反《谢尔曼法》第 1 条（以托拉斯形式或其他形式的联合，或共谋）的最高罚款金额，取以下金额中的最高者：1 亿美元；合谋者因该犯罪所得收益的 2 倍金额；合谋者因该犯罪所致他人损失的 2 倍金额。个人违反《谢尔曼法》第 1 条若被定罪，将被处以不超过 100 万美元的罚款，或十年以下监禁，由法院酌情并处或单处以上两种处罚。

第二，英国对外汇市场不当交易行为处罚严格，且近年来更趋严格。2015 年，英格兰银行行长还建议，将市场滥用行为的最高监禁刑期延长至 10 年，显示出立法和监管机构对市场滥用行为的严厉打击态度。此外，英国对涉及市场滥用行为罚款的最大特点是无上限。罚款要能对类似违法行为形成威慑；如不足以威慑，则进一步增加罚款金额。据此，FCA 在 2014 年 11 月查处"国际大行汇率操纵案"时，确定对五家金融机构合计罚款 11.15 亿英镑（约合 17 亿美元）①。

---

① FCA Fines Five Banks ￡1.1 Billion for FX Failings and Announces Industry-wide Remediation Programme（Press Releases Published：12/11/2014 Last Updated：08/11/2016），https：//www.fca.org.uk/news/press-releases/fca-fines-five-banks-%　C2%　A311-billion-fx-failings-and-announces-industry-wide.

（五）外汇交易行为管理执法中的行政和解与暂缓起诉机制

一是发达市场经济体外汇市场违法犯罪处罚中较为广泛地使用了行政和解与暂缓起诉制度。这主要由于操纵市场等违规行为认定难、取证难。行政和解是指行政主体和行政相对人在行政执法中通过对话、沟通协商等方式，有效解决行政争议的一种争端解决方式。暂缓起诉又称推迟起诉，指司法机构基于社会公共利益的考虑，综合权衡案件情况，对被告暂缓提起公诉，且为其设定一段时间和相应义务，待考验期满后，根据被暂缓起诉人义务履行情况，再作出是否提起公诉的一种司法制度安排。上述两者虽然在具体适用上有所不同，但都突破了"公权力不可处分"原则，兼顾了处罚的公平与效率原则，节约了监管成本和司法成本。

二是美联储、美国货币监理署通常在其实际执行行动中，特别是针对被监管对象实施罚金时采用和解方式。同时，达成和解的金融机构要作出弃权声明，放弃法律授予的要求听证、行政审查、司法审查、对处罚令有效性的质疑等权利。美国司法部门在对金融机构进行处罚时，也会采用类似措施，与被调查对象签署辩诉协议（Plea Agreement）而暂缓起诉。

例如，2015 年 5 月，美国司法部与五家国际大行就操纵外汇即期市场行为、外汇市场欺诈交易行为等达成辩诉协议。协议主要内容包括：暂缓起诉的期限为三年；合计处以 27 亿美元刑事罚款（这是美国司法部处以的最高额反垄断罚金），花旗银行、巴克莱银行、摩根大通银行、苏格兰皇家银行、瑞士银行分别支付了 9.25 亿美元、6.5 亿美元、5.5 亿美元、3.95 亿美元、2.03 亿美元罚金；采取更全面的补救措施，包括停止所有违法行为、加强内控、辞退违规员工、向监管机构定期报告等；配合正在进行的相关行为调查，

同时任何抗辩协议都不能阻止司法部以相关不当行为起诉有罪责的个人①。

三是英国 FCA 允许相对人在开始调查后的任何阶段提出和解申请,并详细划分了不同阶段及其对应的罚金折扣和弃权安排。具体而言:在监管机构开始调查到草拟警告通知(只要监管机构拟进行处罚,就需提前发布该通知),和解的罚金折扣比例为30%;发出警告通知至机构意见陈述期满,和解的罚金折扣比例为 20%;机构意见陈述期满至发出决定通知前,和解的罚金折扣比例为 10% 。

四、完善我国外汇批发市场行为监管

为促进我国外汇批发市场开放、规范发展,应建立层级递进的外汇批发市场行为规范体系:第一层是自律机制及其规范、中国外汇交易中心交易规则,第二层是行政监管机构的监管指引、部门规章和行政法规,第三层是刑事法律。

(一)研究制定《银行间外汇市场行为监管指引》

一是研究制定《银行间外汇市场行为监管指引》。基于中国外汇批发市场实践及其发展需求,在借鉴全球外汇市场准则经验以及国际外汇市场监管经验教训的基础上,制定出台我国《银行间外汇市场行为监管指引》。

二是修订《外汇管理条例》时建立"原则 + 规则"的外汇交易行为规则体系。下一步修订《外汇管理条例》过程中,应在保留该

---

① Five Major Banks Agree to Parent-Level Guilty Pleas,https://www.justice.gov/opa/pr/five-major-banks-agree-parent-level-guilty-pleas.

条例关于"外汇市场交易应当遵循公开、公平、公正和诚实信用的原则"条款的前提下，增加以下具体内容：（1）列举并明确禁止对市场秩序和公共利益影响较大的市场操纵、内幕交易、欺诈等不当交易行为。（2）考虑到汇率操纵的系统危害性，应加大处罚力度，以震慑市场主体不当交易行为。

三是针对严重违法外汇交易行为，配合有关部门推动外汇市场交易行为管理与刑事法律衔接。最终形成"自律规范＋行政监管规范＋刑事规范"层次递进的外汇批发市场行为规范体系。例如，我国刑法对证券、期货市场严重不当交易行为设定了以下罪名：（1）内幕交易、泄露内幕信息罪；（2）利用未公开信息交易罪；（3）编造并传播证券、期货交易虚假信息罪；（4）诱骗投资者买卖证券、期货合约罪；（5）操纵证券、期货市场罪。

（二）强化外汇管理部门对外汇批发市场的行为监管职能

一是国家外汇管理部门设立外汇批发市场行为监管的专职内设部门。充实人员力量，健全外汇市场行为监管队伍和工作体系。

二是明确和细化外汇管理部门外汇批发市场监管相关职责。如针对外汇批发市场的规则制定、监督检查、纠纷处理、违法行为查处等，确保行为监管落在实处。

三是探索与其他机构建立联合查处机制。外汇批发市场操纵、内幕交易、利益输送等违法交易行为的调查难度大，可在国内与公安等司法机构建立联合调查机制，在国际上与其他国家或地区监管机构签署备忘录或合作协议，调查违法违规外汇交易行为。

（三）建立外汇批发市场的规则体系

一是禁止操控市场行为。包括但不限于操纵或试图不当影响收盘价、倒量交易、通过不当交易推动市场价格靠近或者远离触发水平、独断性逼仓、滥用市场支配地位、与其他市场参与者协调行动等。

二是禁止欺诈行为。如诱导交易、从事虚假多档报价、制造和散播谣言等。

三是禁止内幕交易。不得利用所掌握的对价格有重大影响的非公开信息从事交易活动，不得泄露相关信息，或利用该信息建议他人从事交易活动。

四是禁止非法披露信息。应严格保守交易对手、客户、合作伙伴等利益相关机构的商业秘密。非经所在机构授权或应监管机构要求，不对外提供任何交易信息和数据。

五是禁止利益输送。在与交易对手、客户及其他第三方服务机构业务往来中，不得为自己或机构谋取私利。

（四）市场参与者健全内控机制和风险管理框架

一是建立参与外汇批发市场应遵循的制度框架。内部操作规程和风险管理制度应包括但不限于交易额度限制、分级授权、合规内控管理、报酬激励机制等。

二是建立参与外汇批发市场行为风险管理架构。机构应建立覆盖全面、授权明晰、相互制衡的本机构参与外汇批发市场交易的管理体系，并明确董事会、监事会、高级管理层和相关职能部门在外汇批发市场交易管理中的职责分工。

三是实施全流程风险管理。涵盖交易前准备、询价与报价、交易簿记、头寸管理、对账机制、清算与账务处理、违约处置等各环节；开发风险监控模型以监控交易人员的异常交易行为，通过科技手段将监控、计量、提示等风险管理要求"嵌入"业务全流程。

四是建立参与外汇批发市场的前台、后台防火墙隔离机制。前台与后台部门在内部组织结构和岗位的设置上应权责分明、人员分离、相互制衡。

五是妥善保存并监控交易相关的电话和电子通讯的沟通记录。保存期限应根据交易性质决定，一般录音内容或电子信息记录的保存期限至少十二个月；部分履约时间较长的外汇交易产品，应延长相关记录的保存期限，可以要求永久保存。

六是制定相关制度和流程，以识别可能出现的操纵市场行为和其他不当交易行为。鼓励员工在出现可疑交易时向其主管或指定负责人报告，确保通过该途径发现的问题能够被恰当、透明地解决。

（五）明确外汇批发市场违规行为的法律责任

一是在法律责任主体方面，建立双罚制。既从交易行为规范角度处罚违规交易员，也要从风险内控角度处罚违规交易机构，督促其加强内部控制和风险管理。

二是在法律责任形式方面，对个人主要采取薪酬延期支付和追索扣回、暂停或取消交易员资格、市场禁入等；对机构主要采取没收违法所得、罚款，中长期可研究限制重大违规金融机构的结售汇综合头寸、限制外汇资产规模扩张、引入刑事法律责任等。

三是在具体罚款金额方面，借鉴发达国家做法，对机构罚金综合考虑违法所得、市场危害程度和影响程度、违规行为持续时间、历史违规记录、内部管控、配合监管部门调查等因素，具体金额应足以起到对违规机构的威慑作用，促使其采取一切可能措施以预防和制止类似不当交易行为。

（六）探索开展外汇批发市场违规行为处罚的行政和解试点

借鉴国外行政执法实践和我国证券等领域相关和解制度①，探索开展外汇批发市场不当交易行为处罚的行政和解试点，创新管理方式。

一是明确行政和解的适用范围与条件。行政相对人涉嫌实施操纵市场、内幕交易、虚假陈述或者欺诈客户等违反外汇交易行政法规和相关监管规定的行为，外汇管理部门已经正式立案，且经过了必要调查程序，但案件事实或者法律关系尚难完全明确，可以适用行政和解程序。

---

① 目前我国法律没有明确规定统一的行政和解制度，但行政和解已经得到了关注并在部分领域应用。2006 年，中央办公厅、国务院办公厅联合发布的《关于预防和化解行政争议健全行政争议解决机制的意见》（中办发〔2006〕27 号）明确提出，要树立运用协商、调解的办法解决行政争议的意识，积极探索和完善行政执法和解度。

在具体法律制度层面，我国没有关于行政和解制度的统一规定，但在部分领域有探索。如反垄断（《反垄断法》第四十五条规定：对反垄断执法机构调查的涉嫌垄断行为，被调查的经营者承诺在反垄断执法机构认可的期限内采取具体措施消除该行为后果的，反垄断执法机构可以决定中止调查。中止调查的决定应当载明被调查的经营者承诺的具体内容。）、反倾销（《反倾销条例》第三十一条规定：倾销进口产品的出口经营者在反倾销调查期间，可以向商务部作出改变价格或者停止以倾销价格出口的价格承诺。商务部可以向出口经营者提出价格承诺的建议。商务部不得强迫出口经营者做出价格承诺。）和海关知识产权保护（《中华人民共和国海关关于〈中华人民共和国知识产权海关保护条例〉的实施办法》第二十七条明确规定：知识产权权利人与收发货人就海关扣留的侵权嫌疑货物达成协议，向海关提出书面申请并随附相关协议，要求海关解除扣留侵权嫌疑货物的，海关除认为涉嫌构成犯罪外，可以终止调查。）等领域建立了行政和解制度，证券期货领域也在积极探索试点〔2014 年底，国务院正式批准证监会开展行政和解试点工作。中国证券监督管理委员会 2015 年出台《行政和解试点实施办法》（中国证券监督管理委员会令第 114 号）〕。

此外，我国行政复议（《行政复议法实施条例》第四十条规定：公民、法人或者其他组织对行政机关行使法律、法规规定的自由裁量权作出的具体行政行为不服申请行政复议，申请人与被申请人在行政复议决定作出前自愿达成和解的，应当向行政复议机构提交书面和解协议；和解内容不损害社会公共利益和他人合法权益的，行政复议机构应当准许。）、行政强制（《行政强制法》第四十二条规定：实施行政强制执行，行政机关可以在不损害公共利益和他人合法权益的情况下，与当事人达成执行协议。执行协议可以约定分阶段履行；当事人采取补救措施的，可以减免加处的罚款或者滞纳金。执行协议应当履行。当事人不履行执行协议的，行政机关应当恢复强制执行。）等领域也建立了行政和解制度。

二是规定行政和解的实施程序。行政相对人自收到外汇管理部门送达的案件调查通知书之日起，至外汇管理部门作出行政处罚决定前，可以向外汇管理部门提出行政和解申请。外汇管理部门自作出受理行政和解申请决定之日起，可以与行政相对人就涉嫌违法行为、行政相对人愿意承担的罚金数额等事项进行沟通和协商。

三是和解协议的签订和执行。外汇管理部门与行政相对人就涉嫌违法行为的处理进行沟通、协商，达成一致的，签订行政和解协议。行政和解协议达成后，由外汇管理部门监督行政相对人在协议规定的时限内履行协议规定的义务，同时外汇管理部门终止案件的调查、审理。行政和解协议达成后，行政相对人不履行行政和解协议的，行政和解协议无效，外汇管理部门立即恢复调查、审理，且不得再次适用行政和解程序。

（七）建立完善我国银行间同业拆借市场、债券市场、黄金市场等批发市场的行为监管规则

可考虑对金融业批发市场合并出统一监管规则，规则可覆盖外汇市场、人民币同业拆借市场、债券市场、大宗商品市场、黄金市场等，也可退而求其次，分外汇市场、人民币同业拆借市场、债券市场、大宗商品市场、黄金市场等不同子市场各自出台类似监管规则（见专栏4-3）。

（八）推开"吹哨人"奖励和保护制度（Whistleblower Program）

借鉴《二十国集团有效保护举报人的高级别原则》框架和发达市场经济体相关国际经验，结合我国实际，建立和实施保护"吹哨人"的法律及政策，提供畅通的举报渠道，确保为"吹哨人"保密，对报复者实行有力制裁，有效保护和充分奖励"吹哨人"。

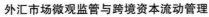

从国际上看，金融批发市场并非"净土"，我国金融业批发市场行为监管体系有待完善，要防止事件、丑闻发生后，再着手被动调查。这也是金融开放度提高后，对加强金融监管、维护金融稳定和国家经济金融安全的要求。

专栏 4-1

CFTC 在美国外汇市场监管中发挥的作用

美国外汇市场没有统一的监管规定，不同部门依法从不同角度实施监管。纽联储牵头外汇市场自律，CFTC 牵头外汇衍生品市场监管；美联储、美国货币监理署（OCC）对银行参与外汇交易业务实施监管。

一、CFTC 全面监管外汇等各类期货和场外衍生产品市场（股票类衍生品除外，由美国证监会监管）

一是 CFTC 成立于 1975 年，起初主要监管期货市场；2008 年国际金融危机后，被授权成为场外衍生品市场的主要监管部门。监管依据主要是《美国商品交易法》《商品交易委员会法》《多德—弗兰克法案》及 CFTC 自己发布的规则。CFTC 在国会两院受农业委员会指导，而其他金融监管部门受金融委员会指导。

二是 CFTC 监管目标在于促进公平、高效、充满活力的市场，提高市场透明度，促进价格发现，降低公众风险，营造诚信环境。

三是 CFTC 监管对象包括各类交易设施、清算设施、数据报告库，以及市场参与机构、中介组织。针对场外衍生品，CFTC 主要监管互换执行设施（美国场外衍生品被统称为互换）、衍生品清算组织、互换数据报告库、互换做市商、重要互换参与者五类机构。日常监管涵盖公司章程审查、交易产品审查、交易记录管理及数据采集等。

四是CFTC建立了一套丰富的法规体系。CFTC在期货和场外衍生品监管方面，从机构管理（交易设施、清算设施、数据库、中介机构）、市场监管、产品和规则审查、数据采集、行政执法等方面，建立了一套丰富的法规体系。

五是CFTC重视执法检查，重罚违规。CFTC对外发布执法部门年报，详细介绍执法过程所涉环节，以及内部决策程序；同时，在官网对1975年至今所有执法行动逐笔公开，包括事情原委、处罚结果、罚金缴纳情况等。2017年2月，因为知名外汇经纪商福汇集团与客户对赌等行为，CFTC公告撤回其在CFTC的登记注册，勒令其永久退出美国市场，同时处以700万美元罚款，美国全国期货协会（NFA）也表示撤销福汇的会员资格并永久禁止其再次加入；2018年，CFTC重点查处幌骗交易（虚假报价再撤单）、操纵交易、虚拟货币、内幕交易等违法案件83起，罚款9.5亿美元；通过"举报者计划"（Whistleblower Program）颁发奖金7500万美元；近几年，CFTC会同OCC、英国金融行为监管局（FCA）等监管机构对巴克莱银行、苏格兰皇家银行、花旗银行等13家银行的操纵汇率等不当行为罚款超120亿美元。

二、美国全国期货协会为期货和衍生品行业自律组织，并代CFTC履行部分行政职能

一是NFA在CFTC注册，是受其监督的非营利性组织，具有独立法律地位，国会授权其可进行执法。但NFA重大行为需CFTC

审核批准。

二是2019年NFA预算为1.1亿美元。NFA的经费来源于会员会费、会员和衍生品市场参与者支付的评估费。NFA有700多名员工，而CFTC仅有500多名员工。NFA对CFTC具有一定的资源支持作用。

三是NFA的职能包括规则制定和执行、对会员开展合规审计监督等。会员管理采取"强制制"，在美国期货、外汇市场上给客户提供交易服务的期货佣金商、商品基金经理、商品交易顾问和介绍经纪人，必须在CFTC注册并成为NFA成员（场内经纪人和场内经纪商可以豁免加入NFA）。

四是NFA有权"执法处罚"。对于合规审计发现的、投诉的、CFTC移交的违规行为，NFA会启动调查、纠正、处罚程序，处罚方式包括警告、强烈谴责、暂停或取消会员资格、禁止会员资格申请、罚款等。

五是NFA会员包含与外汇保证金业务直接相关的"零售外汇交易商"。美国外汇保证金市场也是由乱到治。CFTC于2002年开始监管外汇市场，起初只监管远期市场，对交易商资本金要求也很低，此后由于持续出现不合规情况，资本金要求逐渐提高。经过这些年的严格监管，有些公司在监管过程中被发现问题并停发了牌照，有些公司因为资本金要求提高而自行离开。目前"零售外汇交易商"注册非常严格，仅嘉盛集团（中国银保监会批准其在北京有办公室）、IG US LLC和安达3家。但部分会员被允许以外汇交易商成员（Forex Dealer Member，如盈透证券）或外汇公司（Forex Firm，如Phillip Capital Inc.）身份从事外汇交易业务。

专栏 4－2

外汇管理部门加强监管　外汇批发市场交易更加合规理性

2019 年外汇市场交易总量与 2018 年基本持平，改变了前几年的增长节奏。

2019 年银行对客户市场（外汇零售市场）交易量较 2018 年略有下降。除 2016—2017 年受外汇市场去杠杆影响交易量有所下降外，2015 年以来外汇零售市场交易量总体保持稳定。

2019 年银行间外汇市场交易量（外汇批发市场）与 2018 年基本持平，显著改变了 2015 年以来外汇批发市场交易量逐年大幅增加的态势。如 2018 年、2017 年、2016 年交易量分别较上年增加了 4.5 万亿美元、3.5 万亿美元和 3.3 万亿美元，三年增幅均在 20% 以上，相当于 2019 年同比少增了 4 万亿~5 万亿美元交易量。其背景是 2019 年国家外汇管理部门加大了对外汇批发市场的行为监管和交易规范管理，对单纯以交易量为目标而不改善市场流动性的交易行为进行了查处和规范，"自我循环"的虚假交易得以规范，外汇市场运行的质量和效率得到提升。

表 4－1　　　　2015—2019 年中国外汇市场交易概况　　单位：亿美元

交易品种	2015 年	2016 年	2017 年	2018 年	2019 年
外汇交易量合计（按市场划分）	177631	202984	240845	290711	291196
其中：银行对客户市场	42142	34486	37480	42257	41118
银行间外汇市场	135489	168498	203365	248454	250079
外汇交易量合计（按品种划分）	177631	202984	240845	290711	291196
其中：即期	82602	88354	94894	110647	113561
衍生品	95029	114629	145951	180064	177635
其中：远期	4950	3783	4259	5419	3806
外汇和货币掉期	86033	101297	135672	166171	165329
期权	4047	9550	6021	8474	8500

资料来源：国家外汇管理局网站。

专栏 4 - 3

建立我国金融业批发市场行为监管体系

金融业批发市场是指以金融机构间交易为主、个人投资者参与较少的市场，如货币市场、银行间债券市场、银行间外汇市场、场外衍生品市场等。改革开放特别是党的十四大确立社会主义市场经济体制目标以来，我国金融业批发市场取得了长足的进步，服务实体经济功能持续增强，双向开放水平不断提升。但在发展过程中，由于缺乏系统性行为监管体系，也存在违规返费、虚假倒量、利益输送、权力寻租等违法违规行为，案件时有发生。为更好地服务实体经济，应结合我国金融市场发展现状和特点，借鉴发达市场经济国家金融批发市场行为监管的实践做法，加快建立健全我国金融业批发市场行为监管体系。

一、近些年我国金融业批发市场发展迅速

在长期实践中，我国金融业批发市场探索出了符合中国国情的道路，发展成为功能齐全、开放包容、富有活力的市场体系，在服务实体经济、防控金融风险、扩大对外开放等方面发挥了积极作用。

服务实体经济功能持续增强。债券市场方面，2020 年 11 月末，我国债券市场总规模达 115 万亿元，居世界第二位，近 5 年增长超过 200%，投资者类型日益丰富，持债结构不断优化，各类创新产品及交易机制也得到广泛应用。2020 年前三个季度，企业债券和政府债券占同期社会融资规模的比重达到 37%。股票市场上市公司家数已达 4100 家，居世界第三位，涵盖了国民经济全部

90个行业大类，A股市场成立至2020年末，IPO和再融资规模达16.09万亿元。外汇市场不断创新发展，市场主体更加多元化，交易产品不断丰富，基础设施不断完善，汇率弹性进一步增强，已具备基本完备的产品体系和国际市场主流的交易清算机制。

防范化解风险能力明显提升。目前，我国涵盖监管部门、自律组织、基础设施和中介机构的金融市场监管和风险监测机制已日趋成熟，市场化风险处置方式不断丰富，市场内生应对化解风险能力明显提升。外汇市场方面，跨境资本流动"宏观审慎＋微观监管"两位一体管理框架初步建立，应对汇率大幅波动和跨境资本异常流动的能力不断增强。

对外开放水平和国际影响力大幅提升。近年来，中国债券已被纳入彭博、巴克莱等全球主要债券指数，A股已被纳入MSCI、罗素指数等全球主要股票指数，熊猫债发行实现常态化，标准普尔公司和惠誉公司进入我国债券市场执业，QFII、RQFII、沪深股通、债券通等开放渠道不断拓展，市场规则逐步与国际接轨，吸引了越来越多的境外投资者参与。2020年11月末，境外投资者持有境内债券约3.0万亿元，近三年持债增速年均达到40%；外资持有A股市值2.32万亿元，占流通A股的3.75%。为了配合金融市场对外开放，深入推进外汇管理"放管服"，稳妥有序扩大资本项目开放，建立了适应实体经济和市场需求的交易机制，便利境外机构投资者外汇兑换和外汇风险对冲。

二、金融业批发市场当前存在的主要问题及原因分析

随着我国金融市场规模不断扩大，由于没有系统性地建立起对市场机构的行为监管体系，违规返费、虚假倒量、利益输送、权力寻租等违法违规行为时有发生，在一定程度上限制了服务实体经济的质效和市场功能的发挥。

（一）扭曲市场价格发现功能

机构之间过度资源互换。一是部分中小银行与资管类机构互持产品，造成同业资金"空转"。部分中小银行存单发行或同业负债吸收困难，而基金公司等资管类机构存在规模排名压力，双方进行产品互持，由银行购买基金份额、基金购买存单或负债，造成同业资金"空转"。二是大型发行人通过打包交易实现资源互换，扭曲发行定价。部分大型银行同时扮演超大型发行人和资金融出方双重角色，且未有效隔离债券融资部门与资金使用部门，出于完成债券发行额度、降低发行成本等目的，往往承诺后续对债券承销商和购买方提供低成本资金支持、专项业务合作等，形成资源互换。部分大型央企为压低发行利率，向承销商和购买方承诺存入大额资金，实现资源互换。

发行违规返费。一是债券承销商违规向投资人返费。对于债券发行人而言，发行利率和承销费均计入财务费用，在支出相同情况下如何划分对其无差异。而承销商（主要是银行类机构）出于做大中间业务目的，偏好于低发行利率、高承销费，同时也方便其分销时向投资人部分返费以提高吸引力。二是部分中小银行希望其存单发行利率与比其资质优的银行看齐，通过私下与券商等市场活跃机构签订协议等方式违规返费。三是与国际市场一级发行定价结束后即上市交易不同，我国债券一级发行定价后增加了线下分销交易环节，发行成功后需要分销缴款再上市流通，形成了所谓"一级半"市场，也为违规返费提供了一定操作空间。

发行返费扭曲了市场定价，降低了资源配置效率，易滋生利益输送。近年来，有关部门和行业自律组织均出台规定①，禁止承销商对公司债、债务融资工具、金融债券返费，但市场仍较为普遍存在违规返费现象。

结构化发行。部分债券发行人因发行困难，与资管机构合作，以自有或过桥资金购买资管机构产品，再将资管产品投向自己发行的债券。结构化发行主要有两种模式：一是发行人认购结构化资管产品的劣后级，吸引市场资金认购优先级实现融资。二是发行人认购资管产品的份额，通过将发行后的债券滚动质押回购实现融资。根据媒体报道，在永煤债券爆雷事件中，某证券公司协助永煤及其股东豫煤化集团结构化发债，其中结构化产品逾100亿元，主要模式为反复质押放杠杆滚大规模。此外，部分私募机构还与大型券商合作，以其名义包装发行债券。结构化发行使本不具有发债能力的企业以较低成本募集到资金，且债券票面利率无法体现发行人真实信用风险，扭曲了市场定价，直接误导市场其他投资者。

（二）虚假倒量交易

由于市场考核指标"重量轻质"，交易量考核指标权重过大，

---

① 公司债方面，证监会2016年8月发布的《公司债券日常监管问答（四）》中明确："根据《公司债券发行与交易管理办法》第三十八条，承销机构向投资者返费属严格禁止的行为，相关规定明确，应严格执行相关规定"；债务融资工具方面，2017年9月，中国银行间市场交易商协会公布《关于发布〈非金融企业债务融资工具标准分销协议〉的公告》，删除了承销商向投资者返还手续费的内容，2017年10月1日正式实施；金融债方面，2018年8月，中国人民银行金融市场司发布《中国人民银行金融市场司关于试点开展金融债券弹性招标发行的通知》（银市场〔2018〕141号），第十一条明确规定金融债券发行过程中，承销商应严格按照中标价格向投资人分销债券，相关各方不得以任何方式变相向投资人额外返还承销相关费用。

且监管部门和重要基础设施将部分业务资格与交易量排名挂钩，部分金融机构倒量交易动机强烈。主要表现为金融机构间互相进行价格相似、数额相当的交易，使得整体市场出现价格波动不大，而交易额放量的特征。倒量交易并非真实的交易量，是一种虚假的流动性，不仅未增加市场深度，反而扰乱了市场正常秩序。倒量交易在现券、回购、拆借、衍生品、贵金属等人民币批发市场和外汇批发市场均有一定体现。以外汇批发市场为例，2019 年起国家外汇管理部门加大了对外汇批发市场的行为监管和交易规范管理，对单纯以交易量为目标而不改善市场流动性的交易行为进行了查处和规范，当年外汇市场交易量较 2018 年几乎没有增加（而前几年，每年交易量增加 4 万亿~5 万亿美元），边际改善非常显著，自我循环的虚假交易得以规范，外汇市场运行的质量和效率得到提升。

（三）规避监管违规开展业务

货币经纪公司专门从事促进金融机构间资金融通和外汇交易等经纪业务，并从中收取佣金。在不断撮合交易的过程中，货币经纪公司获取了市场"大数据"并形成一定信息垄断优势，因此，监管规则要求其不得从事自营业务。但实践中，部分货币经纪公司与市场机构合谋，通过一级市场委托投标及代持方式自持债券，待上涨后卖出获利，双方进行利润分成，严重扰乱市场秩序。部分货币经纪公司还利用自身信息优势，对部分流动性较差债券进行撮合后赚取交易点差收益，部分收益可能进入个人账户。

（四）利益输送

违规向个人返费。通常流动性低、评级低、价格不透明的产品易出现个人利益输送等违法违规问题。中低评级发行人因发行困难，多采取返费方式发行，在此过程中机构购买债券，但返费进入相关人员的个人账户。对于流动性较差的信用债，也存在购买方私下收取卖出方一定费用的情形。

非法人产品户违规开展内幕交易和利益输送。目前银行间市场非法人产品户①数量多且分散，市场准入标准较为松弛，易产生内部交易和利益输送：一是部分非法人产品户与市场主要资金融出方合谋，由资金方持续提供短期拆借资金，帮助非法人产品户"以短养长"获取稳定的期限利差，然后双方将所获利差分成。二是部分基金专户和私募产品管理人，出于平衡收益、刚性兑付等目的，将所管理的不同产品（如高盈利产品和亏损产品）进行相互交易，实际上侵害了消费者权益。此外，还需警惕此前引爆"丙类户"问题的内幕交易通过非法人产品等方式死灰复燃。

同业乱象滋生贪腐和权力寻租。根据财经媒体报道，某省联社利用行政手段集合辖区农合机构资金和委外投资权限，在同业市场违规加杠杆开展债券、股票投资或向问题关联股东输血，滋生贪腐和提供寻租空间。某大型银行委外投资业务关键岗位从业人员，在委外投资过程中有贪腐和寻租行为。

个别关键岗位人员利用资金优势、信息优势牟取私利。个别大机构交易员，私下在国债期货市场建立相应头寸后，利用其所

---

① 包括银行理财产品，券商、信托、基金、保险资管产品等，交易主体是产品而非法人。根据中国外汇交易中心数据，截至 2019 年末，银行间市场共有 24415 个非法人产品，是市场最主要的参与主体，占所有参与主体的 81.1%。

在机构在国债现货市场的资金优势和头寸优势通过影响期货市场进行牟利。市场对 CPI 等宏观数据高度敏感，个别关键岗位人员凭借能够提前获取相关数据的优势进行牟利。市场反映，国债期货市场经常在 CPI 数据发布前 1～2 分钟出现显著波动。

三、几点建议

（一）研究制定监管规则，建立本币批发市场的现场检查、非现场监管等工作体系

一是弥补监管空白。结合国际经验和我国金融市场化程度不断提高的实际，研究制定批发市场交易行为监管指引（该监管指引可覆盖整个机构间交易市场，包括股票、债券、同业、外汇、大宗商品等），健全行为监管规则，严禁倒量交易、利益输送、内幕交易、欺诈交易、传播虚假信息、操纵市场等不当交易行为。二是加快建立批发市场的现场检查、非现场监管等工作体系，加强对违法违规行为的监管力度。三是加强对货币经纪公司等市场中介机构的监管和处罚力度。四是严格规范发行市场，严格监管债券发行环节，杜绝虚假发行。

（二）完善金融业批发市场自律机制，丰富自律机制管理范畴

一是加强批发市场自律机制顶层设计。参照《外汇市场自律机制自律管理措施工作指引》《全国外汇市场自律机制自律公约》等外币批发市场行业自律规则，完善本币市场自律机制顶层设计。二是丰富自律机制管理范畴，将市场机构和中介机构内控管理、异常交易、从业人员管理、内部约束激励机制、信息披露等纳入自律机制管理范畴，强化对关键业务、岗位和人员的约束，将自律评价纳入 MPA 考核中。三是利用自律机制加强法制教育，利用

市场典型违法犯罪案件开展警示教育。

（三）优化各市场考核评价体系，建立多维度评价体系

一是优化和完善各市场考核评价体系，弱化交易量指标考核，更加关注交易行为质量。优化各类基础设施机构发布的排名指标体系，大幅弱化交易量指标考核，加强对报价价差、内控机制等质量指标考核，从根源上降低机构虚增交易量的动力。可以研究同行打分制。二是加强对倒量交易的监管力度。定期组织开展现场检查，对于开展倒量交易的市场成员，依据其交易次数和交易量，处以约谈、扣分、暂停交易、取消做市商资格甚至移交公安司法等。

（四）推动各类券种承销、交易线上化，提高发行交易透明度

一是推动各类券种承销、交易线上化。目前金融债、企业债和公司债券承销环节仍是线下操作，可考虑推动尽快实现承销线上化，增强交易透明度。二是规范和统一分销交易。基础设施机构之间相互协调，建立统一电子交易平台，统一分销协议模板，所有分销均在电子平台签署协议和成交，实现债券分销业务的线上化和前后台一体化。

（五）规范债券发行主体行为，严格执行投行承销、发行定价和投资交易业务防火墙制度

一是优化大型银行的债券承销业务防火墙机制。要求债券发行部门与资金使用部门之间严格执行防火墙机制，实现相对隔离，避免发行人通过投行业务干预债券定价，减少发行人和投资人的利益冲突，杜绝过度资源互换。二是加强对部分超大型央企等财务部门的管理，约束中小发行人资产规模扩张冲动。三是加快发

展信用衍生品市场，提升信用定价的市场化水平，完善信用定价机制，推动提升高评级发行主体和中低评级发行主体债券发行的市场化水平。四是补齐政策短板，将国债和地方债纳入禁止返费券种中。

（六）加强市场准入和退出管理，防范"丙类户"类内幕交易死灰复燃

监管部门、交易平台和自律组织应不断推动出台市场准入和退出等相关业务规则和监管指引。一是资格准入应更多关注机构内控体系健全程度、人员和系统支持情况等指标；对非法人产品入市设定一定的准入标准；对不符合要求的机构，其退出机制应清晰和及时有效。二是引导市场机构在交易过程中对包括交易对手真实性、最终受益人情况、授权交易员身份、授权证明等一系列问题进行深入核实和调查准入，推动形成由微观主体市场选择和相互约束下形成的市场分层结构，防范"丙类户"类内幕交易死灰复燃等风险。三是督促市场参与机构不断完善自身内部管理，尤其是加强交易对手准入管理。可参照 X – Repo（质押式回购匿名点击业务），各市场参与机构可对 X – Bond（现券匿名点击业务）设置白名单。

第五章 金融业行为监管不断强化： 跨国银行汇率操纵案的警示

外汇市场是最大的金融市场，日交易量达 5 万亿美元左右[1]。过去普遍认为外汇批发市场是"净土"，原因是市场规模巨大，因而很难操纵。2007 年以来，国际大行汇率操纵案件的曝光，敲响了监管警钟。英国监管机构表示，"汇率操纵案是金融服务历史上规模最大的可量化违规行为[2]，直接影响整个金融系统市场信心"。IMF 前总法律顾问 Joseph Gold 表示，"汇率基准是对金融市场（资产价值和回报率）和实体经济（产出、贸易和就业）影响最为深远的价格指标。[3]"汇率操纵不仅影响外汇市场的公平、透明、稳定，而且广泛影响道琼斯、标普 500、富时 100 等主要股票指数[4]。欧盟委员会委员 Margrethe Vestager 表示，"处罚汇率操纵行为向市场清晰表明，欧盟不允许任何金融市场串通行为，因为它不仅损害银行业诚信，也造成欧洲经济和消费者利益损失"。2014 年以来，各国明显加大了

---

[1] 国际清算银行第 85 期年报（2015 年）。

[2] Top UK Regulator: People Have Good Reason Not to Trust Currency Rates Set By Big Banks, Wall Street On Parade (Feb. 5, 2014).

[3] Richard Myrus. From Bretton Woods to Brussels: A Legal Analysis of the Exchange – Rate Arrangements of the International Monetary Fund and the European Community (1994).

[4] Filling the Regulatory Void in the FX.

对外汇市场的监管力度，数家国际大型银行因泄露客户敏感信息、操纵外汇市场汇率、欺诈交易等不当行为受到欧美等监管机构重罚。

一、近年来的国际大行汇率操纵案

截至目前，美欧监管机构对巴克莱银行（Barclays）、苏格兰皇家银行（RBS）、花旗银行（Citi）、摩根大通银行（JPM）、汇丰银行（HSBC）、瑞士银行（UBS）、美国银行（BOA）等 13 家银行操纵汇率等外汇市场不当行为罚款超过 120 亿美元[①]（见表 5 - 1）。

表 5 - 1　　2014 年以来国际大行汇率操纵案件处罚金额[②]　单位：亿美元

银行	美国					英国	瑞士	欧盟
	美国商品期货委员会	司法部	美联储	货币监理署	纽约金融服务局	英国金融行为监管局	瑞士金融市场监管局	欧盟委员会
花旗银行	3.1	9.25	3.42	3.5		3.49		3.49
汇丰银行	2.75	1.02				3.33		
摩根大通银行	3.1	5.5	3.42	3.5		3.43		2.57
苏格兰皇家银行	2.9	3.95	2.74			3.35		2.79
瑞士银行	2.9	2.3	3.42			3.62	1.39	
巴克莱银行	4	6.5	3.42		6.35	4.41		2.36
美国银行			2.05	2.5				
三菱日联银行								0.79
法国巴黎银行		0.9			3.5			
德意志银行					2.05			
高盛					0.55			
瑞士信贷银行					1.35			
渣打银行					0.40			
合计	18.75	29.42	18.47	9.50	14.20	21.63	1.39	12
总计	125							

---

①　Why FX Needs Better Policy Synchronization and Trading Transparency.
②　根据公开资料整理。

（一）美国

2014 年 11 月 11 日，美国商品期货委员会（CFTC）对花旗银行（3.1 亿美元）、汇丰银行（2.75 亿美元）、摩根大通银行（3.1 亿美元）、苏格兰皇家银行（2.9 亿美元）、瑞士银行（2.9 亿美元）5 家银行罚款 14.75 亿美元，罪名是"试图操纵、帮助和教唆其他银行操纵全球外汇基准汇率获利，导致价格与市场供求脱钩①"。2015 年 5 月 20 日，CFTC 对巴克莱银行罚款 4 亿美元②，罪名是"违反《商品交易法》〔CEA Sections 6（c）（4）（A）和 6（d）③〕，缺乏有效内控制度监督交易员和电子聊天室、防范外汇基准汇率操纵风险"。

2015 年 5 月 20 日，美国司法部（DOJ）对花旗银行（9.25 亿美元）、摩根大通银行（5.5 亿美元）、巴克莱银行（6.5 亿美元）、苏格兰皇家银行（3.95 亿美元）4 家银行刑事罚款 25.2 亿美元④，罪名是"违反《谢尔曼法》（15 U.S.C. § 1）⑤，2007 年 12 月至 2013 年 1 月，合谋固定和操纵即期欧元/美元汇率"；对瑞士银行罚款 2.3 亿美元，罪名是"通过合谋限制欧元/美元交易竞争、操纵 ECB 和 WMR 基准汇率、执行客户止损价格与订单价格不同等非法手段牟利，违反其 2012 年 LIBOR 操纵案后，与监管机构签署的不起诉协议（Non Prosecution Agreement，NPA）⑥"。2016 年 7 月，美国司法部对

---

① CFTC Orders Five Banks to Pay over $1.4 Billion in Penalties for Attempted Manipulation of FX Benchmark Rates.

② Barclays to Pay $400 Million Penalty to Settle CFTC Charges of Attempted Manipulation and False Reporting of Foreign Exchange Benchmark Rates.

③ In the Matter of Barclays Bank PLC, CFTC Docket 15 – 24.

④ Five Major Banks Agree to Parent – Level Guilty Pleas.

⑤ U.S. Code 15 U.S.C. § 1：任何以托拉斯等形式，限制州际或国际交易或商业的合约或合谋为非法，任何人签订上述契约或从事上述共谋，均为严重犯罪，公司将处以 1 亿美元以下罚款，个人将被处以 100 万美元以下罚款和 10 年以下监禁。

⑥ DOJ UBS AG Plea Agreement, May 20, 2015.

汇丰银行罚款 1.02 亿美元（包括 6310 万美元刑事罚款和 3840 万美元非法利润上缴），签署延迟起诉协议（Deferred Prosecution Agreement, DPA），理由是"2000 年和 2010 年电子欺诈交易违反《美国法典》（U. S. Code 18 U. S. C. § 1343①），违规利用客户保密信息，为自营账户抢先交易以获利"。2017 年 7 月，美国司法部对 BNP 刑事罚款 0.9 亿美元②，罪名是"违反《谢尔曼法》（15 U.S.C. § 1）③，2011 年 9 月至 2013 年 7 月，从事虚假交易、合谋操纵外汇交易价格、使用暗语掩盖不当行为等"。

2015 年 5 月 20 日，美联储对瑞士银行（3.42 亿美元）、巴克莱银行（3.42 亿美元）、花旗银行（3.42 亿美元）、摩根大通银行（3.42 亿美元）、苏格兰皇家银行（2.74 亿美元）、美国银行（2.05 亿美元）6 家银行罚款 18.47 亿美元④，理由是"不安全和不稳健的外汇市场活动，违反《联邦存款保险法》（12 U.S.C. § 1818），包括泄露客户保密信息、串通操纵 WMR 和 ECB 等基准汇率价格、交易策略与客户利益冲突等"；同时对上述银行发布制止令（Cease and Desist Order），要求"改善外汇批发市场内控政策、风险管理和监督流程等，解雇涉案人员等"。另外，康涅狄格州银行监管部门也对瑞士银行斯坦福德分行发布了上述制止令。

2014 年 11 月 12 日，美国货币监理署（OCC）对花旗银行（3.5

---

① U. S. Code 18 U. S. C. § 1343：任何通过电子交易等方式，以欺诈、误导等手段获取利益的计谋或企图，应被罚款或处以 20 年以下监禁。

② DOJ：Case 1：18 – cr – 00061 – JSr.

③ U. S. Code 15 U. S. C. § 1：任何以托拉斯等形式，限制州际或国际交易或商业的合约或合谋为非法，任何人签订上述契约或从事上述共谋，均为严重犯罪，公司将被处以 1 亿美元以下罚款，个人将被处以 100 万美元以下罚款和 10 年以下监禁。

④ Press Release, Board Governors Fed（May 20, 2015）.

亿美元）、摩根大通银行（3.5 亿美元）和美国银行（2.5 亿美元）
3 家银行罚款 9.5 亿美元，理由是"2008—2013 年，利用电子聊天
室串通交易策略，操纵汇率，合谋损害客户利益等外汇市场不稳健
行为；缺乏有效内控制度，导致交易员违规泄露保密信息，包括客
户订单和价差等①"。同时发布制止令，要求银行"纠正内控漏洞，加
强外汇交易监督②"。

　　2015 年 5 月 20 日，纽约金融服务局（New York Department of
Financial Services，NYDFS）对巴克莱银行罚款 4.85 亿美元③，要求
其开除 8 名雇员，罪名是"2008—2012 年操纵 G10 和 EM 货币汇率，
销售人员违规加价误导客户（Hard Mark – ups④），内控合规管理不
足等，违反《纽约银行法》（§§44，44 – a)⑤"。2015 年 11 月 18
日，NYDFS 对巴克莱银行追加 1.5 亿美元罚款，原因是其"Last
Look"系统不当操作，该系统会自动删除不盈利交易、反馈客户因
技术问题无法完成交易（NACK，代表无法识别)⑥。2017 年 5 月，
NYDFS 对法国巴黎银行（BNP）罚款 3.5 亿美元，原因是"违反
《纽约银行法》（§§10，44，44 – a)，合伙操纵外汇基准汇率，隐
瞒加价误导客户（Hiding Mark – ups）等⑦"。2017 年 11 月，NYDFS

----

① OCC Fines Three Banks $950 Million for FX Trading Improprieties, Comptroller Currency
(Nov. 12, 2014).
② Bank of America, N. A., Consent Order, OCC AA – EC – 14 – 99 (Nov. 12, 2014).
③ Press Release, NYDFS.
④ 销售对客户报价与交易员报价不同，却对客户谎称没有加价。
⑤ NYDFS. In the Matter of Barclays Bank plc, Consent Order Under New York Banking Law
§§44 and 44 – a.
⑥ Barclays Fined $150m over Forex Trading by New York Regulator, Guardian (Nov. 18,
2015).
⑦ NYDFS. In the Matter of BNP, Consent Order Under New York Banking Law §§10, 44
and 44 – a.

对瑞士信贷银行（Credit Suisse）罚款 1.35 亿美元，原因是"2008—2015 年，违反《纽约银行法》（§§44，44 - a），违规泄露客户信息、抢先交易客户订单、企图操纵汇率、Last Look 系统自动删除不盈利交易等①"。2017 年 11 月，NYDFS 对德意志银行（DB）罚款 1.35 亿美元，原因是"违反《纽约银行法》（§§39，44），通过线上聊天室，合伙影响外汇价格、交换客户保密信息、操纵外汇基准汇率等②"。2018 年 5 月，NYDFS 对高盛（GS）罚款 0.55 亿美元，原因是"2008—2013 年违反《纽约银行法》（§§39，44），违规交换客户保密信息、操纵外汇基准汇率等③"。2019 年 1 月，NYDFS 对渣打银行（Standard Chartered）罚款 0.4 亿美元，原因是"2007—2013 年违反《纽约银行法》（§§39，44），串通交易、哄抬价差、违规泄露客户保密信息等④"。

（二）英国

2014 年 11 月 12 日，英国金融行为监管局（FCA）对瑞士银行（2.34 亿欧元）、花旗银行（2.26 亿欧元）、摩根大通银行（2.22 亿欧元）、苏格兰皇家银行（2.17 亿欧元）、汇丰银行（2.16 亿欧元）5 家银行罚款 11.15 亿欧元（17 亿美元）⑤，罪名是"2008—2013 年外汇市场不当行为，未有效控制外汇经营活动，纵容交易员利用客户保密信息，以损害客户利益为代价牟取私利⑥"。2015 年 5 月，

---

① NYDFS. In the Matter of Credit Suisse, Consent Order Under New York Banking Law § §39, 44 and 44 - a.

② NYDFS. In the Matter of DB, Consent Order Under New York Banking Law § §39, 44.

③ NYDFS. In the Matter of GS, Consent Order Under New York Banking Law § §39, 44.

④ NYDFS. In the Matter of Standard Chartered, Consent Order Under New York Banking Law § §39, 44.

⑤ FCA. Benchmark Enforcement.

⑥ Press Release, Financial Conduct Authority, FCA Fines Five Banks £ 1.1Billion for FX Failings and Announces Industry - wide Remediation Programme, (Nov. 13, 2014).

FCA 对巴克莱银行以上述罪名罚款 2.84 亿英镑（4.41 亿美元）①。

（三）瑞士

2014 年 11 月 11 日，瑞士金融市场监管局（Swiss Financial Market Supervisory Authority，FINMA）对瑞士银行罚款 1.34 亿瑞士法郎（1.39 亿美元），调查始于 2013 年 10 月，罪名是"2008 年 1 月 1 日至 2013 年 9 月 30 日外汇市场和重金属交易不当行为，包括：（1）操纵基准汇率；（2）损害客户和交易对手利益，如止损狩猎、抢先交易、泄露客户信息、提高标价等②；（3）内控和合规管理不足等"。处罚措施包括：（1）非法利润上缴（1.34 亿瑞士法郎）；（2）限薪，外汇交易人员年收入一般不得超过基础工资 2 倍；（3）要求瑞士银行全球外汇交易至少 95% 自动化；（4）客户和自营交易分离；（5）加强内控管理；（6）指派第三方监督瑞士银行执行上述措施③。此外，2015 年 12 月，FINMA 对 12 名瑞士银行涉案交易员发布外汇市场禁令④。

案例：FINMA 公布的瑞士银行部分违规聊天记录

操纵汇率	我今天搞定了基准汇率，虽然损失了些小钱，后来全垒打 "I done the fix to-day […] We lost small money on the fix but that more due to me really trying to ramp it and go for the home run."
交换客户信息	大家干得好，每天都该这样 "nice work gents…that how every day should end."
止损狩猎	我正试图触发客户止损订单 "jamming some stops in eurusd here at 0515."
抢先交易	我在抢先交易每一单美元/日元和欧元/日元交易，简直是传奇 "I was front running EVERY single offer in usdjpy and eurjpy…call me a legend! Front run legend."

---

① Press Release, Financial. Conduct Authority, FCA Fines Barclays £ 284432000 for Forex Failings（May 20, 2015）.

② 详细介绍见本章"三、汇率操纵常用手段"。

③ FINMA 网站：FINMA Sanctions Foreign Exchange Manipulation at UBS.

④ FINMA Cracks Down on Former UBS FX Employees, Lobbying Industry Bans, Finance Magnates（Dec. 17, 2015）.

（四）欧盟

2019 年 5 月 16 日[①]，欧盟委员会对巴克莱银行、苏格兰皇家银行、花旗银行、摩根大通银行和三菱日联银行 5 家银行罚款 10.7 亿欧元（12 亿美元[②]），调查始于 2013 年 9 月，罪名是 "2007—2013年，在彭博多方聊天室内共享保密信息、互换商业敏感信息和交易计划[③]，串通操纵 11 种货币（欧元、英镑、日元、瑞士法郎、美元、加拿大元、新西兰元、澳大利亚元、丹麦克朗、挪威克朗等）即期交易汇率[④]"。

二、国际大行汇率操纵案件频发的原因

近年来，国际大行汇率操纵案件频发的主要原因如下：

一是外汇市场大多是场外交易[⑤]，透明度不高[⑥]，且通常是国际交易，跨国监管权限赋予、职责认定和调查取证等难度较大。

二是外汇批发市场监管不足。过去普遍认为该市场规模巨大，流动性充足，因而很难被操纵，基本依靠市场自律，监管并不严格。彭博报道指出，交易员估计订单金额至少需要 2 亿欧元，才有推动汇率的可能，原因是其他市场参与者大额订单、爆炸性新闻等都可能影响汇率走势[⑦]。某从业 12 年交易员表示，缺乏监管的外汇市场

---

① EC. Commission Fines Barclays, RBS, Citigroup, JPM and MUFG 1.07 Billion Got FX Spot Cartel.

② EU Fines Barclays, Citi, JPM, MUFG and RBS $1.2 Billion for FX Rigging.

③ 全国外汇市场自律机制：全球外汇市场违规案例。

④ 脱密期后，案件详细信息将公布在欧盟 Competition Website：Public Case Register（Case Number：AT. 40135）。

⑤ FSB. Foreign Exchange Benchmarks Final Report 5 (2014).

⑥ Gregg Fields. A Fixed Game? Institutional Corruption Charges Taint Global Markets-Again.

⑦ Bloomberg (2013). Traders Said to Rig Currency Rates to Profit Off Clients.

就像"野蛮的西部世界①"。

三是外汇市场集中度较高。从交易商来看，通常为国际大行，原因是银行间外汇市场门槛较高，最低交易规模通常为 500 万美元②。Euromoney 调查显示，德意志银行、花旗银行、巴克莱银行和瑞士银行 4 大行占外汇市场交易总量超过一半③。2013 年，排名前 10 家银行占美国即期外汇市场交易量的 98%，排名前 5 家银行占 80%。从地域来看④，5 个城市外汇交易量占全球的 75.40%，分别为伦敦（占 41%）、纽约（占 19%）、新加坡（占 5.7%）、东京（占 5.6%）和香港⑤（占 4.1%）。

四是即期外汇市场不直接纳入现有监管框架⑥。长期以来，欧美等即期外汇市场缺少专门的监管机构和法律依据⑦，原因是即期外汇市场不属于传统金融工具（如债券、股票等），因此不受欧盟《金融工具市场指令》（MiFID，要求交易员竭尽所能确保客户利益最大化）或美国《多德—弗兰克法案》（*Dodd - Frank Act*）等约束⑧。即期外汇市场只在某些特定情况下被纳入监管，如影响外汇衍生品市场等受监管市场，或受监管金融产品时（如购汇是为了购买债券）⑨。汇率操纵行为早在 2007 年已经开始，直到 2013 年 6 月 12 日

---

① Filling the Regulatory Void in the FX.

② The Cost of FX Liquidity: Empirical Tests of Competing Theories 8.

③ Bloomberg（2013）. Traders Said to Rig Currency Rates to Profit Off Clients.

④ BIS. 中期央行调查（2013）.

⑤ 据路透 2014 年 12 月报道，香港金管局曾对美国银行、巴克莱银行等 10 家银行 2008—2013 年外汇业务展开调查，未发现银行合谋操控外汇基准定价证据，仅发现渣打银行和德意志银行两名交易员涉嫌企图影响基准汇率。

⑥ Bloomberg（2013）. Traders Said to Rig Currency Rates to Profit Off Clients.

⑦ Filling the Regulatory Void in the FX Spot Market: How Traders Rigged the Biggest Market in the World.

⑧ Bloomberg（2013）. Traders Said to Rig Currency Rates to Profit Off Clients.

⑨ FCA 网站：Conduct Risk in FX Markets。

彭博报道后才被首次发现①。被问及原因时，FCA 首席执行官表示，"由于即期外汇市场不受监管，我们缺乏定期报告和监测依据②"。目前国际清算银行（BIS）是唯一发布外汇市场数据的机构，每三年的 4 月发布《中央银行外汇市场活动调查》（*Triennial Central Bank Survey of Foreign Exchange Market Activity*）。

三、汇率操纵常用手段

现行外汇基准汇率（fixes）包括下午 4:00 路透基准汇率（4pm WM Reuters/WMR fix，伦敦时间 16:00 报价，基于前后各 30 秒交易价格中位数）和下午 1:15 欧洲中央银行基准汇率（ECB fix，伦敦时间 13:15 报价，基于 13:15 第一笔交易价格），在全世界范围内被广泛参考，用于衍生品定价、基金估值等。汇率操纵常用手段包括：

（一）交易员利用信息优势和交易策略合谋操纵汇率

一是抢先交易/自营交易③（Front Running/ Trading ahead/ Personal account Trading）。利用客户订单信息优势先行完成自营账户交易。由于交易员能提前获得客户订单信息（如 14:00），等到 16:00 基准报价确定时执行，这给予交易员时间窗口，处理与客户订单有关的自身头寸，从而获得利润。如 2013 年 6 月，彭博报告显示，某银行 15:30 收到客户 16:00 卖出 10 亿欧元订单，交易员首先是抢在执行客户订单前，尽可能以高价卖出自有欧元头寸，

---

① Traders Said to Rig Currency Rates to Profit Off Clients, Bloomberg (June 12, 2013).

② FCA Fines Five Banks £ 1.1 Billion for FX Failings and Announces Industry – wide Remediation Programme.

③ Front – running is Technically Legal in the FX Market.

以提高收益("抢先交易"策略);其次是尽可能推低基准汇率价格,降低其16:00从客户手中买入10亿欧元成本,从而最大化利润(收益 - 成本)[1]。NYDFS公布文件显示,2010年4月至2013年6月,瑞士信贷银行利用客户止损和止盈订单信息,抢先获利交易约7.2万笔[2]。

二是对敲交易[3](Banging the close)。接近外汇基准报价窗口时拆分小额多笔订单以影响定价[4]。由于WM路透基准汇率基于定价窗口期(伦敦时间16:00前30秒和后30秒)交易价格的中位数确定,计算定价时仅考虑交易笔数,而非交易规模,因此交易员将大额订单拆分成多笔小额订单,在定价窗口期多次执行以操纵基准汇率报价。例如,某银行伦敦办公室交易员在15:45接到某美国跨国公司在16:00基准汇率卖出10亿欧元换取美元的订单,在定价基准期内将该订单拆分为多笔小额订单执行,以加大对基准汇率的影响。

三是混淆视线/超额买入/超额卖出[5](Painting the screen/overbuying/overselling)。交易员与其他交易员在定价窗口期虚构交易订单,或买入/卖出超出自身实际需求的外汇,以操纵汇率。

---

[1]　Bloomberg (2013). Traders Said to Rig Currency Rates to Profit Off Clients.

[2]　NYDFS. In the Matter of Credit Suisse, Consent Order Under New York Banking Law §§39, 44 and 44 - a.

[3]　Traders Said to Rig Currency Rates to Profit Off Clients, Bloomberg (June 12, 2013).

[4]　SDNY. Foreign Exch. Benchmark Rates Antitrust Litig.

[5]　SDNY. Foreign Exch. Benchmark Rates Antitrust Litig.

案例：瑞士银行利用超额卖出等策略，操纵 ECB 基准汇率①

	瑞士银行持有客户在基准汇率净卖出订单， 通过操纵基准汇率走低，降低其从客户手中净买入成本以获利
下午 12:36	瑞士银行和机构 B 透露，持有客户在基准汇率净卖出订单分别为 2 亿欧元和 1 亿欧元
下午 12:37	机构 A 透露持有净卖出订单金额 2 亿欧元
下午 12:40	机构 A 透露净卖出订单降至 1.75 亿欧元
下午 12:44	瑞士银行透露净卖出订单增至 2.5 亿欧元；机构 A 透露净卖出订单降至 1 亿欧元，"hopefully taking all the filth out for u"，FCA 认为机构 A 已与持有相反头寸的第三方交易员平仓部分净卖出订单，以不影响定价窗口期操纵汇率（打扫甲板策略）
下午 1:02	机构 A 透露接到客户卖出 2500 万欧元订单，决定不马上从市场买入相应金额，而是持有空头头寸，等到基准定价期，利用操纵后的较低价格买入（积累弹药策略）；瑞士银行透露也接到客户卖出 2500 万欧元订单，且用暗语对群聊成员违规泄露了客户身份；机构 B 建议机构 A 和瑞士银行继续等待 12 分钟（直到 ECB 基准定价期）
下午 1:03	机构 A 透露其基准汇率净卖出订单降至 5000 万欧元，"i getting chipped away at a load of bank filth for the fix… back to bully［i. e. 50 million］… hopefully decks bit cleaner"，FCA 认为机构 A 继续与持有相反头寸的第三方交易员平仓部分净卖出订单（打扫甲板策略）
下午 1:04	瑞士银行透露其基准汇率净卖出订单目前为 2 亿欧元，另外持有空头头寸 5000 万欧元
下午 1:05	机构 B 透露其持有空头头寸 5000 万欧元
下午 1:07	机构 C 透露其基准汇率净买入订单目前为 6500 万欧元（与团队头寸方向相反），与机构 A 和机构 B 净轧差（Netting off）后，净买入订单降至 1000 万欧元（团外平仓策略，Leaving you with the ammo），机构 B 建议机构 C 晚些时候价格较低再买入
下午 1:14	机构 B 转发瑞士银行交易员下午 12:04 的发言称之前操纵的汇率基准价是其职业生涯最成功的一次 "the best fix of my ubs career"
下午 12:35— 下午 1:14	瑞士银行通过与其他市场主体进行非必要交易，超额卖出 1.32 亿欧元订单，其基准汇率净卖出订单累积至 2.11 亿欧元（远超其实际客户订单 8600 万欧元，超额卖出策略）

---

① FCA Summary of FX Market and Attempted Manipulation（UBS）.

续表

下午 1：14：59	瑞士银行以 1.3092 卖出 1000 万欧元，低于当时市场最优报价 3 个基点，该交易立即执行，占下午 1：14：55 至下午 1：15：02 之间 EBS 交易平台欧元/美元交易总量的 29%
下午 1：15	ECB 发布当日基准汇率为 1.3092
随后	群聊庆祝："他帮我赢得了奖金"（hes sat back in his chaoir［sic］…feet on desk…announcing to desk…thats why i got the bonus pool），"让大多数人今年日子好过"（yeah made most peoples year）
该交易案例中瑞士银行获利 51.3 万美元	

四是单独交易（Leaving you with the ammo/Netting off/Taking out the filth/Clearing off the decks）。当交易员持有净头寸与聊天室内交易员期望汇率方向相反时，选择在基准定价前与聊天室外其他交易员先行交易平仓（团外平仓/净轧差①，Leaving you with the ammo/Netting off）；或得知聊天室外交易员与聊天室内同盟交易员期望汇率方向相反时，事先与其交易，以确保不影响定价窗口期操纵汇率走向（清理垃圾/打扫甲板，Taking out the filth/Clearing off the decks）。

案例：苏格兰皇家银行利用团外平仓等策略，操纵 WMR 基准汇率②

下午 3：22— 3：54	4 家银行（包括苏格兰皇家银行）交易员在网络聊天室相互透露，客户即将在下午 4：00 执行的净买卖外汇订单信息
下午 3：22	机构 A 透露其下午 4：00 将有 2 亿英镑客户净卖出订单，苏格兰皇家银行回复 "blimey…judging by liq today…"，暗指按照当日市场流动性状况来看，该订单金额很大，苏格兰皇家银行开始大量积累下午 4：00 英镑净卖出头寸（积累弹药策略），共积累净卖出头寸 3.99 亿英镑，远超其客户实际订单净头寸需求 2.02 亿英镑（超额交易策略）

① Filing the Regulatory Void in the FX Spot Market：How Traders Rigged the Biggest Market in the World.

② FCA Summary of FX Market and Attempted Manipulation（RBS）.

续表

下午 3:45	机构 A 透露其下午 4:00 将有另一笔 1 亿英镑客户净卖出订单，苏格兰皇家银行透露其下午 4:00 也将有 8000 万英镑客户净卖出订单，如果苏格兰皇家银行和机构 A 从客户买入外汇价格低于其卖出价格，两家机构都将获利
下午 3:46	机构 B 透露其下午 4:00 将有 6000 万英镑客户净卖出订单
下午 3:48	机构 C 透露其下午 4:00 将有与机构 B 金额相同、方向相反的客户订单，为不影响团队在定价窗口期操纵汇率，两家机构决定窗口期前相互交易平仓（团外平仓策略）
下午 3:51	苏格兰皇家银行透露其下午 4:00 客户净卖出订单金额已超 2 亿英镑，同时在另一聊天室透露了该信息 "让我们在定价窗口交易英镑/美元挣大钱"（we getting a lot betty[①] at fix）
下午 3:54	机构 A 向苏格兰皇家银行透露其已与聊天室外交易员平仓部分净卖出订单（打扫甲板策略），剩余净卖出订单 1.4 亿英镑
下午 3:52:10—3:59:30	苏格兰皇家银行卖出 1.67 亿英镑，机构 A 卖出 2600 万英镑，占同期路透平台交易总额的 38%，英镑/美元汇率从 1.6276 跌至 1.6233，机构 C 在聊天中评论 "干得好"（nice job gents）
下午 3:59:30—4:00:30	苏格兰皇家银行卖出 1.82 亿英镑，占同期路透平台交易总额的 32%，苏格兰皇家银行和机构 A 共占同期路透平台交易总额的 41%，英镑/美元汇率从 1.6233 跌至 1.6213，当日最终报价 1.6218
下午 4:00:30	聊天室暗语庆祝："干得好"（well done），"1.6218…很好"（1.6218…nice），"我们做到了"（we fooking killed it right）
苏格兰皇家银行在该交易中共获利 61.5 万美元	

案例：汇丰银行利用打扫甲板等策略，操纵 ECB 基准汇率[②]

汇丰银行持有客户英镑/美元基准汇率净卖出订单，汇丰银行通过操纵基准汇率走低以获利	
下午 2:50	机构 A 透露持有基准汇率净卖出订单 1 亿英镑
下午 3:25	汇丰银行与机构 A 私聊，透露其持有基准汇率净卖出订单 4 亿英镑，机构 A 透露其净卖出订单增至 1.5 亿欧元，汇丰银行提出 "合作"（lets go），机构 A 回复 "好"（yeah baby）

---

① 俚语，代表英镑/美元。

② FCA Summary of FX Market and Attempted Manipulation（HSBC）.

续表

下午 3:28	机构 A 在群聊中希望与其他持有基准汇率净卖出订单的交易员联手(hopefulyl a few more get same way and we can team whack it);汇丰银行与机构 C 私聊,透露其持有基准汇率净卖出订单 3 亿英镑,希望机构 C 寻找更多同样订单
下午 3:34	机构 C 持有基准汇率净卖出订单 8300 万英镑
下午 3:36	机构 B 持有基准汇率净卖出订单 4000 万英镑;机构 D 让机构 A 更新持有订单金额,机构 A 透露增至 1.7 亿欧元,机构 D 表示手上无基准汇率订单,暗示机构 A 抓紧增加订单金额(bash the fck out of it)
下午 3:38	汇丰银行透露其基准汇率订单金额很高(good amount)
下午 3:42	机构 A 提醒汇丰银行,机构 E(非群聊成员)正累积基准汇率相反方向订单(buidling in the opposite direction)
下午 3:43	机构 A 告诉汇丰银行,已与机构 E 交易抵消其反方向订单,机构 A 手上还剩 9000 万净卖出订单(打扫甲板)
下午 3:32 至基准定价前	汇丰银行卖出 7000 万英镑,英镑/美元汇率从 1.6044 降至 1.6009
下午 3:59:30—4:00:30	汇丰银行卖出 3.11 亿英镑,占同期交易总量的 51%(与机构 A、机构 B、机构 C 加起来占 63%),WMR 基准汇率定价 1.6003
随后	聊天室中相互庆祝,"干得好"(nice work gents…Hooray nice team work),"遗憾没能让基准汇率降至 1.6 以下"(pity we couldn't get it below the 00)
该交易案例中汇丰银行获利 16.2 万美元	

五是积累弹药[①](Building ammo)。交易员在定价窗口期之前积累头寸,等到定价窗口期执行,以增加对汇率操纵影响力。如在 14:30 获得的头寸不会及时处置,而等到 15 点 59 分 45 秒,大幅拉升基准汇率。如 2012 年 1 月 6 日,巴克莱银行伦敦即期外汇首席交易员在定价窗口期前积累了 5 亿欧元头寸,在群聊"卡特尔"透露

---

① Barclays FX Fixing Traders Colluded in Chatrooms and Said "We All Die Together", BUS. Insider UK.

"我为最后一秒攒了5亿"（i saved 500 for last second…i had 500 to jam it）①。2013年9月13日，该交易员采用同样策略获利1.6万美元。

案例：摩根大通银行利用积累弹药等策略，操纵 WMR 基准汇率②

摩根大通银行持有客户在基准汇率净买入订单，摩根大通银行通过 操纵基准汇率走高，增加其向客户净卖出收入以获利	
下午 3:43	机构 A 问摩根大通银行是否持有基准汇率净买入订单，摩根大通银行回复持有 1.05 亿欧元净买入订单，愿意转给机构 A
下午 3:44	机构 A 说"或许可以"，表示持有基准汇率买入订单 1.5 亿欧元
下午 3:46	机构 A 表示"希望联手"（i'd prefer we join forces），摩根大通银行回复"太棒了，我们联手吧"（perfick…lets do ths…lets double team em），FCA 认为摩根大通银行和机构 A 打算联手操纵基准汇率走高
下午 3:47— 3:51	摩根大通银行和机构 A 分别通过和第三方市场主体交易，累积更多基准汇率净买入订单至 2.78 亿欧元和 2.4 亿欧元，相互告知（积累弹药策略）
下午 3:48	机构 A 表示正在监测交易商市场交易（i got the bookies covered）
下午 3:52— 3:59:30	摩根大通银行和机构 A 持续在市场买入欧元，摩根大通银行买入 5700 万欧元
下午 3:59:30— 4:00:30	摩根大通银行和机构 A 持续小额分别买入 1.34 亿欧元和 1.25 亿欧元，占基准定价期全部欧元/美元交易量的 41%，汇率从 1.3957 升至 1.39605
随后	聊天庆祝，机构 A 说"据说我们赢了"（sml rumour we havent lost it），摩根大通银行说"我们搞定了美元"（we…do…dollarrr）
下午 3:59:30— 4:00:30	摩根大通银行卖出 1.82 亿英镑，占同期路透平台交易总额的 32%，RBS 和机构 A 共占同期路透平台交易总额的 41%，英镑/美元汇率从 1.6233 跌至 1.6213，当日最终报价 1.6218
下午 4:00:30	聊天室暗语庆祝，"干得好"（well done），"1.6218…很好"（1.6218… nice），"我们做到了"（we fooking killed it right）
该交易案例中摩根大通银行获利 3.3 万美元	

六是集中弹药（giving you the ammo）。交易员把持有的头寸都交给聊天室内同一交易员，以增加操纵汇率的可控性和灵活度。

---

① New York State Department of Financial Services, In the Matter of Barclays Bank Plc, Consent Order Under New York Banking Law §§44 and 44－a（May 20, 2015）.

② FCA Summary of FX Market and Attempted Manipulation（JPM）.

案例：花旗银行利用集中弹药等策略，操纵 WMR 基准汇率①

	花旗银行持有客户欧元/美元 ECB 基准汇率净买入订单， 花旗银行通过操纵基准汇率走高以获利
下午 12:51	机构 A 透露持有基准汇率净买入订单 2 亿欧元
下午 12:53	机构 B 透露持有基准汇率净买入订单 2600 万欧元，并转给花旗银行（集中弹药策略）
下午 12:56	机构 A 透露手上 4700 万欧元净卖出订单（与团队反方向）已与其他交易员平仓，障碍已扫除（u shud be nice and clear to mangle）（单独交易策略）
下午 12:57	机构 C 打算把手上 3900 万欧元净卖出订单（与团队反方向）与其他交易员平仓并告诉花旗银行障碍已扫除（you're all clear）（单独交易策略）
下午 1:06	机构 D 透露持有基准汇率净买入订单，愿意转给花旗银行或协助花旗银行操纵汇率（u can have oir i can help）
下午 1:10	机构 D 将基准汇率 4900 万欧元净买入订单转给花旗银行；花旗银行基准汇率净买入订单累计至 5.42 亿欧元（远超其实际客户订单 8300 万欧元）（集中弹药策略）（累积弹药策略）
下午 1:14:29—1:15:02	花旗银行持续买入共计 3.74 亿欧元（占同期交易总量的 73%），不断拉升汇率
下午 1:15	ECB 基准汇率定为 1.3222
随后	聊天室中相互庆祝，"干得好"（impressive…lovely）
	该交易案例中花旗银行获利 9.9 万美元

　　七是止损狩猎（stops hunting）。交易员故意操纵汇率以触发客户止损点，在损害客户利益的基础上获取利益。如 FCA 公布调查文件显示，瑞士银行交易员在群聊中说，"这些年来我故意触发的客户止损订单数不清"（i had stops for years but they got sick of my butchering），"让我来触发止损"（just jamming a little stop here）。摩根大通银行交易员在群聊中说，"我操纵汇率以触发客户止损点"（I had traded in the market in order to get the 69 print），"让我们来触发止损吧？"（shall we go get these stops?）汇丰银行交易员在群聊中说，"我打算触发客户止损"（just about to slam some stops），"触发止损简直

---

① FCA Summary of FX Market and Attempted Manipulation（Citi）.

是躺着赚钱"（we love the orders …free money…always make money on them）。花旗银行交易员在群聊中说，"刚才去触发客户止损了"（went for a stop…had to launch into the 50 offer to get me stop done）。

案例：巴克莱银行企图触发客户止损订单①

客户止损订单为汇率95时买入7700万英镑（巴克莱银行为卖出方），巴克莱银行通过操纵汇率走高获利②	
10:38	机构X询问巴克莱银行、机构Y和机构Z是否持有客户止损订单（u got…stops?），巴克莱银行透露上述客户止损订单信息
10:46	汇率升至84，巴克莱银行暗示即将触发客户止损订单（watch out…will be soon），机构X表示不信
10:46—10:49	巴克莱银行第一次尝试，在78至95的价格区间买入6600万英镑，随后下单97的价格买入500万英镑，成交价为95买入200万英镑和96买入300万英镑，随后市场汇率走低
10:49	巴克莱银行表示继续持有看多头寸，推升汇率至97
10:58	汇率升至94，巴克莱银行第二次尝试，下单97的价格买入1000万英镑（高于市场最高卖价95），成交价为95，随后汇率跌至85
11:09	汇率跌至78，巴克莱银行开始减少看多头寸，表示放弃（it was dead…cudnt get the 97 print…despite trying super hard）
11:37	巴克莱银行第三次尝试（attempt number 3），市场交易价格在94～96之间，最高卖价升至97，巴克莱银行下单97的价格买入2亿英镑，成交价格为96买入1亿英镑和97买入1亿英镑，宣布成功触发止损（done），以96.5价格向客户卖出7700万英镑
随后	巴克莱银行表示后悔没有在95或96价格执行客户止损（cud have been done with 96 print…but we held him in）
该案例中巴克莱银行共亏损6.35万美元③	

八是哄抬价差（Spread Collusion）。交易员合谋限制竞争，扩大买卖价差，以损害客户利益为代价，提升自身收益。例如，某瑞士

---

① FCA Final Notice on Barclays.
② 尽管客户止损点为95，巴克莱银行决定市场汇率97时再执行交易，以增加自身收益。
③ 尽管巴克莱银行以96.5价格触发止损向客户卖出7700万英镑，在企图触发止损过程中，由于其买入英镑的平均汇率高于卖出英镑的平均汇率，因此亏损。

信贷银行交易员在群聊中说："我们来合伙操纵价差吧"（lets sign a pact…on spreads），另一交易员表示同意（agree），随后询问其他交易员："你参加吗"（…u in?）

CFTC 指出，需要注意的是，并不是上述所有交易策略必然构成不当行为。如某些抢先交易和净轧差可能出于客户订单相关的银行风险敞口管理需求。

（二）交易员利用隐蔽方式沟通客户保密信息

一是利用彭博等网络聊天室交换敏感信息和交易计划。如美国监管当局调查发现，异常活跃的线上聊天室包括卡特尔（the Cartel，以欧元交易为主[①]）、黑手党（the Mafia）、土匪帮（the Bandits Club）等，涉及花旗银行、摩根大通银行等[②]。欧盟委员会调查发现的线上聊天群组包括香蕉三分（the Three Way Banana Split）、埃塞克斯快递（the Essex Express）（见表 5 - 2）。FCA 调查发现的群聊包括玩家（the players）、三个火枪手（the three musketeers）等[③]。交易员同时参与多个群聊，每个群聊针对不同的货币对交易[④]。

表 5 - 2　　　　　部分群聊操纵汇率起止时间和参与银行

群组名称	参与银行	起始时间	结束时间
香蕉三分	瑞士银行	2011 - 10 - 10	2013 - 01 - 31
	巴克莱银行	2007 - 12 - 18	2012 - 08 - 01
	苏格兰皇家银行	2007 - 12 - 18	2010 - 04 - 19
	花旗银行	2007 - 12 - 18	2013 - 01 - 31
	摩根大通银行	2010 - 07 - 26	2013 - 01 - 31

---

① NYDFS Order on Barclays.

② Reuters. Why FX Needs Better Policy Synchronization and Trading Transparency.

③ FCA 网站：Summary of FX Market and Attempted Manipulation.

④ Filing the Regulatory Void in the FX Spot Market：How Traders Rigged the Biggest Market in the World.

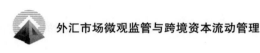
续表

群组名称	参与银行	起始时间	结束时间
埃塞克斯快递	瑞士银行	2008 - 12 - 14	2012 - 07 - 31
	巴克莱银行	2009 - 12 - 14	2012 - 07 - 31
	苏格兰皇家银行	2010 - 09 - 14	2011 - 11 - 08
	三菱日联银行	2010 - 09 - 08	2011 - 09 - 12

二是交易员通过交换客户保密信息获取利益。据欧盟委员会调查，这些聊天室交换的商业敏感信息主要涉及未完成的客户订单（包括金额、涉及货币、客户名称等①）、适用于特定交易的买卖差价、未平仓的外汇风险头寸（需要卖出或买入哪些货币）以及当前或计划交易活动的其他细节②。欧盟委员会表示，"信息交流使交易员能够在预先知情的情况下作出外汇买入或卖出的决定。"交易员还会通过信息交流进行协调，例如"暂停交易"（standing down），即一些交易员暂时停止交易活动，以避免干扰聊天室内另一名交易员的交易。

案例：巴克莱银行通过交换客户信息，操纵 WMR 基准汇率③

巴克莱银行持有客户基准汇率净买入订单，通过操纵基准汇率走高以获利	
上午 10:06	巴克莱银行透露持有基准汇率净买入订单 1.5 亿美元
下午 3:28	巴克莱银行、机构 A 和机构 B 分别透露持有基准汇率净买入订单 2 亿美元、1.5 亿美元和 7000 万美元，且其他市场主体还有净买入订单 2 亿美元
下午 3:42	机构 B 透露净买入订单增至 2.2 亿美元，有交易商经纪人询问机构 B 是否增加 1.35 亿美元净买入订单
下午 3:46	巴克莱银行透露持有基准汇率净买入订单增至 4 亿美元，鼓励机构 B 接受上述 1.35 亿美元净买入订单（u do that），机构 B 同意增加订单至 3.5 亿美元（ok···360）

---

① CNBC 报道。

② 欧洲委员会网站：Commission Fines Barclays, RBS, Citigroup, JPM and MUFG 1.07 Billion Got FX Spot Cartel。

③ FCA Summary of FX Market and Attempted Manipulation（Barclays）。

续表

下午 3:47	机构 B 询问成员一共有多少净买入订单，巴克莱银行和机构 A 分别回答 4 亿美元和 2 亿美元，机构 B 表示希望能联手把汇率推到 75 以上（if we get this 75 bid I will love u both forever）
下午 3:57:00—3:59:30	巴克莱银行买入 1.65 亿美元，占同期总买入量的 23%（与机构 A 和机构 B 合起来占 44%），汇率（小数点最后两位）从 57 升至 72
下午 3:59:30	巴克莱银行基准汇率净买入订单累积至 5.05 亿美元（远超其实际客户订单 3.06 亿美元）
下午 3:59:30—4:00:30	巴克莱银行买入共计 2.54 亿美元，占同期买入总量的 18%（与机构 A 和机构 B 合起来占 32%）
下午 4:00:30	WMR 基准汇率（小数点最后两位）定为 77
随后	聊天室中相互庆祝，"我们做到了"（we delivered）
该交易案例中巴克莱银行获利 28.6 万美元	

　　三是电子聊天室基于相互信任，对新加入成员采用严格的邀请制。交易员通常私下认识，如埃塞克斯快递（the Essex Express）群组，交易员在埃塞克斯去伦敦的火车上相识[1]。交易员对新加入成员通常非常谨慎，如经过群内讨论是否能增加价值（add value）后，巴克莱银行交易员被允许加入卡特尔群聊，试用期一个月（1 month trial），并被警告"如果搞砸了，半夜睡觉要小心"（mess this up and sleep with one eye open at night）。该巴克莱银行交易员最终通过了考验，允许继续留在群组直到 2012 年解散[2]。

---

　　[1]　欧洲委员会网站：Commission Fines Barclays, RBS, Citigroup, JPM and MUFG 1.07 Billion Got FX Spot Cartel。

　　[2]　New York State Department of Financial Services, In the Matter of Barclays Bank Plc, Consent Order Under New York Banking Law §§44 and 44‑a（May 20, 2015）.

外汇市场微观监管与跨境资本流动管理

案例：交易员群内讨论是否允许新成员加入群聊①

瑞士银行	7:49:55	are we ok with keeping this as is…ie the infolvls& risk sharing?（新的交易员加入后）我们还能像现在一样分享信息和分担风险吗
花旗银行	7:50:27	well…呃…
瑞士银行	7:50:30	that is the qu［estion］这是个问题
花旗银行	7:50:32	you know him best obv…你最了解他
	7:50:39	if you think we need to adjust it 如果你认为我们不能像以前一样放心合作
	7:50:43	then he shouldn't［be］in chat 他不该加入
摩根大通银行	7:50:54	yeah that is key 对，这是关键
	7:51:00	simple question 问题很简单
	7:51:08	I trust you implicitly 我完全信任你
	7:51:13	and your judgement 和你的判断
	7:51:16	you know him 你了解他
	7:51:21	will he tell rest of desk stuff 他会告诉同事吗
	7:51:26	or god forbin his nyk…特别是纽约同事
花旗银行	7:51:46	yes 是的
	7:51:51	that's really imp［ortant］q［uestion］真的是很重要的问题
	7:52:01	don't want other numpty's in mkt to know 我不想让其他人知道
	7:52:17	but not only that 除此以外
	7:52:21	is he gonna protect us 他是否会保护我们
	7:52:33	like we protect each other against our own branches 就像我们保护彼此一样
瑞士银行	7:53:52	what concerns me is that i know he'll never tell us when at risk…②我担心他不会通知我们可能的风险

---

① CFTC Examples of Misconduct in Private Chat Rooms.
② CFTC No. 15 – 06.

四是使用隐语线上交流。交易员大多使用简称、俚语、错拼单词来逃避侦查。如故意将问题（question）简拼为 qu；用合作（join forces/double team）暗指合谋操纵汇率；用 nyk 代指纽约交易室（New York desk）等；用"cable"指代英镑/美元货币对①；用"pickun"指代 WMR 基准汇率交易等②。FCA 指出，交易员利用非正式的暗语等交流方式，泄露客户身份、订单等敏感信息，通常涉及央行、大型企业、养老基金、对冲基金等大客户，对市场影响和客户利益损害较大。CFTC 认为，案件审理中陪审团成员都是普通人，根本无法识别暗号，这是多个汇率操纵案交易员被判无罪的原因之一。

案例：交易员使用隐语线上交流③

群内讨论合谋操纵基准汇率		
W 银行交易员	3:46:53	i'd prefer we join forces 我提议合作（操纵汇率）
Y 银行交易员	3:46:56	perfick…完美…
	3:46:59	lets do this…我们开始吧
	3:47:11	lets double team them…我们来合伙吧
W 银行交易员	3:47:12	YESssssssssssss 好的
操纵成功后群里庆祝		
W 银行交易员	4:03:25	sml rumour we haven't lost it 听说我们（操纵）成功了
Y 银行交易员	4:03:45	we 我们
	4:03:46	do 搞定了
	4:03:48	dollarrr 美元

五是使用私人手机等隐蔽沟通方式。如 CFTC 在调查取证中发现，有巴克莱银行交易员和合规官使用了一次性手机进行沟通，这增加了调查取证的难度。美国司法部公布文件显示，有法国巴黎银

---

① United States District Court Southern District of New York in Re Foreign Exchange Benchmark Rates Antitrust Litigation.

② In the Matter of Citibank, N. A. , CFTC Docket No. 15 – 03.

③ CFTC Examples of Misconduct in Private Chat Rooms.

行交易员使用私人手机（而非记录在案的公司电话），以此隐藏用于操纵汇率的交易信息①。

四、欧美监管机构对汇率操纵监管分工和法律依据

（一）美国

美国商品期货委员会（CFTC）：依据《商品交易法》（CEA）。《商品交易法》是第一部试图将外汇市场纳入监管的法律②，赋予CFTC监管"未来交割的商品合约"的权力。一是反操纵条款（7 U. S. C. § 13）禁止"任何操纵或企图操纵州际交易，或经注册主体进行未来交割的大宗商品价格"。《商品交易法》Section 2（c）（2）（C）规定"外汇交易也受反操纵条款约束③"，赋予CFTC监管外汇交易的权力④。二是禁止欺诈交易，规定"任何实际或试图欺骗（Cheat）或欺诈（Defraud）他人行为，均为非法"。三是针对其他不当交易行为作出禁止性规定，包括倒量（Wash Trade）、串通交易、非市场价格交易等。尽管相关条款并不适用于外汇即期交易，CFTC指出，即期交易形成的路透基准汇率等广泛用于衍生品定价⑤，因此外汇即期交易汇率操纵行为也被视作违反上述规定。此外，《多德—弗兰克法案》（section 753）大大增加了CFTC反市场操纵监管权。

---

① DOJ Case 1：18 - cr - 00061 - JSr.

② A Derivatives Dilemma：The Treasury Amendment Controversy and the Regulatory Status of Foreign Currency Options.

③ Transactions in Foreign Exchange Shall Not be Exempt from the Anti - Manipulation Sections of the CEA.

④ Filing the Regulatory Void in the FX Spot Market：How Traders Rigged the Biggest Market in the World.

⑤ CFTC 网站：JPMorgan Chase Bank，2014 WL 6068387。

《商品交易法》认定操纵行为包括四个要素：（1）行为；（2）意图；（3）后果；（4）价格人为脱离市场供需。

美国司法部：依据《谢尔曼法》。《谢尔曼法》第 1 条明确禁止托拉斯或其他形式联合、共谋行为[1]，规定"任何以托拉斯等形式，限制州际或国际交易或商业行为的合约或合谋为非法，任何人签订上述契约或从事上述共谋，均为严重犯罪"。

美联储（FED）和货币监理署（OCC）：依据《联邦存款保险法》（12 U.S.C. § 1818）。FED 和 OCC 可对受其监管的存款类机构，因风险管理不当导致的外汇市场违规交易进行监管和处罚。如 2015 年"国际大行汇率操纵案"中，因美国银行在外汇市场交易中违反《商品期货法》《反托拉斯法》等规定，构成"不安全和不可靠行为"，美联储和货币监理署分别依据《联邦存款保险法》对美国银行控股公司和美国银行进行处罚。此外，纽联储制定《外汇交易指引》，指出"客户信息保密对外汇市场极为重要，泄露或要求他人泄露客户交易信息为不当行为[2]"。

此外，纽约金融服务局（NYDFS）依据《纽约银行法》（Section 44 和 44 - a）对外汇市场不当行为进行罚款。美国财政部紧密关注外汇市场，寻找市场操纵证据[3]。

（二）欧盟

欧盟委员会：依据《欧盟运行条约》《市场滥用行为监管条例》《内幕交易和市场操纵刑事处罚指令》等，对外汇交易不当行为进行监管。欧洲监管较严，试图合谋或单纯交换信息都会被视为垄断。

---

[1] Sherman Antitrust Act 15 U.S.C. § 1 (2014).

[2] Federal Reserve Bank of New York. Guidelines for Foreign Exchange Trading Activities.

[3] Filing the Regulatory Void in the FX Spot Market: How Traders Rigged the Biggest Market in the World.

一是《欧盟运行条约》①（TFEU）条款 101 和《欧洲经济区合约》（AEEA）条款 53②"禁止任何合谋卡特尔，阻止、限制或扭曲竞争，或滥用市场支配地位的协议或行为③"，包括："（1）直接或间接固定买卖价格或任何交易条件；（2）限制或控制产量、市场、技术发展或投资；（3）瓜分市场或供给资源；（4）对不同交易对手歧视交易；（5）制定受制于无关第三方的合同条件。"二是《市场滥用行为监管条例》（MAR），明确禁止市场操纵（包括企图操纵）等不当行为。三是《内幕交易和市场操纵刑事处罚指令》（CAMAD），明确将外汇交易违规行为引入刑罚规定。

（三）英国

英国金融行为监管局（FCA）：依据《金融服务法案》《监管手册》等。一是法律条款（Statutory Provisions）。《2012 年金融服务法案》第 91 条禁止："（1）在基准定价过程中作出虚假或误导性陈述；（2）对投资产品价格、价值或交易利率制造误导性假象以影响基准定价等违法行为"，赋予了 FCA 对操纵外汇基准汇率等行为进行刑事诉讼（Criminal Prosecutions）的权力④。2015 年 4 月，《金融服务法案》把外汇基准汇率纳入受监管的七大金融基准之一⑤。二是监管规章（Regulatory Provisions）。FCA 在细化《市场滥用行为监管条例》的基础上制定了《监管手册》，规定了 11 项"机构从业原则"，要求机构须有适当保障措施，识别和减少内幕交易、市场操纵

---

① 《欧盟运行条约》（Treaty on the Functioning of the European Union，TFEU）Section 101。
② 《欧洲经济区合约》（Agreement on the European Economic Area）Article 53。
③ 资料来源：CMA8。
④ FCA 网站：Benchmark Enforcement。
⑤ The Financial Services and Markets Act 2000（Regulated Activities）（Amendment）Order 2015.

等金融犯罪风险①。如前述"国际大行汇率操纵案"中，由于银行对交易员使用私人聊天室和其他电子交易渠道疏于管控，且长期未发现，FCA 认为违反了《监管手册》中"机构从业原则"第 3 项（机构必须以合理谨慎态度，负责任、有效组织并控制其事务，同时建立适当风险管理体系）②。此外，FCA 制定《执行指引》，明确了法案赋予 FCA 权力的执行细则。2014 年 11 月，对 6 家银行操纵汇率行为罚款后，FCA 启动"行业整治项目"③，超过 30 家公司（占英国外汇市场 70% 左右）参与该计划。要求"公司对其文化、治理结构、政策、流程、系统和内控等进行详细评估，确保有效管理外汇交易等风险④，禁止企图操纵或控制基准汇率、合谋交易等不当行为。"

英国严重欺诈办公室（Serious Fraud office，SFO）：负责对外汇市场欺诈交易等违法行为开展调查，并对违反刑事法律的市场不当交易追究刑事责任。2014 年 7 月，SFO 宣布与 FCA、英国竞争与市场局和美国司法部、澳大利亚证券投资委员会等合作，对外汇市场欺诈交易展开刑事调查⑤。2014 年 12 月，SFO 和伦敦警察局逮捕涉嫌外汇市场操纵的苏格兰皇家银行交易员 Paul Nash⑥（首个因外汇丑闻被逮捕的交易员）⑦。2016 年 3 月，SFO 结束为期一年半调查，结论是无充分证据定罪⑧。

---

① 孙天琦. 外汇批发市场行为监管问题研究 [J]. 国际金融，2018（11）.
② FCA Handbook.
③ FCA 网站：Benchmark Enforcement。
④ FCA 网站：FX Remediation Programme：our Next Steps。
⑤ SFO 网站：Forex Investigation。
⑥ RBS Trader Arrested in Forex Rigging Probe Named in Court Records.
⑦ Daily Mail：First Arrest in Forex Scandal：Former RBS Trader Held on Suspicion of Rigging 3. 5 Trillion FX Market.
⑧ SFO 网站：SFO Closes Forex Investigation。

英国竞争与市场局① (Competition and Markets Authority, CMA)：依据《1998 年竞争法案》（CA98②）。CA98 第 1 章第 2 条禁止"任何企图或实际上阻止、限制或扭曲竞争的协议或合谋等行为，包括固定价格、限制产出、瓜分市场、歧视消费者等"③，包括正式书面协议和非正式口头、电话约定等④。其中，卡特尔是最严重的反竞争行为，即市场主体约定不竞争，通常为非正式行为，较难发现⑤。CMA 是英国竞争法和消费者保护的主要执行机构⑥，依据 C98 制定了监管指引——《1998 年竞争法案 CMA 调查指引》（CMA8）。2013 年，FT 报道显示，英国最大的外汇市场监管机构 CMA 正对外汇市场汇率操纵行为展开调查，后续把线索移交给 FCA⑦。

英格兰银行（BOE）：《公平和有效市场评估》和外汇联席委员会会议。2014 年 6 月英格兰银行牵头发起《公平和有效市场评估》，财政部和 FCA 共同担任主席⑧，2015 年 6 月发布评估结果和 21 项建议⑨，包括"提升市场准则、提高交易透明度、增强英国监管、加强国际合作、优化市场结构、完善风险管理"等。

过去，监管对汇率操纵行为反应较为迟钝。例如，英格兰银行定期举行外汇联席常设委员会会议（Foreign Exchange Joint Standing Committee），2008 年 7 月 4 日，有交易员指出外汇市场存在操纵基

---

① 2014 年 4 月 1 日成立，前身是已废止的竞争委员会（Competition Commission）和公平交易委员会（OFT，2004—2014），2014 年 4 月，OFT 解散，监管职能移交给 CMA 和 FCA 等。
② 1998 年 11 月，英国国会（UK Parliament）通过。
③ 资料来源：英国政府网站 legislation. uk. gov。
④ OFT. Competing Fairly：An Introduction to the Laws on Anti-competitive Behaviour.
⑤ OFT. Competing Fairly：An Introduction to the Laws on Anti-competitive Behaviour.
⑥ CMA58. Consumer Protection and Enforcement Guidance.
⑦ FT.
⑧ FCA 网站：Fair and Effective Markets Review Published.
⑨ Fair and Effective Markets Review.

准汇率的可能；2012 年 4 月 23 日，花旗银行交易员向英格兰银行官员透露，在基准汇率制定前，他们会交换客户信息①，却未引起足够重视。汇率操纵案发后，英格兰银行被质疑早已知晓相关不当行为，却未采取行动。2014 年 3 月，英格兰银行就此开展内部调查，1 名职员被停职，4 名交易员被机构解雇②。

（四）瑞士

瑞士金融市场监管局（FINMA）：依据《银行法》《银行条例》等。同欧美一样，瑞士没有专门针对外汇市场的监管法律。《银行法》第 3 条款要求"银行必须能够识别、监测及限制经营和法律风险"，要求"银行管理人员要遵守行为准则"。FINMA 是瑞士独立的金融市场监管机构，制定《银行条例》（Art. 9 para. 4），要求"银行有充足和有效的内控系统"。

瑞士竞争委员会（Swiss Competition Commission，WEKO）：对外汇市场操纵进行调查。2013 年 9 月，WEKO 对瑞士银行、瑞士信贷银行、摩根大通银行、花旗银行、巴克莱银行、苏格兰皇家银行等 8 家银行的外汇市场操纵行为展开调查。2014 年 3 月，WEKO 宣布，发现了上述银行合伙操纵外汇交易价格的证据③。

（五）行业自律

英格兰银行《非投资性产品准则》（NIPS Code）：2001 年，巴克莱银行、摩根大通银行、德意志银行等 16 家银行签署内控自律准则，2011 年被加入英格兰银行发布的《非投资性产品准则》附录，明确"禁止银行合谋操纵交易行为"，"在外汇批发市场交易中，公

---

① BOE Staff Said to Have Condoned Currency Traders' Conduct, Bloomberg（Feb. 7, 2014）.

② foreign – exchange – market – investigation – report – by – lord – grabine.

③ Swiss Watchdog Launches Forex Investigation Into Eight Banks, Financialtimes（March 31, 2014）.

司应识别并采取措施消除或控制潜在或实际利益冲突①"，"交易员应严守客户信息保密要求②"。

《交易员国际协会规范准则》（ACI Model Code）："公司应有清晰的政策流程来管理保密信息……交易和销售人员不得通过泄露保密信息谋取私利③"。

金融稳定理事会（Financial Stability Board，FSB）《外汇基准报告》，对外汇市场和基准汇率利率给出一系列建议④，包括：（1）扩大 WMR 基准定价窗口时长；（2）扩大 WMR 基准汇率定价参考交易数据范围；（3）定价更加透明，如通过文件清晰列明买卖价差等；（4）禁止做市商相互分享非必要的交易信息等。

《外汇市场全球准则》⑤：2015 年，英格兰银行和 FCA 呼吁建立行业统一的行为准则。2017 年 5 月 24 日，全球外汇委员会（Global Foreign Exchange Committee，GFXC）在伦敦成立，由 16 个全球外汇交易中心的外汇委员会的公共和私人部门代表发起（包括中国），其前身是国际清算银行市场委员会 2015 年主办的外汇业务工作组（Foreign Exchange Working Group，FXWG）。2017 年 5 月，GFXC 发布《国际外汇准则》（*Global FX Code*），取代了《非投资性产品准则》和《交易员国际协会规范准则》。《国际外汇准则》主要围绕伦

---

① FCA notice on ubs "All firms should identify any potential or actual conflicts of interest that might arise when undertaking wholesale market transactions, and take measures either to eliminate these conflicts or control them so as to ensure the fair treatment of counterparties."

② FCA notice on ubs "Principals and brokers share equal responsibility for maintaining confidentiality."

③ FCA notice "Dealers and sales staff should not, with intent or through negligence, profit or seek to profit from confidential information, nor assist anyone with such information to make a profit for their firm or clients."

④ 《外汇基准报告》（Foreign Exchange Benchmarks）。

⑤ New Global Forex Code to Take Effect in May 2017, Reuters (Sept. 9, 2015).

理标准、治理原则、执行准则、信息共享、风险管理与合规、确认和结算六个方面，包括 55 项基本原则。

五、欧美监管机构对汇率操纵处罚依据

（一）美国

美国商品期货交易委员会（CFTC）：对违反《商品交易法》，操纵或试图操纵汇率行为，按照 100 万美元或其不当收益 3 倍金额高者计罚，同时可要求所涉机构按其直接导致损失向客户返还款项等[1]。

美国司法部：依据《美国判罚指引》（USSG）进行处罚。第一步是判断违法程度[2]（Offense Level），汇率操纵属于"基本经济犯罪：欺诈或欺骗行为"，基础违法分数为 7，根据造成损失规模（见表 5-3）、违法手段复杂程度、不当收益金额等加分项（见表 5-4），计算最终违法得分。第二步是决定基础罚款[3]（Base Fine），基础罚款取以下三者最大：（1）违法程度对应罚款金额（见表 5-5）；（2）违法行为所得收入；（3）违法行为导致被告损失金额。第三步是判断过失程度（Culpability Score），起始分为 5 分，根据机构参与违法行为程度、过往违法记录、违反法院指令、妨碍司法、合规情况等加减分项，得出过失分（见表 5-6）。第四步是决定罚款范围（Fine Range），由基础罚款（第二步得出）乘以罚款乘数（第三步过失程度决定，见表 5-7）得出。第五步是决定刑事罚款金额（Determining

---

①　Filing the Regulatory Void in the FX Spot Market: How Traders Rigged the Biggest Market in the World.

②　US Sentencing Commission 2018 Manual § 2B1. 1. Fraud and Deceit.

③　US Sentencing Commission 2018 Manual § 8C2. 4. Base Fine.

the Fine within the Range)，在第四步罚款范围的基础上，综合考虑以下因素，决定罚款金额：（1）罪行严重性和处罚威慑力；（2）在案件中扮演的角色；（3）罪行间接后果（如民事责任）；（4）非货币损失；（5）是否涉及弱势受害者；（6）知晓或参与违法的机构高管过往犯罪记录；（7）机构过往犯罪记录；（8）过失程度得分低于0或高于10；（9）是否具备有效合规管理等。第六步是决定最终罚款金额，由第五步刑事罚款金额与违法收益相加得出。

表 5 – 3　　　　　　　　造成损失规模对应违法加分①

（Increase in Offense Level）

损失规模（共16档）	加分
小于等于6500美元	0
大于6500美元	+2
大于15000美元	+4
……	……
大于15000000美元	+26
大于25000000美元	+28
大于55000000美元	+30

表 5 – 4　　　　　　　其他后果对应违法加分举例②

（Increase in Offense Level）

造成后果	严重程度	加分
陷入金融困境受害者人数	1～4人	+2
	5～24人	+4
	25人及以上	+6

---

①　US Sentencing Commission 2018 Manual § 8C2. 4. Culpability Score.
②　US Sentencing Commission 2018 Manual § 8C2. 4. Culpability Score.

造成后果	严重程度	加分
从金融机构所得违法收益/造成金融机构困境程度	100 万美元以上	+2
	严重威胁金融机构安全稳健	+4
违反证券、商品交易等法律情况	违反证券法，且被告为上市公司或交易商或投资顾问	+4
	违反商品交易法，且被告为期货交易商或顾问	+4

表 5-5　违法程度对应罚款金额（Offense Level Fine Table）

违法程度得分	金额（美元）
≤6	8500
7	15000
8	15000
9	25000
10	35000
11	50000
12	70000
13	100000
14	150000
15	200000
……	……
31	25000000
32	30000000
33	40000000
34	50000000
35	65000000
36	80000000
37	100000000
≥38	150000000

表 5 – 6　　　　　　　判断过失程度① （Culpability Score）

过失程度		得分
起始分		5
机构参与 违法行为程度 （Involvement in or tolerance of criminal activity） 得分取最大者	该机构或有关部门员工数超过 5000 人，且高管普遍 参与或知晓有关不当行为	+5
	该机构或有关部门员工数超过 1000 人，且高管普遍 参与或知晓有关不当行为	+4
	该机构或有关部门员工数超过 200 人，且高管普遍参 与或知晓有关不当行为	+3
	该机构员工数超过 50 人，且高管普遍参与或知晓有 关不当行为	+2
	该机构员工数超过 10 人，且高管普遍参与或知晓有 关不当行为	+1
过往历史 （Prior History）	距上次类似行为受法律制裁不到 10 年	+1
	距上次类似行为受法律制裁不到 5 年	+2
……	……	
藐视司法 （Obstruction of Justice）	故意阻碍司法	+3
自首、配合及认罪情况 （Self – reporting, Cooperation and Acceptance）	监管自首，配合调查及认罪	–5
	配合调查及认罪	–2
	认罪	–1

表 5 – 7　过失程度对应罚款乘数 （Offense Level Fine Table）

过失程度得分	最小乘数	最大乘数
10 及以上	2	4
9	1.8	3.6
8	1.6	3.2
……	……	……
2	0.4	0.8
1	0.2	0.4
0 及以下	0.05	0.2

---

① US Sentencing Commission 2018 Manual § 8C2. 4. Culpability Score.

案例：**2016 年 7 月美国司法部对汇丰银行进行罚款**①

〔**依据《美国判罚指引》**（**United States Sentencing Guidelines，USSG**）〕

第一步：违法程度 （Offense Level）	基础违法程度，汇率操纵属于"基本经济犯罪：欺诈或欺骗行为（Fraud and Deceit）"7 分	
	损失规模（2500 万 ~6500 万美元）	+22 分
	境外合作/手段复杂 Substantial Part of Scheme Committed from Outside the United States / Sophisticated Means	+2 分
	从金融机构获取不当收益超过 100 万美元	+2 分
	违法总分	33 分
第二步：基础罚款② （Base Fine）	依据 USSG §8C2.4（a）（2）， 第一步违法程度 33 分，对应基础罚款金额	0.464 亿美元
第三步：过失程度 （Culpability Score）	基础过失分	5 分
	超过 5000 名员工、1 名高管参与或知晓违法行为	+5 分
	机构配合调查且接受判决	−2 分
	过失总分	8 分
第四步：罚款范围 （Fine Range）	过失总分 8 分，对应罚款乘数：1.6 ~3.2， 乘以基础罚款	0.74 亿 ~ 1.48 亿美元
刑事罚款 （Criminal Fine）	综合考虑罪行严重性、过往犯罪记录等给予一定减免	0.63 亿美元
非法利润追回 （Disgorgement）		0.38 亿美元
总罚款	刑事罚款 0.63 亿美元 + 非法利润追回 0.38 亿美元	1.1 亿美元

（二）英国

英国对市场滥用行为的罚款无上限，罚款要能对类似违法行为形成威慑。《金融服务法案》section 206 赋予 FCA 处罚权③，FCA

---

① Case 1：18 - cr - 00030 - LDH DOJ on HSBC.

② USSG §8C2.4.

③ If the Authority considers that an authorised person has contravened a requirement imposed on him by or under this Act… it may impose on him a penalty, in respect of the contravention, of such a-mount as it considers appropriate.

《执行指引》第 7 章明确了罚款细则。此外，FCA 制定了《监管流程和处罚手册》（DEPP），其中第 6 章为罚款依据，明确了罚款适用情况、依据和计算规则（五步法），罚款缴清时限为 14 天。

案例：FCA 对 2014 年苏格兰皇家银行操纵汇率案罚款计算过程①

处罚依据	DEPP 于 2010 年 3 月 6 日修订。FCA 认为此案中，苏格兰皇家银行违反了" 机构从业原则"第三项："机构必须以合理审慎的态度，负责任/有效组织并控制其业务，同时建立适当风险管理体系"。由于苏格兰皇家银行汇率操纵行为在修订日期前后均有发生，因此 FCA 分别依据旧规定和新规定计算苏格兰皇家银行在 2010 年 3 月 6 日前后相应罚款金额，相加得出总额
	（一）计算苏格兰皇家银行违反旧规定罚款金额
（1）罚款金额需有足够震慑力，以防止涉案公司和其他市场机构今后再出现类似违法违规行为	FCA 认为此案罚款金额应较大
（2）判断违法行为本质、严重性和影响	苏格兰皇家银行汇率操纵行为极其严重，起始时间早于 2008 年，违法行为包括违规泄露客户保密信息、操纵基准汇率、恶意触发客户止损点等，前台业务管理人员亦知晓或参与其交易员不当行为，直接影响外汇市场和整个英国金融系统市场信心
（3）考虑涉案公司规模和金融市场影响力	苏格兰皇家银行是英国规模最大、最复杂和影响力最大的金融机构之一，对其违法行为应从重处罚
（4）评估公司过往犯罪和合规记录	2002 年苏格兰皇家银行曾因未在客户开户前严格进行身份审核，违反 FCA 反洗钱规定，被罚 75 万欧元
（5）综合考虑其他因素	包括 FCA 对类似案例的过往处罚结果、苏格兰皇家银行在此次调查中配合程度（极为配合）等
	综上，违反旧规定基础罚金为 5200 万欧元

---

① 资料来源：FCA 文件。

（6）和解折扣	由于苏格兰皇家银行在 FCA 调查早期就同意和解，因此 FCA 对其罚金给予 30% 折扣
综上，苏格兰皇家银行因违反旧规定罚金为 5200 万欧元 × 70% = 3640 万欧元	
（二）计算苏格兰皇家银行违反新规定罚款金额（五步法）	
第一步：非法利润上缴	FCA 认为很难量化苏格兰皇家银行由于汇率操纵获得的非法利润
第一步罚款为零	
第二步：判断违法行为严重性	FCA 认为，银行操纵汇率后果严重性与其相关业务收入量直接相关，因此该环节罚款金额为苏格兰皇家银行相关业务收入乘以罚款比例
	从业务收入来看，经 FCA 测算，2010 年 6 月至 2013 年 10 月之间，苏格兰皇家银行相关业务收入为 1.5 亿欧元
	从罚款比例来看，FCA 认为罚款比例与操纵汇率严重性有关，从 0 至 20% 平均分为五档。决定罚款比例考虑因素包括汇率操纵行为影响、本质和是否故意忽视监管规定
	（1）苏格兰皇家银行操纵行为影响：对市场秩序和信心潜在影响非常严重和恶劣。原因是本案涉及的 G10 外汇基准汇率市场使用广泛，直接影响外汇市场和整个英国金融系统市场信心
	（2）苏格兰皇家银行操纵行为本质：一是多年来苏格兰皇家银行 G10 即期外汇交易业务在流程、系统和内控方面存在严重缺陷。二是苏格兰皇家银行明显忽视了相关行业准则，未有效管控明显的利益冲突、客户信息保密和交易行为风险。三是苏格兰皇家银行未能阻止其交易员在外汇市场交易中合谋串通等不当行为，影响极为恶劣。四是该汇率操纵案对客户和其他市场参与者利益造成损失。五是苏格兰皇家银行前台业务管理人员亦知晓或参与其交易员不当行为
	（3）是否故意忽视监管规定：FCA 并没有足够证据判定苏格兰皇家银行行为是小心翼翼绕过监管，还是不计后果故意忽视监管
	该环节 FCA 判定苏格兰皇家银行罚款比例为最高档（20%）
第二步罚款金额为 3000 万欧元（1.5 亿欧元 × 20%）	

续表

第三步：其他加重或减轻处罚因素	加重因素：（1）过往犯罪记录和合规情况，包括 2010 年苏格兰皇家银行因违反第三项从业原则（未严格执行反洗钱和反恐怖融资的客户审核要求）被罚款 560 万欧元，2011 年因类似违法行为被罚款 280 万欧元，2013 年因操纵 LIBOR 基准利率被罚款 8750 万欧元，同年因交易报告不完善被罚款 562 万欧元；2014 年由于未向客户充分进行住房抵押贷款风险披露且屡教不改，被罚款 1500 万欧元
	（2）过往配合监管部门调查执法情况，苏格兰皇家银行在 LIBOR 和 EURIBOR 操纵案中，并未充分配合有关部门调查和执法
	（3）内控管理，苏格兰皇家银行前台业务管理人员在知晓其交易员不当行为的前提下，未予以阻止
	减轻因素是苏格兰皇家银行在此案调查过程中予以配合
	该环节 FCA 决定对罚款金额加征 10%
第三步罚款金额为 3300 万欧元（3000 万欧元 ×110%）	
第四步：判断罚金是否震慑力足够	FCA 认为，由于 G10 外汇交易市场的系统重要性和对英国金融系统的影响力，且苏格兰皇家银行并未从 LIBOR 操纵案中吸取教训，为有效震慑类似行为不再发生，对该案处罚应显著高于过往类似市场操纵案的最高罚款金额（LIBOR 操纵案对某公司的罚款 2 亿欧元）
	该环节应追加 2.25 亿欧元罚款
第四步罚款总额增至 2.58 亿欧元（3300 万欧元 + 2.25 亿欧元）	
第五步：和解折扣	由于苏格兰皇家银行在早期就同意了 FCA 罚款和相关条款，FCA 对其罚金（不包括第一步的非法所得）给予 30% 折扣
综上所述，苏格兰皇家银行违反新规定的罚金为 1.81 亿欧元（2.58 亿欧元 ×70%）	
FCA 最终对苏格兰皇家银行处以罚款总额 2.17 亿欧元（违反旧规定 0.36 亿欧元 + 违反新规定 1.81 亿欧元）	

（三）欧盟

欧盟根据《2006 罚款指引》，综合考虑市场操纵所获利益、严重程度、地理范围和持续时间确定罚款金额[①]。欧盟曾表示，如银行因操纵汇率而违反欧盟反垄断规定，可能面临高达该行全球营业额

———————————

① 欧洲委员会网站：Commission Fines Barclays, RBS, Citigroup, JPM and MUFG 1.07 Billion Got FX Spot Cartel。

10%的罚款。

（四）欧美监管机构可对个人问责

美国：美国商品期货交易委员会对违反《商品交易法》，操纵或试图操纵汇率行为的相关个人可处以十年以下监禁。美国司法部对个人违反《谢尔曼法》第 1 条若定罪，将处以不超过 100 万美元罚款，或十年以下监禁，由法院酌情单处或并处以上两种处罚。如2017 年 10 月，汇丰银行前外汇交易负责人 Mark Johnson 因"电子交易欺诈、密谋和抢先交易，为汇丰银行获取不当收益 730 万美元"被美国司法部判处有期徒刑 2 年[1]，并罚款 30 万美元。此外，摩根大通银行等机构的交易员也曾因密谋操纵价格被起诉。超过 30 名交易员被解雇或停职，如纽约银行监管机构要求巴克莱银行开除涉案交易员[2]。

英国：2015 年，英格兰银行行长建议，将市场滥用行为的最高监禁刑期延长至 10 年。2014 年 12 月，1 名苏格兰皇家银行交易员因涉嫌操纵汇率被逮捕[3]。2015 年 7 月，FCA 发布"高管和证书制度"，提高个人行为标准[4]，明确了责任和行为准则，高管任命需要由 FCA 批准。CMA 规定，"合谋或协议参与恶性卡特尔行为（Hardcore Cartels，如固定价格、瓜分市场、操纵报价、限制产出等）的个人，属于刑事犯罪，最长面临 5 年有期徒刑或无上限罚款[5]"。公司董事最长取消从业资格 15 年[6]。在英格兰和威尔士，相关诉讼由

---

① DOJ. Former Head of HSBC's Global Foreign Exchange Cash Trading Sentenced to 24 Months' Imprisonment for Front – Running Scheme.

② Why FX Needs Better Policy Synchronization and Trading Transparency.

③ Arrested RBS Forex Trader Named as Paul Nash：Sources，REUTERS（Jan. 8，2015）.

④ FCA 网站：Senior Managers and Certification Regime。

⑤ 资料来源：CMA9，Cartel Offence Prosecution Guidance。

⑥ OFT. Competing Fairly：An Introduction to the Laws on Anti – competitive Behaviour.

CMA 或 SFO 发起，并由 CMA 执行；在苏格兰，由皇家检察院（Crown Office and Procurator Fiscal Service，COPFS）负责。

（五）广泛使用行政和解与暂缓起诉机制

欧美外汇市场违法犯罪处罚中较为广泛地使用了行政和解与暂缓起诉制度。这主要由于操纵市场等违规行为认定难、取证难。行政和解是指行政主体和行政相对人在行政执法中通过对话、沟通协商等方式，有效解决行政争议的一种争端解决方式。暂缓起诉又称推迟起诉，指司法机构基于社会公共利益的考虑，综合权衡案件情况，对被告暂缓提起公诉，且为其设定一段时间和相应义务，待考验期满后，根据被暂缓起诉人义务履行情况，再作出是否提起公诉的一种司法制度安排。上述两者虽然在具体适用上有所不同，但都突破了"公权力不可处分"原则，兼顾了处罚的公平与效率原则，节约了监管成本和司法成本。例如，欧盟委员会基于《2006 年宽大处理办法》（2006 *Leniency Notice*）对主动配合调查公司打折，基于《2008 年和解办法》对和解公司打折。2019 年 5 月，6 家银行因与欧盟委员会调查合作与和解，分别被减少不同比例罚款（见表 5 - 8）。

表 5 - 8　　　香蕉三分（the Three Way Banana Split）
参与行罚款减免情况

银行	因调查合作减少罚款比例（%）	因选择和解减少罚款比例（%）	最终罚款（亿欧元）
瑞士银行	100	10	0
巴克莱银行	50	10	1.16
苏格兰皇家银行	30	10	1.55
花旗银行	20	10	3.11
摩根大通银行	10	10	2.29
总计	—	—	8.11

表 5 – 9　　　　　埃塞克斯快递（the Essex Express）
参与行罚款减免情况

银行	因调查合作减少罚款比例（%）	因选择和解减少罚款比例（%）	最终罚款（亿欧元）
瑞士银行	100	10	0
巴克莱银行	50	10	0.94
苏格兰皇家银行	25	10	0.94
三菱日联银行		10	0.7
总计	—	—	2.58

（六）对举报线索的机构和个人有减免罚金等奖励措施

美国 CFTC 在其网站设有线索举报机制（Whistleblower Program），明确对举报违法违规线索的个人提供经济奖励。奖励来源是 CFTC 对违法机构罚款所得成立的消费者保护基金，奖励金额是 CFTC 对相关案件罚款金额（超过 100 万美元的）的一定比例（10% ~30% 不等），并对举报人提供隐私保密和反报复行为等保护措施。该机制效果较为明显，目前 CFTC 已根据举报线索对相关违法行为罚款超过 7.3 亿美元，并对线索举报人发放超过 9000 万美元奖励。欧盟也利用告发机制来获取反市场竞争行为信息①，如 2013 年，瑞士银行因向欧盟委员会检举日元 LIBOR 操纵案线索，免于 25 亿欧元罚款；2019 年，瑞士银行作为首个告知欧盟外汇合谋行为的银行，被免于 2850 万欧元处罚。此外，CMA 设有"坦白从宽政策"（Leniency Programme），主动坦白的市场主体可全部或部分减免罚金②，具体减免政策如表 5 – 10 所示③。

---

① 欧洲委员会网站. Commission Fines Barclays, RBS, Citigroup, JPM and MUFG 1.07 Billion Got FX Spot Cartel。

② 资料来源：CMA8 3.5。

③ 资料来源：Applications for Leniency and No – action in Cartel Cases（OFT1495）。

表 5 – 10 英国竞争与市场局减免政策

申请阶段	信息要求	减免条件	减免比例
第一申请者调查未开始	提供开展调查充分理由/证据	（1）承认违法参与垄断行为 （2）向监管机构提供所有相关信息、文件和证据 （3）调查全程始终完全配合 （4）今后停止参与垄断行为 （5）未曾强迫其他机构参与垄断行为	（1）对公司免罚金（Corporate Immunity） （2）对全部雇员免于刑事诉讼（Blanket Immunity） （3）对公司董事免发取消资格令（Competition Disqualification Orders）
第一申请者调查开始后，异议声明前	需为调查提供重大价值		（1）对公司减罚金（上限100%） （2）对部分雇员免于刑事诉讼 （3）对公司董事免发取消资格令
第二申请者或更晚的申请者/曾强迫其他机构参与调查开始后，异议声明前	需为调查提供重大价值	（1）承认违法参与垄断行为 （2）向监管机构提供所有相关信息、文件和证据 （3）调查全程始终完全配合 （4）今后停止参与垄断	（1）对公司减罚金（上限50%） （2）对个别雇员免于刑事诉讼 （3）对公司董事免发取消资格令

六、小结

他山之石，可以攻玉。可借鉴国际经验，结合我国汇率市场化和资本项目开放进程及监管实际，建立完善外汇批发市场行为监管规则体系。

第六章　外汇市场零售端行为监管：消费者与投资者保护

2008 年国际金融危机以来，各国都在加强金融业行为监管与消费者保护。近年来，我国金融业发展迅速，金融对外开放程度不断加深，与外汇有关的金融产品和服务的可获得性显著提升。与一般金融产品和服务相比，外汇市场的金融产品和服务具有很多特质。例如，要求金融消费者（含投资者，下同）具有更强的金融素养，某些金融产品和服务受域外金融市场变动的影响更为明显，金融消费者更容易暴露在风险之中，权益保障面临更多挑战。外汇市场的金融消费者保护需要予以强化。

一、加强外汇市场金融消费者保护的必要性

（一）从政治角度看

党的十九届四中全会决定中近百次提到"人民"，指出"坚持以人民为中心的发展思想""必须坚持一切行政机关为人民服务、对人民负责""保障人民权益""强化消费者权益保护，探索建立集体诉讼制度"等。习近平总书记在党的十九大报告中 203 次提到"人民"，并指出坚持以"人民为中心"是新时代坚持和发展中国特色

社会主义的重要内容。强化我国外汇市场金融消费者保护工作，正是从行动上落实"以人民为中心"、践行习近平新时代中国特色社会主义思想的重要举措。

（二）从经济学角度看

一是金融消费者在交易中处于弱势，需要倾斜保护。外汇服务和产品的专业性较之普通金融产品服务更为突出，普通金融消费者与金融机构在信息掌握程度、经济实力等方面存在更为显著的力量对比失衡，迫切需要得到倾斜保护。二是市场机制下的自由竞争、优胜劣汰可以给金融消费者提供一种保护，但因市场失灵，无法从根本上解决金融消费者保护问题。近些年行为经济学的研究也表明，消费者的行为具有系统性、长期性和可预测的偏差，需要通过市场化手段、准市场化手段（柔性政府干预）和加强监管等多种方式纠正。三是需要政府（监管者）提供监管保护，并不断提高监管者保护的有效性，防止政府失灵/监管失灵。四是加强金融消费者保护需要掌握好平衡，防止逆向选择、道德风险，防止阻碍创新。目前一些金融消费者的责任意识和诚信意识较弱，接受金融产品或服务时对权利、义务和责任的内涵边界认识不清，部分金融消费者虚报风险偏好甚至"客大欺店"。因此，必须要注意掌握好平衡。

（三）从法理角度看

人类社会在手工作坊小商品生产、简单物物交换时期，消费者和经营者博弈力量基本均等，政策取向就是丛林法则、自由竞争。当人类社会发展到全球化分工、社会化大生产、数字经济时代，单个消费者、投资者往往面对的是庞然大物——公司法人，个体消费者与经营者的博弈力量严重不对等。在这个过程中，各国立法思想从形式公平向实质公平演化、从契约自由向契约公平和契约正义演化，向保护个体消费者扩展、深化，这是人类文明进步的表现。强化对包括金融消费者在内的广大消费者的保护就成为法律的价值取向之一。

二、消费者的八项基本权利

（一）我国《消费者权益保护法》保护消费者的权利

这些权利包括：（1）人身财产安全权；（2）知情权；（3）自主选择权；（4）公平交易权；（5）依法求偿权；（6）结社权；（7）受教育权；（8）监督建议权。

另外，随着数字时代的来临，个人信息的保护也受到法律关注。《民法总则》第一百一十一条规定：自然人的个人信息受法律保护。任何组织和个人需要获取他人个人信息的，应当依法取得并确保信息安全，不得非法收集、使用、加工、传输他人个人信息，不得非法买卖、提供或者公开他人个人信息。作为个人信息的子概念，消费者的个人金融信息也应受到法律保护。

（二）我国《消费者权益保护法》规定的争议解决途径

消费者和经营者发生消费者权益争议的，可以通过下列途径解决：（1）与经营者协商和解；（2）请求消费者协会或者依法成立的其他调解组织调解；（3）向有关行政部门投诉；（4）根据与经营者达成的仲裁协议提请仲裁机构仲裁；（5）向人民法院提起诉讼。我国《消费者权益保护法》较为系统地规定了消费者维护自身权益可以采取的方法。

三、外汇市场金融消费者投诉的主要类型

从投诉、信访、举报等渠道的数据来看，近年来我国外汇市场

金融消费者投诉呈现数量增加、种类丰富、原因多样等特点。总体来看，可以分为以下三大类。

（一）金融机构管理不善，引发纠纷，却推责于外汇管理政策

具体表现为：未做好政策法规宣传和讲解、内部管理精细化水平有待提高；部分金融机构一线业务人员对外汇管理政策掌握不准确，不当限制消费者权利；消费者要求释明相关政策时，业务人员以"外汇局有规定"或"外汇局列入黑名单"等不当理由予以搪塞，引发消费者不满。

案例：消费者根据银行告知的外币取现业务规定（包括金额限制和次数限制）预约了9月9日和9月10日两天兑换外币。9月8日用户提前在该行A支行兑换了日元和美元，9月9日用户再到该行B支行兑换美元时被工作人员告知已超次数，无法再取现了。用户表示质疑，询问该行为何当时可以预约，但用户提前一天取现后第二天就不能再取现了，对方告知用户取现次数有限制，用户对此表示不满。

2018年10月、11月，多位当事人投诉在办理个人结售汇业务时被银行工作人员告知因被外汇局C分局拉入黑名单无法办理。C分局按照个人外汇管理政策，要求向当事人宣传解释，对确实不在名单内的个人，引导为其尽快办理业务；同时督促相关银行作出准确答复，不能以"外汇局列入黑名单"等简单粗暴的理由拒绝办理；并要求加强内控管理，定期更新高频提钞名单。外汇管理部门向相关银行核实情况，对政策宣传不到位的，督促其及时准确讲解外汇管理政策；对法规允许办理的，不能以"外汇局不允许"为由拒绝办理；对法规不允许办理的，要正面宣讲外汇政策法规。

上述案例凸显出部分基层一线员工对外汇管理政策了解不全面，

不当限制消费者的合法权益；遇有纠纷时未能准确、详尽释明相关政策，处理方式简单、粗暴，致使侵害消费者合法权益并引发纠纷升级。有的金融机构甚至在线上为消费者办理业务时弹出对话框"本笔交易属于资本项下跨境汇款，根据国家外汇管理局相关规定，请您携带材料到我行柜面办理"，但是外汇局在这类业务办理中并无类似规定。其背后显示出金融机构理解、执行政策不到位，将自身的部分不合理行为片面推给外汇局，未能充分履行市场主体责任。

（二）金融机构涉嫌侵害消费者权益引发的投诉

部分金融机构在办理外汇业务时存在侵害金融消费者合法权益的情况。金融消费者是在金融机构中购买金融产品和服务的个人，享有消费者的各项合法权益。在外汇市场，对金融消费者的侵权行为主要集中在人身财产安全权、自主选择权、知情权、公平交易权等方面；在当前信息时代，消费者个人信息受侵害的现象也时有发生。

1. 涉嫌侵害消费者人身财产安全权的投诉

人身财产安全权，是指消费者在购买、使用商品和接受服务时享有人身、财产安全不受损害的权利。在外汇市场，侵害人身财产安全权的行为主要包括三种情况：一是个别金融机构未尽法定职责，为非法外汇平台提供支付服务，或者将金融消费者的钱款转移到第三方支付机构，却未向金融消费者进行风险提示；二是金融机构未及时办理境外汇款汇出或境外退款入账业务，导致金融消费者因汇率变动或其他原因产生较大的经济损失；三是金融机构的汇率计算不合理，导致金融消费者在办理购汇还款、兑换外币等业务时遭受损失。

案例：（1）2017 年 11 月至 12 月，郑某声称，自己通过 D 银行进行转账，原定转入 E 外汇投资平台的 7 笔钱款均被转移到三家第三方公司，但在转账时 D 银行并没有向郑某进行任何交易风险提示。郑某认为，D 银行对客户的存款负有安全保障义务，在客户进行大宗汇款时，应当对此汇款的收款方、汇款金额等信息进行明示，并提醒客户此笔交易可能存在的风险。D 银行没有尽到风险告知义务，导致郑某财产安全权受损，郑某要求 D 银行赔偿其资金损失，被 D 银行拒绝。

（2）2019 年 7 月 2 日，卢某通过 B 银行办理结汇业务，授权完成后显示的入账金额为 128044.11 美元和 29805484 日元。7 月 3 日，卢某发现实际入账金额为人民币 878421.01 元和人民币 1884392.11 元，实际入账金额少于应入账金额。卢某在联系 B 银行后被告知，卢某在办理结汇业务时，授权成功页面显示的汇率是提交业务时的汇率，而实际入账金额的汇率是银行记账时的实时汇率，二者的汇率之间存在差异，最终应当以银行记账时的汇率为准。卢某认为，B 银行在结汇业务中存在审批效率过低、入账不及时的情况，导致其资金损失，要求 B 银行补足所有差额。

（3）2018 年 7 月，罗某通过 H 银行办理境外退款业务，应退还金额为人民币 36260 元，但实际上入账金额为人民币 34960 元。罗某对 H 银行计算的汇率差额产生疑问，并多次向 H 银行询问，但 H 银行工作人员并没有给予罗某合理的解释。罗某认为，是 H 银行的汇率计算方式不合理，导致实际入账金额和应入账金额不符，要求 H 银行补足入账差额。

2. 涉嫌侵害消费者自主选择权的投诉

自主选择权，是指消费者有权自主选择提供商品或者服务的经营者，自主选择商品品种或者服务方式，自主决定购买或者不购买任何一种商品、接受或者不接受任何一项服务。在实践中，个别金融机构对消费者的合理诉求施加不合理限制，将在该行开立银行卡等作为办理外汇业务的前置条件，严重侵害金融消费者的自主选择权。

案例：2018 年 8 月，李某到 Z 银行办理美元兑换人民币业务。Z 银行工作人员告知李某，由于李某在 Z 银行没有相关的个人信息，要求李某在 Z 银行办理借记卡后再办理外币兑换业务。但李某认为，自己已经在 Z 银行办理过外币兑换业务，当时并没有要求自己办理该行的借记卡。因此李某认为现在要求另外单独办理借记卡的行为是不合理的强行搭售，侵犯了用户的自主选择权。

3. 涉嫌侵害消费者知情权的投诉

知情权，是指消费者享有知悉其购买、使用的商品或者接受的服务的真实情况的权利。消费者有权根据商品或者服务的不同情况，要求经营者提供商品的价格、产地、生产者、用途、性能、规格、等级、主要成分、生产日期、有效期限、检验合格证明、使用方法说明书、售后服务，或者服务的内容、规格、费用等有关情况。

金融消费者与金融机构之间在信息不对称方面的力量对比尤为突出，落实知情权保护、强化金融机构告知义务对于削弱信息不对称、保障双方实质平等的法律地位具有重要意义；且对金融消费者来说，知情权受保障是实现其真实意思表示的前提，对以意思自治为核心的民事活动、市场交易行为具有基础作用。在外汇市场，侵害金融消费者知情权的表现形式包括：一是金融消费者进行信用卡还款时，金融机构未向金融消费者解释清楚双币信用卡中美元账户的还款方式，金融消费者无从知晓存入等值人民币不等于自动完成购汇，导致消费者未及时还清美元欠款并产生逾期，最终影响个人征信；二是金融机构未向金融消费者解释外币转账、外币取现和外币存款等业务手续费问题，产生相应费用后引发消费者投诉。

案例：（1）2018 年 6 月，周某通过 H 银行对其持有的双币信用卡进行还款。周某原以为 H 银行会自动购汇还款，但 H 银行最终将周某的钱款还到了人民币账户而非实际有欠款的美元账户，导致信用卡逾期，并产生了不良征信记录。周某认为 H 银行没有尽到应尽的告知义务和提醒义务，既没有告知其要先进行购汇才能还款，也没有在其临近逾期仍未还款的情况下进行提醒并告知还款时限，导致周某产生信用卡违约记录。因此周某认为 H 银行侵犯了自己的知情权，要求 H 银行撤销不良征信记录。

（2）2018 年 9 月，罗某到 Z 银行柜台办理外汇取款业务，Z 银行工作人员收取了罗某人民币 184 元的手续费。罗某向 Z 银行工作人员询问关于该手续费的计算方式，Z 银行工作人员并没有作出合理的解释，只告知罗某这个手续费是不能够减免的。罗某查阅了相关资料，认为外币兑换虽然存在差价，但这一手续费的收取额度仍然过高，明显不合理，因此认为 Z 银行侵犯了自己合法的知情权，要求 Z 银行告知该手续费是从何时开始收取的，以及具体的计算方式。

另外，根据银保监部门的统计，2006 年前后与海外市场挂钩的外汇理财产品相继问世。由于外汇理财产品涉及国内、国外两个市场，产品设计更为复杂，收益状况受外界因素影响也更为多样，个别金融机构存在推介时宣传不实、违反适当性原则推介产品、风险披露不到位等问题。在一定时期内遇到人民币汇率变动等形势变化，外汇理财产品可能无法达到设计时的收益区间，不少消费者、投资者要求提前终止协议，进而引发纠纷。对此，金融管理部门也多次提醒消费者，应密切关注相关风险，理性理财。

4. 涉嫌侵害消费者公平交易权的投诉

公平交易权，是指消费者在购买商品或者接受服务时，有权获得质量保障、价格合理、计量正确等公平交易条件，有权拒绝经营者的强制交易行为。这涉及经济交往中的等价有偿、诚实信用等多种原则，是对消费者法律地位的尊重。部分金融机构在为消费者提供外汇服务时，以不合理理由对消费者作出诸多限制，违背了经济交往的原则，侵害了消费者通过公平交易获得相应外汇产品、服务的权利。

案例： （1）张某到某银行进行外币兑换，由于持有的该行银行卡内没有余额，提出支付人民币现金。但银行拒收人民币现金且服务态度很差，消费者向外汇管理部门提出投诉举报。

（2）陆某于6月25日把所有必要资料交由K银行审核，6月28日向境外汇款，明确告知K银行情况紧急，该笔汇款必须尽早汇出。但银行并未及时汇出，给陆某所在公司造成巨大经济损失。陆某与K银行协商解决此事，K银行没有提供任何处理方案，陆某表示强烈不满。

5. 涉嫌侵害消费者个人信息权益的投诉

随着信息时代的来临，个人信息保护问题日益受到法律关注。我国《民法总则》中有专门条款对个人信息保护作出规定，为构建个人信息保护制度奠定了坚实基础。在消费者权益保护领域作出了更有针对性的规定。《消费者权益保护法》第二十九条规定："经营者收集、使用消费者个人信息，应当遵循合法、正当、必要的原则，明示收集、使用信息的目的、方式和范围，并经消费者同意。经营者收集、使用消费者个人信息，应当公开其收集、使用规则，不得违反法律、法规的规定和双方的约定收集、使用信息……经营者未经消费者同意或者请求，或者消费者明确表示拒绝的，不得向其发送商业性信息。"

当前,在外汇业务中,部分金融机构对金融消费者个人信息安全权的侵犯主要表现为:金融消费者的境外汇款被冒领、他人冒用消费者的个人信息办理储蓄卡并开通外汇转账功能、消费者的信用卡在境外被盗刷等。对于这一类投诉,当前我国尚没有关于"个人信息权"保护的规定,只是较为笼统地规定保护个人信息,对于个人信息的法律属性、保护方式等尚未作出更详细的规定,为个人信息的有效保护带来一定不便。

案例: 2018年7月,吴某的个人信息被他人冒用并在上海办理了G银行的储蓄卡,此卡同时开通了外汇转账功能。冒用人于办理G银行储蓄卡的当天就通过该储蓄卡转账人民币306390元。这一情况被吴某发现后,吴某联系G银行进行沟通,G银行要求吴某前往上海办理销户手续。吴某对此表示不满,认为是由于个人信息的泄露和开卡银行办理业务审核的不严谨导致了这一事件,G银行让客户到外地办理销户手续更是额外增加了客户解决问题的成本。

(三)因涉及非法炒汇、外汇保证金等交易引发纠纷

近年来基于互联网的非法外汇保证金业务趋于活跃。境外网站向我国境内非法提供外汇保证金业务,模式主要包括两种:一种是境内机构"披洋皮"在境外设立网站返程向境内跨境提供金融服务。我国有个别境内企业绕道境外获取牌照,再转以境外的"洋身份"利用互联网"返程"境内开展此业务。另一种是境外平台通过互联网跨境在我国境内开展外汇保证金交易,在我国境内乔装打扮为培训公司、咨询公司等,在我国拓展市场,突破我国关于禁止开展外汇保证金交易的禁止性规定。有些"外汇交易平台"自称持有境外监管部门颁发的牌照(如自称已获得英国、澳大利亚、新西兰、塞

浦路斯等国家金融监管部门颁发的牌照并受其监管等），杠杆率可达到一比数百甚至上千。这些机构往往以合法形式掩盖非法目的，非法从事金融活动，给消费者造成巨额损失。

案例：（1）人民银行某中心支行和外汇局某分局对某支付公司进行检查，发现其为境外多家非法黄金、炒汇类平台提供支付服务，通过虚构货物贸易，办理无真实贸易背景跨境外汇支付业务，未能发现数家商户私自将支付接口转交给现货交易等非法平台使用。客观上为非法交易、虚假交易提供网络支付服务，对其共处罚款3044.28万元人民币，没收违法所得1107万元人民币。

（2）E平台宣称获得境外监管牌照，在互联网平台上开展外汇保证金、货币指数、P2P等多种交易。平台获取交易点差，代理客户挣取返佣。2018年6月，当地公安机关以涉嫌诈骗对其立案侦办。

（3）F平台通过网站、手机客户端向我国境内居民提供外汇保证金交易、外汇理财产品、港美股交易、P2P理财等各类产品。与第三方支付机构签订合作协议，利用控制的壳商户收取境内个人人民币入金。2018年9月，当地公安机关以涉嫌非法吸收公众存款对其立案侦办。

引起这类纠纷的原因多与非法炒汇、非法外汇保证金等有关。涉案平台为"无证经营"，违反了国家金融监管规定，甚至构成犯罪，给我国境内消费者的财产安全带来极大危害。

四、做好外汇市场金融消费者保护工作的建议

（一）切实保护外汇市场金融消费者利益

一是完善外汇市场金融消费者保护的法律法规及监管政策，关

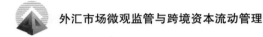

注金融消费者反映相对集中的业务领域，倾斜保护金融消费者。不断督促金融机构提升经营活动的合规性，为消费者提供更好的外汇服务。二是充分利用政务服务网上办理系统，力争实现政务服务一网通办，企业、群众办事只进一扇门、最多跑一次，畅通投诉举报渠道，便利市场主体咨询和纠纷解决，及时回应社会关切。三是配合人民银行每年9月开展的"金融知识普及月"活动，做好外汇知识和风险防范宣传工作。

（二）要求金融机构做好对外汇政策的执行和客户的金融服务工作

一是提高金融机构整体外汇业务合规性，严格准确执行外汇政策。二是科学设定业绩考核目标，完善对一线柜员和管理层的激励机制。建立绩效薪酬延期支付和追回制度，对外汇业务销售业绩突出或异常的员工不能只是重奖，要加强对其进行合规检查。三是强化对一线工作人员的业务培训，针对客户的政策疑惑，应客观、准确、全面解答，不能遇事就将责任推至监管机构，搪塞客户。

（三）引导外汇市场金融消费者提升外汇知识素养和风险责任意识

一是引导金融消费者主动学习掌握金融知识和风险特征，尤其是数字金融知识和外汇知识。二是引导金融消费者树立"自享收益、自担风险"的意识，提高自我保护能力，避免被虚假宣传误导从而上当受骗。三是引导金融消费者跟进了解我国金融监管政策，自觉养成"参与非法金融活动不受法律保护"的意识，主动远离非法金融活动。

第七章　"跨境交付"模式下跨境金融服务的开放与监管

近年来，借助数字技术的发展，跨境金融服务趋于增多，表现为金融机构在一个国家，通过数字平台给另外一个国家市场主体提供金融服务，即"跨境交付"模式的跨境金融服务。数字技术的发展促进了金融开放，也给各国监管带来了新的课题。笔者认为：（1）全球金融市场更趋开放、更趋一体化是未来趋势。（2）"跨境交付"模式下的跨境金融服务的开放，应基于我国经济发展需要及司法、监管能力的实际，初期一些金融服务可要求外资以设立商业存在方式提供，即初期暂不全面开放一些"跨境交付"模式的金融服务；随着改革的深化，中长期开放"跨境交付"模式下的跨境金融服务，可采取先"正面清单"［目前我国金融服务遵循《服务贸易总协定》（GATS）框架下的基本规则，GATS框架仍以"正面清单"方式承诺开放金融服务。"正面清单"开放方式，符合我国目前开放实际］，后"负面清单"的模式逐步开放，甚至可以把更多的跨境提供的金融服务认定为开放度较高的"境外消费"模式而非开放度较低的"跨境交付"模式。我国相关金融服务开放，其他国家也要对等开放。（3）更加开放的金融市场，需要更加有效的监管。要强调金融必须持牌经营，金融牌照必须有国界。跨境金融服务不可无照

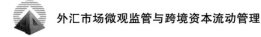

驾驶，跨境"无照驾驶"是对一国金融国境的侵犯，是对一国金融主权的侵犯。我国目前监管的重点是无法在我国国内拿到金融牌照的国内企业迂回海外拿到金融牌照、通过数字平台向我国国内提供金融服务的"无照驾驶"行为、相关的跨境资金流动违法违规行为以及在境内投放的各种非法广告等。（4）推进国际司法合作、监管合作，共同维护国际金融秩序。

一、何谓"跨境金融服务"

（一）《服务贸易总协定》对"金融服务"的界定

根据《服务贸易总协定》（GATS）中《关于金融服务的附件》的定义，"金融服务指一成员的金融服务提供者提供的任何金融性质的服务"。金融服务包括下列活动（见表7－1）。

表7－1　　　　　　　　　关于"金融服务"的定义①

保险及其相关服务
1. 直接保险（包括共同保险）：
（1）寿险；
（2）非寿险；
2. 再保险和转分保；
3. 保险中介，如经纪和代理；
4. 保险附属服务，如咨询、精算、风险评估和理赔服务；
银行和其他金融服务（保险除外）
5. 接受公众存款和其他应偿还资金；
6. 所有类型的贷款，包括消费信贷、抵押信贷、商业交易的代理和融资；
7. 金融租赁；

---

① 资料来源：石广生. 中国加入世界贸易组织知识读本（二）乌拉圭回合多边贸易谈判结果法律文本［M］. 北京：人民出版社，2011：310－313.

8. 所有支付和货币转移服务，包括信用卡、赊账卡、贷记卡、旅行支票和银行汇票；

9. 担保和承诺；

10. 交易市场、公开市场或场外交易市场的自行交易或代客交易：（1）货币市场工具（包括支票、汇票、存单）；（2）外汇；（3）衍生产品，包括但不限于期货和期权；（4）汇率和利率工具，包括换汇和远期利率协议等产品；（5）可转让证券；（6）其他可转让票据和金融资产，包括金银条块；

11. 参与各类证券的发行，包括承销和募集代理（无论公开或私下），并提供与该发行有关的服务；

12. 货币经纪；

13. 资产管理，如现金或证券管理、各种形式的集体投资管理、养老基金管理、保管、存款和信托服务；

14. 金融资产的结算和清算服务，包括证券、衍生产品和其他可转让票据；

15. 提供和传送其他金融服务提供者提供的金融信息、金融数据处理和相关软件；

16. 就上述所列的活动提供咨询、中介和其他附属金融服务，包括信用调查和分析、投资和资产组合的研究和咨询、收购咨询、公司重组和策略咨询。

《全面与进步跨太平洋伙伴关系协定》（CPTPP）对金融服务的定义与 GATS 涵盖的金融服务范围基本一致。

（二）"跨境金融服务"的模式

根据 GATS，服务贸易有四种模式，广义上讲均适用于金融服务。

一是"跨境交付"模式（Cross Border Trade），又称模式一。即服务提供者在一成员的领土内向另一成员领土内的消费者提供服务。如 A 国银行设立在 A 国国内，但向 B 国境内机构提供贷款。此时，消费者和服务提供者都未跨境，但实现了服务跨境。

二是"境外消费"模式（Consumption Abroad），又称模式二。即服务提供者在一成员的领土内向来自另一成员的消费者提供服务。这种服务提供方式的特点是，消费者到境外去享受境外服务提供者的服务。如 A 国消费者到 B 国开立账户享受资金结算、现钞提取、刷卡消费等服务。

三是"商业存在"模式（Commercial Presence），又称模式三。即外国服务提供者通过在其他国家设立商业实体的方式提供服务。如 A 国在 B 国设立银行、证券机构、保险机构等提供金融服务，这些机构属于 B 国的"境内外资机构"。

　　四是"自然人流动"模式（Presence of Natural Persons），又称模式四。即一成员的服务提供者以自然人身份进入另一成员的领土内提供服务。如 B 国的自然人到 A 国，为 A 国公民提供私人理财顾问等服务。不同于商业存在模式，此种情形下的服务提供者没有在消费者所在国领土内设立商业机构或专门机构。

　　上述四种模式的金融服务，具有服务跨境、或消费者跨境、或服务提供者跨境的特点，是"跨境金融服务"或"金融服务跨境贸易"的表现形式。

　　（三）狭义的"跨境金融服务"只包含上述模式一、模式二、模式四，不包括模式三即商业存在模式

　　广义的"跨境金融服务"包含以上四种金融服务模式。狭义的"跨境金融服务"包含三种金融服务模式，不包括商业存在模式。比如，CPTPP 第 11 章金融服务关于"跨境金融服务贸易或跨境提供金融服务"的定义，指以下三种形式：（1）自一缔约方领土向另一缔约方领土提供服务（即"跨境交付"模式）；（2）在一缔约方领土内向另一缔约方的人提供服务（即"境外消费"模式）；（3）一缔约方的国民在另一缔约方领土内提供服务（即"自然人流动"模式）。但不包括通过在一缔约方领土内设立投资的形式在其领土内提供金融服务（即"商业存在"模式）。

　　本章研究的主要是"跨境交付"模式下的跨境金融服务。

二、更加开放、更趋一体化的全球金融市场

（一）从国际上看，各国对四种跨境金融服务模式承诺的开放度不同

世界贸易组织成员可以对 GATS 跨境服务贸易的四种"模式"作出不同程度的承诺，即四种模式可以有不同的开放度承诺。

一般各国"商业存在"模式的跨境金融服务的开放度不同，有的国家承诺开放度很低，但趋势是开放度不断提高，主要表现为减少甚至取消外资股比限制、实施准入前国民待遇、内外资待遇一致等。

"跨境交付"模式开放程度相对低，原因在于各国对提供"跨境交付"金融服务的境外机构难以监管，如一国监管能力跟不上而贸然开放"跨境交付"领域，可能影响自身金融安全。我国根据自身金融开放实际，防范金融风险，加入世贸组织时，也只承诺某些保险、证券服务、金融信息等金融服务可以"跨境交付"模式提供，表述为"除下列内容外，不作承诺"（此处"下列内容"即为可"开放"的内容；"不作承诺"可理解为不承诺一定开放。具体承诺见后文）。

各国对金融服务下的"境外消费"模式开放承诺最高，基本没有限制。如我国对金融服务下的"境外消费"模式的承诺为"保险经纪不作承诺，其他没有限制"。

"自然人流动模式"一般会有限开放。原因是提供金融服务的为境外机构，对境外机构监管难度较大。按照我国在 GATS 框架下的水平承诺，允许三种情况下的"自然人流动"（见后文）。

（二）世界贸易组织服务贸易承诺的技术中性原则，旨在保证、促进服务业更加开放

世界贸易组织服务贸易承诺的技术中性原则（Technology Neutrality），指以不同技术手段或方式提供的服务应当受到同等对待。也就是说，承诺开放的服务，涵盖所有提供这种服务的技术或者手段，包括作出承诺时没有意料到的技术，除非成员承诺表另有规定。服务手段的变化（比如以前用越洋电话给客户下单，现在通过数字平台给客户下单），不是成员可以改变对该服务开放承诺的理由。承诺开放的服务贸易，不能对某种交付手段进行限制。技术中性原则旨在保证、促进服务业更加开放。

（三）数字技术的应用促进金融业的开放

随着数字技术迅猛发展，借助数字平台提供的跨境金融服务增多。其中，趋于活跃的是在一个国家获得金融牌照，通过互联网等数字平台，为其他国家个人、企业提供跨境金融服务。这属于"跨境交付"还是"境外消费"具有一定争议，也直接影响对一国承诺履行情况的判定。GATS 作为"前互联网时代"的多边贸易规则，也并未给出明确答案。

近年，在一些国际多边规则谈判中，发达国家一般主张以服务提供者是否跨境"招揽"（Solicitation）或"展业"（Doing Business）来区分"跨境交付"和"境外消费"。如 CPTPP 中的"跨境金融服务条款"规定：一成员方居民无论身在何处（成员方、其他成员方或任何第三国），境外金融服务提供者均可向该成员方居民提供金融服务，只要该服务提供者未在该成员方领土内"招揽"或"展业"。其逻辑是，只要境外服务提供者不在成员方境内"招揽"或"展业"，就应认定为属于消费者"境外消费"，而非服务"跨境交付"。

也就是说，A 国金融机构通过数字平台向 B 国消费者提供金融服务，但并不在 B 国"招揽"或"展业"，B 国消费者物理上没有移动出境，身在自己国家，但自己主动上 A 国金融机构网站享受其提供的金融服务，这种情况被 CPTPP 认为属于 B 国消费者"境外消费"。甚至有的发达国家代表认为，有没有"招揽"或"展业"很难界定，金融服务提供者主动还是消费者主动很难界定，不宜以国境为基准对境外消费进行定义，通过数字平台购买外国公司提供的金融服务应该属于境外消费模式。

由于各国对"境外消费"的开放承诺一般高于"跨境交付"，发达国家主张的认定标准，实质上希望推动通过数字平台提供跨境金融服务开放度的提高。

而发展中国家由于担心没有能力监管，本国电子商务也不发达，主张应以消费者物理上有没有移动、有没有出国为判断标准，强调基于数字平台的跨境服务贸易，消费者物理上并没有移动到境外，而是服务跨境，所以应该认定为"跨境交付"而非"境外消费"。"跨境交付"模式的开放承诺一般比"境外消费"模式低，发展中国家可以进行限制。按照发展中国家的逻辑，上例中，A 国金融机构通过数字平台向全球提供金融服务，B 国消费者物理上没有移动出境，在 B 国享受 A 国金融机构网站跨境提供的金融服务，是服务跨境，属于"跨境交付"模式。

（四）世界贸易组织"新金融条款"力促成员方对新金融服务持更加开放态度

世界贸易组织框架下《关于金融服务承诺的谅解》（我国尚未签署此谅解，推动者主要为发达经济体）中"新金融条款"（New Financial Services），是指"一成员应允许设在其领土内的任何其他

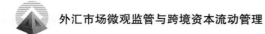

成员的金融服务提供者在其领土内提供任何新的金融服务"①。"新的金融服务"指具有金融性质的服务,包括与现有和新的产品有关的服务或产品交付方式,此类服务在一特定成员领土内没有任何金融服务提供者提供,但在另一成员领土内提供。这意味着,如一成员方允许开展某类金融服务,则也可在其他成员方开展此类金融服务,即使其他成员方境内并无开展此类金融服务的先例与经验。

世界贸易组织的新金融服务开放度最高,代表了努力方向,但是各国发现很难实现,之后的多边双边协议中退了一步。CPT-PP中新金融的定义是"指尚未在一缔约方领土内提供,但已在另一缔约方领土内提供的金融服务,且包括任何新的金融服务交付方式或销售该缔约方领土内尚未销售的金融产品。""每一缔约方 A 应允许另一缔约方 B 的金融机构提供一项新金融服务,如该缔约方 A 允许本国金融机构在类似情况下提供该金融服务,且无需制定新法或者修改现行法律"(类似国民待遇)。2018 年日本与欧盟签署的《日欧经济伙伴关系协定》(EPA),也做出相同规定。

三、从国际上看,开放的金融市场都有严格的金融监管

国际开放的发达的金融市场,金融监管体系也相对健全、严格

---

① 新金融条款在《关于金融服务承诺的谅解》(*Understanding on commitments in financial services*)中的表述为:"A Member shall permit financial service suppliers of any other Member established in its territory to offer in its territory any new financial service."。

（如市场准入、审慎监管、行为监管机制等），具有市场公信力、威慑力。以市场准入为例：

（一）美国经验较为典型，强调金融必须持牌经营，其他国家也有类似要求

一是美国明确要求在其境内开展金融业务、向美国人提供金融服务的机构必须在美注册、持牌经营。否则将被认为是欺诈，受到重罚。2008年国际金融危机后，美国出台《多德—弗兰克法案》，加强对境外机构的监管。包括明确在期货与衍生品市场中对境外机构的监管、明确对境外交易对手实施监管、要求外国银行对其在美国分支机构加强管理等。

比如，境外金融机构为在境外的美国公司提供清算服务，需在美国注册，持其牌照，受其监管，还要向其提供数据。根据2010年《多德—弗兰克法案》，未在美国商品期货交易委员会（CFTC）注册为衍生品清算组织（DCO）的境外清算机构，不得在美国开展业务，未在CFTC注册的清算会员不得代理美国机构参与境外清算机构业务。也就是说，未在CFTC注册为DCO的境外清算机构，不得向美国机构直接提供清算服务，也不能通过清算会员向美国机构间接提供清算服务。境外清算机构可向CFTC申请DCO豁免注册，但前提是境外清算机构所在国监管机关需与CFTC签订合作备忘录（MOU）。在两国官方未签订MOU的情况下，境外清算机构可向CFTC申请临时性无异议函（No Action Letter）。如一些国家清算机构因需为美国金融机构提供集中清算服务，获得了CFTC颁发的临时性无异议函，可根据该函向美国机构提供清算服务，但也需向CFTC报送相关交易数据。

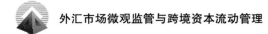

在美国注册，并不要求必须在美国有分公司、子公司实体商业存在。如外汇保证金业务，目前有 2 家在美国注册的机构在美国境内无实体公司，只开展线上业务。

二是对在美国境内开展金融业务但并未持牌的机构进行重罚。例如，2018 年 11 月，美国加利福尼亚州某居民及其公司因未在 CFTC 注册而实际从事贵金属交易、欺诈性招揽客户、至少非法挪用来自 381 名客户的 1780 万美元资金、虚报盈利、隐瞒欺诈行为，被处以 1576 万美元的罚款。此外，联邦法院已于 2016 年 1 月对当事人发布永久交易禁令，并于 2016 年 5 月判处当事人 30 个月有期徒刑。

对境外机构也如是。例如，2018 年 7 月，爱沙尼亚某外汇经纪商因未在 CFTC 注册即向美国居民提供外汇业务，被处以高达 6 亿美元的罚款，并被永久禁止向美国居民提供外汇业务，还向消费者支付了 1000 多万美元的赔偿款；2019 年 2 月，保加利亚某外汇经纪商也因未经注册向美国居民提供外汇业务受到了处罚，被永久禁止向美国居民提供外汇保证金业务，并被要求在其网站上明示"根据近期 CFTC 采取的民事执法行动，从现在起将主动限制来自美国的新注册申请"。

三是要求其他未在美国注册的境外金融机构在其网站上明确提示"不为美国人提供相关金融服务"。

根据 CFTC 的相关规定，拥有英国、新加坡、中国香港牌照的英国公司 Saxo、拥有新加坡牌照的加拿大公司 OANDA 等外汇平台在其网站上明确提示，不允许美国居民或美国境内非居民参与其提供的相关金融交易（见图 7 – 1）。

JAFX

HOME　　MT4　　WEB TRADER　　CRYPTO

Trading Accounts	Platforms	About Us
Live Account	Trading Platform	About JAFX
Demo Account	MT4	FAQ
Islamic Account	Web Trader	Contact Us

©2013-2017 JAFX Ltd. All rights reserved. Terms & Conditions – Privacy Policy – Service Status

JAFX actively blocks registrations from the United States. Please check with your local jurisdiction if you are permitted to open an account with JAFX.

Execution speed numbers are based on the median round trip latency measurements from receipt to response for all Market Order and Trade Close requests executed between August 1st and November 30th 2017 on the OANDA V20 Execution Platform, excepting MT4 initiated orders.

Contracts for Difference (CFDs) or Precious Metals are NOT available to residents of the United States.

MT4 hedging capabilities are NOT available to residents of the United States.

HOME	TRADING	CURRENCY	SOLUTIONS FOR
GROUP	FOREX & CFD	CURRENCY	BUSINESS
CONTACT US	TRADING	CONVERTER	HISTORICAL
PRESS ROOM	MARKETS	LIVE RATES	CURRENCY
CAREERS	CFD TRADING	HISTORICAL	CONVERTER
SUPPORT	FOREX TRADING	RATES	EXCHANGE RATES
	ONLINE TRADING		API
	PLATFORMS		CORPORATE FX

图 7 - 1　网站上提示不为美国人提供相关金融服务

Saxo Capital Markets UKs Ltd (SCML) is authorised and regulated by the Financial Conduct Authority, Firm Reference Number 551422. Registered Address: 26th Floor, 40 Bank Street, Canary Wharf, London E14 5DA. Company number 7413871.

This website, including the information and materials contained in it, are not directed at or intended for distribution to or use by, any person or entity who is a citizen or resident of or located in the United States, Belgium or any other jurisdiction where such distribution, publication, availability or use would be contrary to applicable law or regulation.

CFDs are complex instruments and come with a high risk of losing money rapidly due to leverage. 69% of retail investor accounts lose money when trading CFDs with this provider.

图 7 - 1   网站上提示不为美国人提供相关金融服务（续）

在境外拿到金融牌照并在境外上市，但本质上以我国境内业务为主的"××证券"，其网站开户要选择是否为"美国的收入税务居民"。如选择"是"，网站会提示"很抱歉，美国的收入税务居民暂时不能在××证券开户，请您谅解！"如果选择"中国公民"，就可以继续开户并做交易。

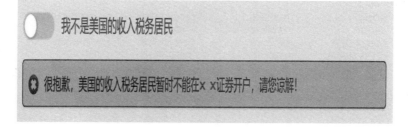

图 7 - 2   网站提示美国的收入税务居民不能开户

面向我国的跨境金融服务提供商,基本上都明确不给或者不敢给美国人提供金融服务,只给中国人提供金融服务。

其他国家也有类似管理要求。如澳大利亚金融监管部门 2017 年以来要求苹果公司、Google 下架了 300 多个 APP 应用软件,主要是涉及有些公司未经过市场准入就向澳大利亚居民提供金融服务。俄罗斯央行关闭了 400 多家网站,因为这些网站未经允许违规向俄罗斯居民提供金融服务。

此外,在市场准入方面,发达国家都有安全审查,也起到了加强准入管理的效果。

(二)国际多双边协定关注"跨境交付"模式下的跨境金融服务开放问题,也强调要符合当地监管要求

即便在服务贸易开放水平相对较高的 CPTPP 框架内,虽允许某一成员方服务提供者在其他成员方没有商业存在的情况下提供跨境金融服务,但也要求其在其他成员方完成提供跨境金融服务的商业注册或取得该成员方相关监管部门的授权。

(三)国际金融监管合作不断加强

随着全球金融市场更加开放、更趋一体化,跨境监管合作也日益强化。一些国家通过签署谅解备忘录(MOU)或多边谅解备忘录(MMOU)的形式增进信息共享,开展联合行动搜集违法行为证据材料,共同打击非法跨境金融服务。谅解备忘录通常包含监管磋商、执法合作、信息共享、信息使用、技术协助(如培训),如共享审计工作底稿、提供强制证词、资产冻结、共享电信或网络服务提供商记录、共享电话记录等,努力还原跨境交易信息,包括交易数量、时间、价格、交易方情况等。

四、金融科技（FinTech）发展对跨境金融服务的影响

金融科技（FinTech）的发展促进了我国"跨境交付"模式金融服务的开放和发展，也导致跨境违法违规金融服务增加。

（一）金融科技的发展促进了"跨境交付"模式金融服务的开放和发展，极大便利了市场主体

一是网上银行、手机银行、第三方支付等快速发展，使个人足不出户就可实现便捷交易，便利了我国居民跨境消费和交易，比如海淘、境外支付等领域。在境外亚马逊等购物平台，不仅可以支持境内银行发行的外币信用卡，而且中国银联的接受程度和覆盖程度也越来越广泛；银行为阿里巴巴、京东、苏宁等跨境电商平台提供的线上、实时购付汇服务，极大方便了我国居民购买进口商品；商业银行也在探索为境内中小企业提供更快捷、安全、合规的跨境电商收结汇服务。同时，支付宝、微信在境外多个旅游热点国家与地区商户范围日益广泛，客户在境外移动端消费逐渐成为新风尚。上述金融创新，在便利境内外跨境支付服务的同时，也使我国的金融服务深度参与国际竞争。

二是见证远程开户，可便利境内外人员通过互联网在其他国家跨境开户。既便利了境内个人，在境内通过互联网在境外银行开户；也便利了境外个人，在境外通过互联网在我国境内银行开户。目前，已有银行在该领域有所尝试，利用坐标定位、人脸识别、活体检测、电子账户等先进技术与金融产品，为客户提供便利的开户服务，满足客户在异地的移动端小额日常消费需求。

三是境外再保险机构跨境向我国保险公司提供再保险服务。

2018 年 8 月，上海保交所正式上线国际再保险平台。在用电子合约、账单替代纸质合约、账单，使用电子印章和数字证书进行签约等方面，具有更加便捷和安全的优势。

四是境外机构跨境向我国提供金融信息服务。

（二）金融科技的发展也导致跨境违法违规金融服务增加，我国基于数字平台的跨境非法金融活动日益活跃

一是外汇保证金交易。该产品目前在我国是被禁止的。实践中有境外互联网"外汇交易平台"跨境向我国境内居民提供带杠杆的外汇保证金交易。这些"外汇交易平台"多自称持有境外监管部门颁发的牌照（如自称已获得英国、澳大利亚、新西兰、塞浦路斯等金融监管部门颁发的牌照并受其监管），交易内容多为"外币对"（Foreign Currency Transaction，即外币兑外币）交易，保证金杠杆比例可达到一比数百甚至上千。

二是境外机构为我国境内居民提供跨境炒股、期货和贵金属服务。目前发现有一些持有境外券商牌照和注册投顾牌照的证券公司，通过网站、APP 等向我国境内居民提供投资美股、港股等服务，包括股票交易下单与执行等。该类公司往往同时持有澳大利亚、新西兰等市场的券商牌照或许可，宣称为全球华人投资者开发了一个创新的经纪平台，投资者能够在全球多个交易所交易股票和其他金融工具。

三是境外支付机构跨境向我国外贸企业提供支付服务。如我国境内某公司在英国投资设立公司，并在英国取得支付牌照后，与中国香港、欧洲、美国等银行合作，以"跨境交付"模式为我国境内外贸企业提供离岸账户开立和跨境收款服务。

四是比特币、首次代币发行（ICO）交易。境外机构或我国境

内机构在境外通过网站向我国境内居民提供比特币、ICO 交易服务。有的甚至运用比特币交易进行贩毒等非法活动。

五是境内居民跨境购房相关的跨境金融服务。根据外媒披露，有总部位于雅典的希腊房地产公司 Destiny Investment Group 向我国境内居民兜售希腊首都的公寓和别墅，起价为 25 万欧元，这是"黄金签证"计划所要求的最低房产投资。而且希腊房地产公司携带移动 POS 机在我国境内为购房者提供刷卡支付服务。银行卡清算机构现有技术无法监控 POS 移机行为，从交易记录看，在境内刷卡与在境外刷卡显示信息基本一致，只能依赖境外收单机构进行监测管理，但难度较大。POS 跨境移机易成为跨境资金流动的隐性通道，境外 POS 机转移境内使用，可便利境内资金违规转移境外；境内 POS 机转移境外使用，可便利境外资金违规跨境流入。

六是境外银行跨境向我国境内个人提供开户服务。境内个人提交开户信息，通过互联网在一些境外银行网站上直接开户。随后，境内个人编造"旅游"等虚假名目，将境内资金向境外个人同名账户汇款（大多受到境外银行境内合作者的"汇款"指导），实现资金向境外非法转移，进而进行非法投资。

七是跨境销售保险产品。境外保险公司通过数字平台，借助线下变相的、实质性的商业存在，跨境销售投资类保险产品。

八是跨境财富管理服务等。比如，我国一些财富管理集团在境外设立实体机构，从多个国家获得各类金融牌照，形成跨境金融服务集团，或者与境外金融机构合作，变相为我国境内居民提供跨境金融服务。

这时非常具有迷惑性。因为表现为集团下很多子公司拥有不同国家金融牌照，但是在中国没有金融牌照，然而宣传营销上称拥有外国牌照，尤其是把发达国家牌照作为招牌。境内公司法人建立和境外子公司的业务合作，似乎不是境外子公司在境内直接"无照驾驶"，境内公司宣称只做境外金融产品的介绍，做的不是金融业务。其实，拉直、穿透看，此类模式也是"无照驾驶"，是境外持有金融牌照的公司在我国境内"无照驾驶"的较高形态。管理部门稍有放松，此类业务就会迅速发展。与此形成反差的是，此类模式是不敢给美国公民提供金融服务的。

九是跨境撮合、跨境两端对敲，表面看是没有资金跨境的非法外汇交易，属于地下钱庄模式。比如有公司宣称：公司是注册在美国的金融服务公司，有美国金融服务牌照，注册号××××××；美国金融服务牌照是受美国金融管理局严格审查的公司才可以申请，可以查到其公司的金融服务备案信息。称用撮合的方法让陌生客户之间实现资金兑换，便宜又快速。美元换人民币，中国银行的实时汇率减4%；人民币换美元，中国银行的实时汇率加3%。称走的是一个银行间的即时转账系统，最初由国际大行联合发起，可以给其他人即时转账，只要双方使用的银行都是该系统的合作伙伴银行，就可以瞬间转账，不必是同一家银行。有的公司引导境内投资人以5万美元境内个人便利化购汇额度，向境外汇款。有的公司暗示境内投资人，在境外经商的中国人有资金汇回需求，境内投资人可以对敲方式解决资金出境问题。

（三）瞄准我国消费者投资者的"跨境交付"模式下的跨境金融服务很多也是一种跨境监管套利

美国等发达经济体的金融监管，通常是"宽准入、严监管"，取得金融牌照相对容易，符合条件的申请者都可拿到牌照，但日常监管严格，违法违规重罚，所以很多市场主体不愿涉足金融业。相对来讲，我国金融监管属"严准入、宽监管"，即拿金融牌照非常难，但一旦拿到牌照后，日常监管相对没有那么严格，甚至还被批评一段时期监管"宽、松、软"。

有些机构通过数字平台，在境外获得牌照后向我国境内提供服务，实质上享受了境外"宽准入"、我国境内"宽监管"的待遇，甚至似乎进入监管真空的环境。我国监管部门往往因此类跨境业务显得较新，过去没有管过，没有禁止过，现在也没有监管规则，就放任不管或者观望；或者认为"牌照不是我发的，我不管"；甚至认为，近几年我国改革开放力度加大，放点口子让干，也是开放的一个尝试，这些都给了非法机构可乘之机。

比如，在我国开展跨境金融业务的集团公司，有的是集团下属公司取得澳大利亚、英国等国牌照，对外宣称集团接受严格监管、树立合规经营形象，赢得投资者信任。同时，集团下属其他公司取得监管较为宽松的新西兰、塞浦路斯等国牌照，在我国境内"无照驾驶"开展业务。

（四）我国监管机构分类处置上述非法跨境金融服务

一是交易本身为我国尚未开放且明确禁止，但境外属合法，在境外拿到牌照后，跨境向我国境内开展此类交易的，违反了我国禁止性规定。比如，外汇保证金交易、ICO 交易，国际不少国家或地区允许银行、外汇经纪商等提供此项服务，但我国尚未开放相关服务，且明确禁止在我国境内开展此类交易。在我国境内开展此类交易的（辅之以境内成立的教育机构、培训中心等变相的商业存在），均属非法。截至 2019 年 9 月底，外汇局已会同相关部门处置非法外汇保证金交易平台 2006 家。其中，关闭 1952 家，约谈清退 45 家（删除网站有关外汇交易内容），移交公安机关 9 家。

二是交易本身为我国尚未开放，也并未明确禁止，但是没有我国金融牌照就跨境向我国境内提供服务的，属于"无照驾驶"类非法金融活动。比如，境内居民跨境炒股等证券投资交易、跨境销售投资类保险产品，虽然目前我国并无法律法规禁止，但提供此类服务的境外机构未获得我国牌照，在我国境内提供相关服务，属于非法金融活动。

三是交易本身已经开放，但明确规定需以"商业存在"模式提供金融服务。境外支付机构未在我国境内设立外商投资企业，跨境向我国外贸企业提供支付服务，违反了中国人民银行公告〔2018〕第7号的规定。根据该规定，境外机构拟为我国境内主体的境内交易和跨境交易提供电子支付服务的，应当在我国境内设立外商投资企业。

五、我国"跨境交付"模式下跨境金融服务的开放

（一）我国在 GATS 框架中关于金融服务的承诺

一是我国加入世界贸易组织时关于金融服务市场准入承诺，多集中在"商业存在"模式下。加入世界贸易组织后，我国不断扩大"商业存在"模式下金融业的开放程度，强调在金融业对外开放中坚持"内外资一致"的原则。逐步放宽或取消外资持股比例限制、取消外资机构进入我国相关金融领域的总资产规模限制、放宽外资设立机构条件、扩大外资机构业务范围、放宽外资市场准入条件等。

二是对于"跨境交付"模式的跨境金融服务，我国加入世界贸易组织时仅以正面清单方式承诺开放某些保险服务、证券服务、金融信息数据服务，没有承诺开放其他金融服务。根据 2001 年

《中华人民共和国加入世界贸易组织议定书》附件9《中华人民共和国服务贸易具体承诺减让表》，我国已作出的"跨境交付"模式下市场准入开放承诺，限于以下金融服务：（1）保险服务。包括再保险；国际海运、空运和运输保险；大型商业险经纪、国际海运、空运和运输保险经纪及再保险经纪。（2）证券服务。包括外国证券机构可直接（不通过中国中介）从事B股交易。（3）金融信息数据服务。包括提供和转让金融信息、金融数据处理以及与其他金融服务提供者有关的软件；就《减让表》所列相关活动进行咨询、中介和其他附属服务，包括资信调查和分析、投资和证券的研究和建议、关于收购的建议和关于公司重组和战略制定的建议。

在"跨境交付"模式下，除上述采取正面清单方式承诺已开放的项目外，我国可以对其他未承诺开放项目实施限制，并不构成对世界贸易组织规则的违反。

当然，对这些未承诺开放的跨境交付类金融服务项目，通过深化改革，也需逐步提高开放度，下文对此进行讨论。

表 7 – 2　　　　"跨境交付"金融服务市场准入相关内容①

部门或分部门	市场准入限制
7. 金融服务	
A. 所有保险及其相关服务 a. 寿险、健康险和养老金/年金险 b. 非寿险 c. 再保险 d. 保险附属服务	除以下内容外，不作承诺： a）再保险； b）国际海运、空运和运输保险；及 c）大型商业险经纪、国际海运、空运和运输保险经纪、再保险经纪。

---

① 资料来源：石广生. 中国加入世界贸易组织知识读本（三）中国加入世界贸易组织法律文件导读［M］. 北京：人民出版社，2002：195–203.

部门或分部门	市场准入限制
B. 银行及其他金融服务（不包括保险和证券） 银行服务如下所列： a. 接收公众存款和其他应付公众资金； b. 所有类型的贷款，包括消费信贷、抵押信贷、商业交易的代理和融资； c. 金融租赁； d. 所有支付和汇划服务，包括信用卡、赊账卡和贷记卡、旅行支票和银行汇票（包括进出口结算）； e. 担保和承诺； f. 自行或代客外汇交易。	除下列内容外，不作承诺： ——提供和转让金融信息、金融数据处理以及与其他金融服务提供者有关的软件； ——就（a）至（k）项所列所有活动进行咨询、中介和其他附属服务，包括资信调查和分析、投资和证券的研究和建议、关于收购的建议和关于公司重组和战略制定的建议。
——非银行金融机构从事汽车消费信贷	除下列内容外，不作承诺： ——提供和转让金融信息、金融数据处理以及与其他金融服务提供者有关的软件； ——就（a）至（k）项所列所有活动进行咨询、中介和其他附属服务，包括资信调查和分析、投资和证券的研究和建议、关于收购的建议和关于公司重组和战略制定的建议。
——其他金融服务如下： k. 提供和转让金融信息、金融数据处理以及与其他金融服务提供者有关的软件； l. 就（a）至（k）项所列所有活动进行咨询、中介和其他附属服务，包括资信调查和分析、投资和证券研究和建议、关于收购的建议和关于公司重组和战略的建议。	没有限制
——证券服务	除下列内容外，不作承诺： ——外国证券机构可直接（不通过中国中介）从事 B 股交易。

（二）金融服务市场开放是未来趋势

CPTPP 等最新的多双边国际协定框架下的金融服务自由化，一定程度上代表了未来跨境金融服务的高水平开放标准，正在推动全球进一步形成高水平开放的金融服务一体化市场。我国出现一些违法违规的跨境金融服务，原因之一也是没有开放市场而出现了"服务走私"。

（三）开放进程中要积极、开放、审慎、理性对待新近多双边国际协定中的"跨境金融服务条款"和"新金融条款"

一是关于"跨境金融服务条款"。基于互联网的跨境金融服务，服务者和消费者相互分离在不同国家，即服务者和消费者均不"移动"，而仅是服务"跨境"，"跨境交付"模式更符合互联网跨境金融服务的本质特征。其实质仍属于"跨境交付"，而并不应以是否"招揽"或"展业"为标准来界定是否为"跨境交付"或"境外消费"。而目前 CPTPP 中的"跨境金融服务"条款，认为非"招揽"或"展业"模式下的跨境金融服务属于"境外消费"，意在实质上促进成员"跨境交付"模式下跨境金融服务的开放程度提高。关于跨境金融服务，我国目前对外承诺中，仍以 GATS 中的承诺水平为准，尚未接受这种说法。

此外，如何界定"招揽"和"展业"也无法律明确规定。实践中各国自由解释也会产生执行标准不一的问题，发展中国家更易因过度开放而产生金融乱象。前文指出，我国发现一些公司境外拿到牌照，以数字平台为载体，在境内设立咨询公司、培训中心、建立微信社交媒体群等变相商业存在、变相招揽、变相展业。现阶段，我们不赞成以"招揽"或"展业"为标准将部分"跨境交付"的交易纳入"境外消费"，将本应严格监管的交易划入"轻"监管的范畴。笔者建议目前仍沿用 GATS 框架下的思路，凡是服务者和消费者相互分离在不同国家、消费者没有跨境，通过互联网等网络形式跨境提供金融服务的,应划入"跨境交付",而非"境外消费"。

二是关于发达国家和发展中国家、新兴市场国家之间形式公平和实质不公平的问题。

对于很多服务贸易,如果发达国家开放,就要求发展中国家、新兴市场国家也得开放,貌似对等开放,但是由于发展阶段的巨大差异,其实会产生巨大的实质不对等、实质不公平。

发展中国家、新兴市场国家一方面必须要看清楚金融市场开放的大趋势,开放是有风险的,但是不开放的风险也很大或许更大,封闭市场不开放,最终会被金融大势所淘汰。另一方面也要采取符合本国实际发展阶段的开放政策,急于求成、拔苗助长式的开放会导致更大的风险。国际上这两方面极端的例子都很多。

务实的做法是要"以开放换开放",而且换的是和发达国家"实质上的对等开放",而非"形式上的对等开放",同时在发展中不断提高开放度。这里对发展中国家的风险是可能得过且过,过几年忘了开放。

(四)我国"跨境交付"模式下的金融服务应分类分步开放

一是一些金融产品和服务在发展初期应要求外资以设立商业存在的方式提供金融服务,不得以"跨境交付"方式提供跨境金融服务,当然不包括我国已承诺开放或已批准开放的项目。原因在于,我国法制尚不健全,市场尚不成熟,监管能力还较为薄弱,监管协同机制还不健全,另外投资者和消费者投资经验不足,风险识别能力较弱。国际上一般也采取类似严格监管措施。如2018年12月7日,俄罗斯国家杜马提出国家支付系统法律修正案,要求未在俄罗斯注册的外国支付系统运营商必须在俄罗斯开设代表处,并从俄罗斯中央银行获得转账许可。如我国支付宝和微信未在俄罗斯设立商业存在并获得许可，根据该法案，将被禁止向俄罗斯公民提供转账服务。此外，近年来我国金融业对外开放一直秉持"内外资一致"的原则，"商业存在"模式下的金融服务开放程度已经达到较高水平，外资完全可以通过商业存在模式提供金融服务。

随着市场的成熟，一些金融服务可不要求必须以"商业存在"方式提供。

二是中长期逐步提高"跨境交付"模式下跨境金融服务的开放度。

1. 先以"正面清单"方式对外承诺开放"跨境交付"模式下的跨境金融服务。主要考虑是，目前我国金融服务遵循 GATS 框架下的基本规则，GATS 框架仍以"正面清单"方式承诺开放金融服务。"正面清单"开放方式符合我国目前开放实际，有利于满足我国金融防风险需要。下一步，在"跨境交付"模式下，可按照扩大正面清单的开放思路，逐步将更多可开放的金融服务项目纳入正面清单中。

2. 未来在司法完备、监管有效的前提下，可转为"负面清单"方式承诺开放"跨境交付"模式的金融服务。进一步，也可以把更多的跨境金融服务认定为开放度更高的"境外消费"模式，而非认定为开放度较低的"跨境交付"模式。首先需具备完备的监管体系，要有能力对以"跨境交付"模式提供跨境金融服务的境外机构实施有效监管，也要有能力对境内机构向境外提供跨境金融服务实施有效监管。

但需注意的是，一旦在双边、多边协定中承诺开放"跨境交付"模式的跨境金融服务，根据 CPTPP 的规定，缔约方就不得要求另一缔约方的服务提供者在其领土内设立或维持办事处或任何形式的企业或成为居民，作为跨境提供服务的条件。

在我国跨境交付模式下的金融服务开放的过程中，就开放的节奏、监管体系的构建、国外经验教训等，市场主体也可以发挥更加积极的、建设性的作用。

3. 各地方、各部门提出的金融开放方案中，应有监管职责分工、风险防控、监管数据获取等工作内容。目前各地积极研究金融市场开放方案，相互之间竞争非常激烈。积极的态度是值得肯定的，但各地各部门的开放方案中有关风险防范的设计和安排目前是不够的，甚至是缺失的。不能出现类似于当初互联网金融发展时，都喊着要发展互联网金融，对监管却少有人重视的状况，最后导致乱象丛生、一地鸡毛，沿海几个大城市成为重灾区。

4. 相关的跨境资金转移。1996 年我国宣布接受国际货币基金组织相关协定条款义务，人民币经常项目下实现完全可兑换。从 2001 年中国加入世界贸易组织开始，适应经济发展和对外开放的客观需要，人民币资本项目可兑换加快推进。目前，从国际货币基金组织资本项目交易分类标准下的 40 个子项来看，我国可兑换和部分可兑换的项目超过 90%，企业和居民跨境贸易投资、旅游、购物、就学的外汇兑换便捷性大幅提升，2018 年我国非银行部门对外付汇达 3.5 万亿美元，收汇达 3.4 万亿美元。

对于开放可能带来的跨境资金流动冲击风险问题，我国可在不违反加入世界贸易组织承诺和负面清单开放承诺的前提下，按照国际惯例，妥善防控跨境资金流动相关风险。

根据 CPTPP 规定，每一缔约方应允许所有与涵盖投资有关的转移自由、无延迟地进出其领土。该等转移包括：（1）投入的资本；（2）利润、股息、利息、资本所得、特许费款项、管理费、技术援助费和其他费用；（3）全部或部分出售涵盖投资所得，或全部或部分清算涵盖投资所得；（4）根据包括贷款协议在内的合同所付款项等。

CPTPP 也明确，一缔约方可通过公正、无歧视和善意地适用与下列事项有关的法律以阻止或延迟转移：（1）破产、无力偿还或保护债权人的权利；（2）证券、期货、期权或其他衍生品的发行、买卖或交易；（3）刑事犯罪；（4）协助执法或金融监管机关所必需的对转移进行财务报告或记录；（5）保证遵守司法或行政程序作出的命令或判决。

5. 在对外金融开放中，也要保留对部分领域未来进行限制的空间以及明确关于风险防控的原则。

一方面，对于目前较为敏感、法律法规尚不明确的，对境外服务提供者的管理还难以全面看清楚的领域，比如依托数字平台提供的金融服务，以及未来可能出现的新金融服务，要保留未来政策调整的必要空间。另一方面，要设定安全等例外条款。即使开放了，如我国认为外国服务提供者提供相关服务影响我国根本安全利益，为保护公共道德、维护公共秩序等权益，或为维护金融安全、保障国际收支平衡等，即使负面清单中未作出保留，我国也可采取金融审慎措施等措施，对该类服务进行限制。

（五）一个补充：关于"自然人流动"模式下的跨境金融服务的开放

"自然人流动"模式即一成员的服务提供者以自然人身份进入另一成员的领土内提供服务。按照我国在 GATS 框架下的承诺水平，仅允许以下三种情况下的"自然人流动"：

1. 对于在我国境内设立代表处、分公司或子公司的世界贸易组织成员的公司的经理、高级管理人员和专家等高级雇员，作为公司内部的调任人员临时调动，应允许其入境首期停留 3 年。

2. 对于在我国境内的外商投资企业所雇用从事商业活动的世界贸易组织成员的公司的经理、高级管理人员和专家等高级雇员，应按有关合同条款规定给予其长期居留许可，或首期居留 3 年。

3. 对于服务销售人员（即不在我国境内常驻、不从我国境内获得报酬、从事与代表某服务提供者有关的活动或以就销售该提供者的服务进行谈判的人员），如此类销售不向公众直接进行且该销售人员不从事该项服务的供应，则该销售人员的入境期限为 90 天。

根据上述承诺，我国并未承诺允许境外金融机构从业人员"流动"到我国境内提供金融服务。境外保险公司的经纪人，并不被允许"流动"到我国境内销售保险产品。

按照我国在 GATS 框架下的承诺，除保险经纪外，"境外消费"模式一般没有限制。"保险经纪不作承诺"意为我国境内消费者不能购买在境外提供的保险经纪服务，如我国境内企业不能在美国通过保险公司进行投保。除此之外，根据承诺，我国对境外消费模式下的金融服务不作限制。

我国金融机构跨境对国外提供的跨境金融服务，要遵守当地法律法规、监管要求。

六、加强跨境金融服务监管

（一）情景分析

一是境外机构跨境向我国境内居民或非居民提供金融服务。此类消费者与境外服务提供者不跨境，只有服务跨境。开放是大趋势，但是必须纳入我国跨境金融服务监管体系。按照 GATS 的规定，其

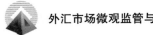

关注的是从一国境内向另一国境内提供服务，而不论向另一国境内的居民或非居民提供服务。这种跨境金融服务纠纷的管辖权一般在外方。

二是我国金融机构向境外跨境提供金融服务。包括向境外的中国居民和外国居民提供服务。根据 GATS 框架的规定，一国机构跨境向境外提供金融服务，需遵循当地金融监管要求。例如，挪威允许支付宝等在其境内为中国居民提供服务，但尚未允许其向挪威居民提供服务。我国企业应主动遵循当地监管规定。这类跨境金融服务纠纷的管辖权一般在我国。

三是常驻在境外的我国居民接受境外的金融服务。比如，中国人常驻在美国，在当地购买保险等金融服务。根据 GATS 规定，一国居民移动至另一国境内，在境外购买金融服务，称为"境外消费"。根据我国在 GATS 项下的承诺以及国际上通常的承诺实践来看，在"境外消费"模式下，一般承诺开放程度较高，大多无过多限制。而且从实际来看，在一国居民常驻外国的情形中，接受当地金融服务，也是消费、投资所需，有其合理性和必要性。因此，各国在交易环节大多承诺开放本国居民"境外消费"。境外居民在我国境内享受金融服务也类似。跨境消费模式下的纠纷管辖权一般在当地国家。

四是我国居民到境外后开户，随后回到境内，通过互联网、手机等接受境外跨境提供金融服务。表面上看，开户环节是在"境外消费"模式下完成的（有的是在境内跨境开户，人并未出境）。但从实际来看，境外机构提供金融服务（开账户服务是实现这些金融服务的前提"服务"）主要通过"跨境交付"模式完成。

以上分析基于目前 GATS 框架、各国通行做法以及目前金融服务的开放度。在未来金融服务更开放的条件下,各国监管理念和方式可能会持越来越开放的态度。

(二)完善建立与开放程度相匹配的、有效的监管体系,确保金融开放行稳致远

1. 金融业必须持牌经营。对外金融开放的承诺要转化为国内法来落实,金融开放落地最终要依靠金融监管部门制定相关规章、规范性文件予以落实,这是国际惯例①。

金融是一个具有高度敏感性和外部性的行业,必须持牌(广义牌照概念)经营。扩大开放过程中同样要强调牌照准入管理。代表全球最高开放度的 CPTPP 也明确成员可实施牌照准入管理:"在不影响跨境金融服务贸易其他审慎监管方法的前提下,一缔约方可要求另一缔约方的跨境金融服务提供者或金融工具进行注册或获得授权。"且"可基于审慎原因拒绝授权"。

具体来讲,我国需建立健全严肃的金融业务许可注册制度,无论境内、境外机构在我国境内开展金融业务,需经牌照许可(License)、授权(Authorization)、注册(Registration)等程序后方可开展,并遵守我国监管规则②,法律另有规定的除外。(1)代表全球最高开放水平的 CPTPP 明确,对跨境金融服务,成员可要求"跨境金融服务提供者或金融工具进行注册或获得授权",当然,成员自己也可以不要求。从国际监管实践来看,部分小国家由于金融市场规模较小,不会将跨境"无照驾驶"作为监管重点。但我国金

---

① 当然我们存在的问题是国内法律法规不健全。

② 比如,我国在 GATS 框架下已明确开放境外再保险公司通过"跨境交付"方式向我国境内提供再保险服务,同时在管理中也明确:境外再保险公司跨境提供再保险服务,需在银保监会进行登记。根据《中国保监会关于实施再保险登记管理有关事项的通知》,境外再保险公司应在中国保监会(现银保监会)建立的再保险登记系统进行登记。

融市场规模大，开放程度不断提高，对境外市场主体具备很大的吸引力，实践中，这些境外主体大部分有中资背景，其基于互联网等平台跨境"无照驾驶"会冲击我国金融秩序，我国必须强调"持牌经营"。（2）重点强调有可能给我国境内市场主体带来风险的业务必须"持牌经营"。比如，境外机构利用互联网向我国境内提供外汇保证金交易服务等。同理，对于风险较低的极少数业务，可不要求必须"持牌经营"，但我国有要求其持牌的权力。各金融监管部门应对上述情形进行细分。（3）我国金融监管部门认为可允许境外持牌机构通过与境内持牌机构开展合作为境内主体提供的金融服务，可不要求其必须在我国境内申请牌照，但应明确有关规则。如同业跨国拆借业务。（4）很多跨境提供金融服务属于"跨境交付"模式还是"境外消费"模式，如前文所述，发达国家和发展中国家之间目前尚存争议。

数字世界（互联网）没有物理国境，但是金融牌照必须有国界①。金融服务跨越"金融国境"必须要有规矩，不持我国牌照在我国境内开展金融活动的"无照驾驶"行为，是对我国金融主权的侵犯。境外金融机构以"跨境交付"模式向我国提供金融服务，必须取得我国牌照②，法律另有规定的除外。获得外国牌照，但未在我国持牌，而通过数字平台向我国提供金融服务，属非法金融活动。

---

① 可能会出现这样一种场景：A 国某集团公司分别在 B、C、D 三国拿到金融牌照，但是不在 B、C、D 三国设立分支机构，没有线下存在，仅仅运营数字交易平台。这样，A 国母公司拿 A 国牌照仅对 A 国境内提供金融服务，而 B、C、D 三国对应的子公司仅对 B、C、D 三国境内提供金融服务。但是 A、B、C、D 运营人员为同一批人员。此种跨境交付服务模式对监管提出了新的课题。

② 如境外机构向我国境内提供金融信息服务，需遵守我国法律，根据《外国机构在中国境内提供金融信息服务管理规定》，必须经国务院新闻办公室批准。未经国务院新闻办公室批准的外国机构，不得在中国境内提供金融信息服务（2015 年，审批单位变更为国家互联网信息办公室）。境外证券经营机构从事 B 股交易，需根据《中国证券监督管理委员会境内及境外证券经营机构从事外资股业务资格管理暂行规定》，取得证监会颁发的"经营外资股业务资格证书"。

目前"跨境交付"模式下的金融服务的监管重点主要是我国境内主体。因为我国境内禁止某类产品，这些机构无法申请牌照，或者公司自己资信差申请不到牌照，转而绕道境外设立公司拿到金融牌照，然后通过数字平台，"返程"向我国境内提供金融服务，"无照驾驶"。其中不少机构的数字技术先进、经验丰富，在境内长期形成了无底线、无规则意识。这类披着"洋"皮的跨境"无照驾驶"，实践中应该是监管部门的工作重点。

也有一些看起来运行规范、熟悉我国政策法规的外国公司，甚至是业内有名的上市公司，精通中国政策法规，针对我国境内禁止的金融产品，通过数字平台跨境提供金融服务，同时，在境内变相设立商业存在（如咨询公司、培训公司），进行实质的营销活动。这类真正的外资公司，没有假外资公司数量多，但是市场影响很大，也是监管的重点。

最后一类是，有的境内违法犯罪主体打着外汇保证金交易等投资的幌子，实际并未真正从事任何投资交易，而是实施非法集资或诈骗犯罪。实践中此类平台也不在少数，一旦卷钱跑路，老百姓便血本无归，哭告无门。金融监管部门应当联合公安部门对此类平台予以惩治。

此处仅以最基本的持牌经营为例进行了讨论。跨境金融服务监管体系，除需强化市场准入监管外，还需完整、精细的审慎监管体系、行为监管体系和"三反"体系等。

2. 加强国内金融监管部门跨境金融服务监管协调，不可相互推脱，否则会形成监管盲点，类似互联网金融的教训会重演。明确监管职责，解决监管职能交叉以及监管空白问题，功能监管要真正落地。实现银行、证券、保险、外汇跨境金融服务监管信息共享。开

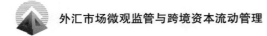

展联合监管，共同打击非法金融活动。

各监管部门要守土有责。在我国境内"无照驾驶"的非法跨境金融服务，涉及的相关银行、证券、保险等金融业务，相关监管部门必须表明态度，认定这些机构的行为违法违规，并会同相关部门重罚在我国境内"无照驾驶"的机构。在这方面，发达国家守护"金融国境"的做法值得我们学习。

这里有几种错误的认知。第一，牌照不是我发的，不归我管；这些机构的牌照是境外发的，我国境内任何部门都没有给它发牌照。按这个逻辑，境内就没有人管了！功能监管落地的路还很长。第二，境外市场主体参与我国金融市场有利于金融对外开放，可先不管，放开口子让做一做。这种思路导致只热衷于开放市场、不重视立规矩，未来潜在风险很大。第三，只要跨境资金流动管住、"无照驾驶"就不用管的想法也是错误的。因为即使在资本项目完全可兑换、资金跨境自由流动的发达国家，在其境内必须持牌经营也是非常严格的、基础的要求。一方面，跨境"无照驾驶"管住了，相应的跨境资金流动也就减少；另一方面，对于"无照驾驶"涉及的外汇业务或者跨境人民币业务而言，相关外汇管理部门、人民币管理部门打击非法跨境资金流动，严肃市场纪律，跨境资金流动管住了，跨境"无照驾驶"也会减少。但汇兑环节的打击不能替代对"无照驾驶"行为的打击。未来如实现资本项目完全可兑换，则管理将主要依托市场准入监管、"三反"监管、行为监管和审慎监管等。现阶段，按照国际惯例，通过打击跨境"无照驾驶"，就会大大减少相应的跨境资金流动。有些问题通过打击跨境"无照驾驶"就可以解决，但是如果不打击跨境"无照驾驶"，单独管理跨境资金流动，就会在国际上形成我国进行资本管制的误解，有损我国改革开放形象。

3. 消费者应通过合法的渠道进行跨境金融交易，保护自己的合法权益，权益被侵害后要积极跨境维权，境内维权。消费者要多学习跨境金融知识，尤其是风险知识，交易前查验相关机构的境外金融牌照和境内金融牌照（目前基本都没有我国境内牌照）。若不小心受到误导欺骗、利益受损，应及时向给该机构颁发境外牌照的相关国家监管部门投诉，也可以向国内相关监管部门投诉或者报案。我国境内相关监管部门不能认为牌照不是我发的，跟自己没关系，作为我国金融管理部门，必须全力保护我国消费者、投资者权益。

（三）目前跨境交付模式下的金融服务提供商在境内以各种方式投放的广告都是非法的

实践中，这些广告，有的发布在国内中文财经网站的网页上，比如，有的财富管理公司在搜狐网站上发布海外生活服务综合解决方案。有的嵌套在财经新闻中，比如专做中美跨境汇兑的公司在万维网站的财经文章中嵌入广告。还有的在各类投资 APP、公众号等平台发布。

对于境外主体在我国境内发布境外投资类广告的行为，必须遵守我国《广告法》的规定。即"广告主、广告经营者、广告发布者从事广告活动，应当遵守法律、法规，诚实信用，公平竞争。""广告内容涉及的事项需要取得行政许可的，应当与许可的内容相符合。"根据上述规定，境外机构在我国境内发布金融服务广告，须首先就金融服务取得我国金融监管部门的行政许可。目前实践中发现发布境外投资类广告的机构并未取得相应金融监管部门行政许可，根本就不具备在我国境内提供该种金融服务的资格。因此，其在我国境内发布境外投资类的广告行为，属非法行为。根据现行监管体制分工，相关金融监管部门认定为非法行为后，市场监督管理部门应依据《广告法》对相关非法广告行为予以处置。

根据《广告法》的规定，发布广告的相关网站、APP、公众号等广告发布者应依法查验有关证明文件，核对广告内容。对内容不符或者证明文件不全的广告，广告发布者不得发布。广告发布者未对广告内容进行核对的，应由市场监督管理部门予以严查、重罚。

相关网站、APP、公众号等数字平台要遵守法律，避免被罚。

（四）对于"跨境交付"模式下的跨境金融服务，更有必要加强国际监管合作

在 A 国服务提供者跨境向 B 国提供金融服务的情形下，如果 A 国服务提供者违反了 B 国法律，根据国际通行的管辖标准，A 国基于属人管辖，可以对 A 国服务提供者实施监管。B 国基于属地管辖，也可以对 A 国服务提供者实施监管。但对 A 国来说，其难点在于难以获得在 B 国违法行为的证据。对 B 国来说，A 国服务提供者并未在 B 国设立商业存在，B 国面临"找不着人"、只能望网站兴叹的尴尬。

一是加强国际监管合作，探索形成全球最佳监管标准，防范监管套利①。缔结双边和多边协定时，可明确跨境提供金融服务需同时

---

① 国家外汇管理局与澳大利亚证券投资委员会（ASIC）、香港证监会（SFC）等境外监管机构的监管合作取得进展。2019 年 4 月 11 日，ASIC 在其网站上发布风险提示，提醒其持牌机构目前在中国进行外汇保证金交易业务违反中国法律。澳大利亚金融服务牌照持有人，应注意到除了需要承担可能违反境外法律的后果外，ASIC 将考虑其违反境外法律是否与其在澳大利亚法律下的义务相一致，此类法律义务包括"有效率地、诚信地、公平地"提供服务。ASIC 也将考虑澳大利亚金融服务牌照持有人是否对其金融服务许可的范围、适用或效果有误导、欺骗性陈述。随后，ASIC 又向其持牌机构发函，要求其限期整改，停止向中国的新客户提供外汇保证金交易服务，并陆续停止向现有中国客户提供服务。如其持牌机构未在限期内进行有效整改，仍然为中国客户提供外汇保证金交易服务，ASIC 将对这些机构采取行动，如向法院起诉等。香港证监会发函警示其持牌机构不可在内地从事未经核准或非法的外汇按金交易，或协助他人或内地投资者进行这些活动。持牌机构如有任何不合规活动，应即时终止并通知香港证监会。香港证监会提醒其持牌机构应审视自身及其关联方在香港和其他地方提供服务是否合法。若未采取适当行动，相关持牌机构、其高管人员及其控制人的从业或任职资格可能会受影响，并可能导致被采取监管行动。监管行动包括发出限制通知书、暂时吊销或撤销牌照。

满足服务提供国和服务接受国的市场准入条件，获得两国的金融许可。A国企业以境外实体到B国申请金融牌照，需要探索一定的监管合作机制，各国市场准入标准的差异是导致跨境金融服务乱象的原因之一。

二是联手打击非法金融活动，协商确定管辖权。在监管合作法律文件中约定当事国的管辖权。在A国机构跨境向B国提供跨境金融服务时，如果A国机构违反了B国法律，如确定A国管辖，则B国须向A国提供证据，A国须将处理结果通报给B国。如确定B国管辖，则A国须协助B国确保A国机构能够配合B国调查并接受处理结果。

三是在平衡好国内法与国际义务关系的前提下，拓展更有效的国际监管合作。探索共享审计工作底稿、与注册会计师和管理层沟通信息；根据被请求方法律法规赋予的权利，强令相关人员提供陈述或证词；冻结或扣押被请求方管辖范围内的资金或资产；协助请求方使用法律程序和其他手段冻结或扣押这些资金或资产；共享电信、网络等服务提供商拥有的相关用户记录，电信服务提供商提供的记录可确定用户（姓名和地址）、付款详情以及带有日期、时间、持续时长、电话号码的进出通信信息，网络服务提供商提供的记录可确定客户（姓名和地址）、付款详情、服务时长、使用服务类型、网络地址以及会话时间/日期和持续时长；共享电话通话记录或其他电子通信记录等。

总之，跨境交付模式下的跨境金融服务，开放是大势所趋，我国也应基于我国实际、条件成熟时顺势不断提高开放程度。无论境内机构还是境外机构，在我国开展金融活动必须持牌经营，遵守我国法律法规，这也是国际通行做法。我国相关金融监管部门必须严查、重罚在我国境内的"无照驾驶"行为，外汇管理部门必须继续严惩涉及的外汇违法违规行为。

第八章 从跨境视角看
数字货币 Libra[①]

基于目前公布的 Libra 技术框架，从跨境资金流动视角看，数字货币 Libra 跨境自由流动将挑战我国现行外汇管理政策规定，非法跨境资本流动可能增加。我国必须将数字货币 Libra 视作外币，其兑换、使用必须遵守我国现行各项外汇管理规定；必须坚持人民币境内法定货币地位；对 Libra 应要求其持我国金融牌照，遵守我国监管规则。如果做不到，我国应禁止 Libra。从长远看，关键还是要深化改革，扩大开放，不断壮大我国经济实力和综合国力。各国货币在国际上的竞争，起决定作用的是各个国家的政治、经济、军事、文化等综合实力的竞争。

一、Libra 对外汇管理及跨境资金流动的影响

（一）Libra 可能会挑战我国现行外汇管理的政策框架

对资本项目完全可兑换、汇率完全市场化的国家而言，只要遵循"三反"的要求，资金跨境可以自由划转。在我国，资本项目还

---

① 本章内容根据笔者在中国金融四十人论坛（CF40）2019 年 8 月 10 日伊春会议和 10 月 28 日上海外滩会议上的发言整理而成。

没有完全可兑换，人民币还不能自由兑换，资金跨境目前还不能自由划转。与之相应的外汇管理要求是强调外汇交易要有真实的交易背景，即须审核交易的真实性。在实践中，由银行承担审核义务。

Libra 可能会给我们的外汇管理带来许多新问题。首先，从公布的技术特点看，Libra 与主权货币最大的区别在于其运作脱离银行、打破中心化结算体系，号称可以"像发送短信或发送邮件一样轻松"地在全球范围内转移资金，可以 B2C、C2C，不需要银行作为中介。若被允许在我国境内使用，谁来代替银行对跨境交易实施真实性审核是摆在我们面前的一个问题。其次，2018 年我国出境达 1.5 亿人次，很多人可以在境外注册社交媒体账号、银行账户，在我国境内翻墙技术也比较普遍。如何在数字环境下区分境内交易和跨境交易，判断交易发生在境内主体之间还是境内主体和境外主体之间是一个技术上的大课题。

（二）非法跨境资本流动可能增加

由于以 Libra 结算具有匿名、难追溯的特点，跨境收支环节也基本无法审核真实性，地下钱庄如再借助 Libra，本身就很难打绝的"境内外对敲"可能会更加猖獗。这是各国尤其是新兴市场国家需要高度关注的问题。

（三）Libra 可能会强化美元的统治地位，不排除我国部分境内交易 Libra 化的可能

目前，全球外汇储备中美元占比为 65%，全球支付中美元占比为 40%。Libra 储备金锚定的一篮子货币中 50% 为美元，这将强化数字环境下美元的统治地位。中国法定的计价结算货币是人民币，若我国境内交易允许或无法禁止数字环境中使用 Libra，可能导致国内一定程度的 Libra 化，本质上就是美元化。

（四）挤压人民币国际化的空间

国际清偿中 Libra 可能与人民币形成竞争关系，挤压人民币国际空间。在国际清偿中，Libra 具有易得性、"点对点"转账、速度快、成本低等优势，具有一定竞争力。目前，Libra 储备金中不包含人民币，如其未来成功"做大"且一直排斥人民币，人民币在数字经济领域的国际化路径、空间可能被挤压。

（五）可能会扩展美国长臂管辖的范围

Libra 的储备金中 50% 是美元，根据美国长臂管辖"最小限度联系"的原则，可以推测，所有使用 Libra 进行交易的实体和个人必会被纳入美国长臂管辖范围。简单地说，如果现在的交易用的是欧元，美国长臂管辖无法施行；而如果欧元这部分交易改用 Libra，那么美国的长臂管辖就可以立即覆盖。

（六）理论上看，跨境小额汇款业务具有现实市场，但是 Libra 能否让监管者放心是一个问题

跨境小额汇款主要就是侨汇，涉及普惠金融。所谓侨汇，指的是一部分欠发达经济体的劳务者在发达国家务工，定期把钱汇回国内供家属使用，这使小额跨境汇款比较频繁。当前，全球侨汇规模庞大，但其跨境汇款成本较高。二十国集团和世界银行在 2010 年左右做过调研，显示全球侨汇的规模为每年五六千亿美元，但跨境汇款成本高达 12%，非正规渠道的侨汇成本高达 30%。2011 年，二十国集团提出，到 2014 年要把全球侨汇成本从 10% 降到 5%。截至 2019 年第二季度末，全球侨汇成本降至 6.84%。此外，联合国 2030 年规划提出要把全球侨汇成本降到 3%。如果能够将全球五六千亿美元规模的侨汇成本从 10%、8% 降低到 3%，就意味着每年有三四百亿美元让利于弱势群体，哪里能找到这么大的国际援助！

现有的银行体系受制于"三反"、外汇管理等原因难以实现这一目标，但 Libra 有可能从技术上突破、绕开"三反"、外汇管理等要求，发挥成本低、时间短、效率高、覆盖面更广的特点。这样，似乎它在跨境小额汇款业务方面就具有现实的生存空间。但是这里法律风险很大，因为技术上突破、绕开"三反"、外汇管理等要求，实际上是违法违规！

另一种情况是，近些年在全球严格"三反"的要求下，特别是在美国等发达国家高额罚款的威慑之下，一些大的国际商业银行切断了和非洲、亚洲等一些欠发达国家金融机构的代理行和被代理行关系。之后，向这些欠发达国家进行跨境小额汇款就变得更加困难，出现了二十国集团关注的"去风险"（De - risking）问题或者说"代理行问题"（Correspondent Banking）。

数字货币 Libra 要在这个领域有生存空间，从这个角度看关键是它能不能解决跨境小额汇款背后的"三反"问题，能否真正解决"了解你的客户、了解你的客户的客户"（KYC/KYCC）问题。

综上所述，Libra 在跨境小额汇款市场的空间其实不乐观。

二、新兴市场国家关于 Libra 必须想清楚的几个问题

一国的外汇管理框架、货币可兑换的进程是与其经济发展、金融市场发展的成熟度和司法体系、监管体系的成熟度等相对应的。

当前，发达国家汇率自由浮动，基本不存在外汇管理政策问题，货币完全可自由兑换，跨境流动自由。在跨境资金流动的视角下，发达国家主要关注的是"三反"问题。在数字货币方面，也同样如此。从美国、德国、法国等发达国家的监管部门态度看，"三反"问

题是其关注的首要问题，其次是个人隐私保护、消费者保护等。

目前，有很多新兴市场国家对 Libra 持比较开放和支持的态度。其中，部分新兴市场国家及欠发达国家本质上已经高度美元化，用不用 Libra 其实差异不大。但同时许多新兴市场国家存在外汇管制。实践中，这些国家的外汇管理框架、本币可兑换进程往往会相伴产生一些监管方面的要求。这些要求或多或少会导致当前市场所反映的跨境资金转移困难和高成本等问题。

对于存在外汇管制的新兴市场国家而言，针对 Libra 必须想清楚：第一，为了 Libra，是不是可以选择现在就推动外汇管理框架的改变？第二，如果不改变外汇管理框架，非数字货币、传统货币必须遵守外汇管理框架，数字货币是否可以网开一面，不遵守外汇管理框架？第三，允不允许在境内出现货币替代，即一种货币对它的法定货币出现替代、出现对货币主权的侵蚀？或者说出现一定程度的 Libra 化？有人认为 Libra 化是美元化，也有人认为它不一定是美元化，但都存在是否允许境内的法定货币被其他货币一定程度替代的问题。

如果新兴市场国家选择数字货币必须要遵守现行的外汇管理框架，货币可兑换进程要符合国情客观审慎推进，那么：（1）Libra 要落地，就不仅仅要获得美国监管当局的同意，也必须要获得其他各国监管当局、外汇管理部门的同意。结合前文对侨汇的分析，笔者认为 Libra 在跨境汇款中的市场空间有限，当然，不排除可能在小国象征性地存在。（2）应该立即加强的工作，就是严厉打击目前打着数字货币旗号进行的一些非法跨境资金转移。因为这部分资金转移已经在冲击新兴市场国家的"三反"要求和外汇管理框架，这是已经发生且正在发生的事。这一部分与数字货币相关的非法跨境资金流动，有强大的技术支撑，对新兴市场国家的监管能力形成很大挑战。这也是数字技术、数字世界对各项基于实际物理国境的管理政策提出的挑战。

三、几点建议

（一）必须坚持人民币在境内的法定货币地位

除国家另有规定的极少数情况外，我国境内必须以人民币计价结算，包括互联网等数字环境下进行的境内结算，以任何外币在境内进行计价结算均属非法，我国数字环境下的境内交易不能出现 Libra 化、美元化。

（二）将 Libra 视作外币，纳入我国外汇管理整体框架

按照目前的宣传，Libra 可以自由跨境流动，因此必须将其视作外币，纳入我国外汇管理整体框架。这也符合我国现在的资本项目可兑换和汇率市场化的进程。首先，Libra 和人民币（即法币）之间的兑换，必须符合结售汇规定。其次，Libra 只能媒介跨境交易，不能脱离真实的交易背景。具体来讲，可用于我国已承诺的完全可兑换的经常项目下货物贸易和服务贸易等交易，以及资本项下已经开放的交易，同时必须遵守现行外汇管理规定。这里面临的技术问题是，如何实现上述管理，如何识别跨境交易和境内交易，如何在国际收支统计、数据采集等方面跟上管理的需要等。

如果以上两点做不到，我国应禁止 Libra。

（三）跨境金融服务必须持牌经营，金融牌照必须要有国界

比数字货币更加现实的挑战是，随着数字技术的发展，新型金融服务层出不穷，出现了金融机构在一个国家，消费者和投资者在

另外一个国家的跨境金融服务新形态，这给监管提出了越来越大的挑战。例如，一个机构拿到境外牌照，在境外建立数字平台，在我国境内不拿金融牌照，但为中国境内提供金融服务（跨境交付模式的金融服务）。这属于"无照驾驶"，是一种非法的金融服务。这些非法跨境交易涉及外汇、证券、保险、支付、银行开户、贵金属交易，以及跨境的买房金融服务、跨境财富管理等。截至 2019 年 9 月底，国家外汇管理局与境内外行政和监管部门合作，处置境内外非法外汇保证金交易平台 2006 家。其中，关闭 1952 家，约谈清退 45 家，移交公安机关 9 家。

国内禁止赌博，据媒体报道，围绕中国的周边国家就出现了一个"赌博带"，它的形成借助了数字平台。笔者担心会出现基于数字平台、拿到境外金融牌照、没有拿到境内金融牌照，专门给境内提供服务的围绕着我国的金融圈或者金融带。

面对上述问题，对于监管者而言，应做到以下几点：

第一，一定要强调持牌经营，牌照要有国界。绝不允许金融服务提供商（包括数字货币提供者）只拿着国外的牌照而没有我国的牌照，在我国境内"无照驾驶"。法律另有规定的除外。

第二，监管部门一定要守土有责，转变监管理念，功能监管要落地。"过去没管过，所以现在也不管，先看看""牌照不是我发的，所以我不管"等思想要改正。事实上，这些思想正是导致目前金融乱象的原因之一。不能使其成为跨境交付模式下、基于数字平台的跨境金融服务乱象的原因。功能监管一定要落地。

第三，打击跨境非法金融服务也需要国际监管合作。在实践中，国际监管合作有两个难点：一是各个国家准入标准不一，有的国家准入严格，有的国家准入宽松。一些公司凭其资质与信誉在中国境内无法拿到金融牌照，或者此类服务在我国定性为非法所以拿不到牌照，但是在境外可以拿到牌照。这样，它在拿到牌照之后建立数字平台，通过数字平台对境内提供金融服务。二是国际监管协调机制应当研究，各国监管部门可否要求本国持牌金融机构不可拿本国牌照对其他国家跨境提供非法金融服务，也不能在其他国家"无照驾驶"。

四、结语

我国市场规模巨大，市场准入的管理管制措施还比较多，资本项目还没有完全开放，所以当前我们面临比其他国家更多的非法跨境金融服务问题，在一定程度上也可以说是金融管制的结果。由于管制，才出现了黑市和非正规渠道。所以解决问题的关键还是要深化改革，扩大开放，不断壮大我国经济实力和综合国力。法定货币之间的竞争、数字货币之间的竞争、Libra 等与法定货币在国际上的竞争，最终谁的市场份额大，最终决定权是在市场，起决定作用的是各个国家的政治、经济、军事、文化等综合实力的竞争，监管部门一厢情愿要限定它，估计是很难起作用的。Libra 或许会成为促进改革开放的一股推动力。设想一下，当我国的资本市场完全开放，汇率完全由市场决定，我们有了充分的"四个自信"，我们有信心相信全球市场会选择人民币的时候，我们就不必担心全球的数字货币的冲击。

在一次交流活动中，笔者曾请教诺贝尔和平奖获得者尤努斯教授对技术在金融发展创新中所起作用的看法。尤努斯举了一个例子，他说："有需求就必须满足吗？比如人们有对毒品的需求，你是否要满足他?"可以感觉到，他对金融部门极端迷恋技术是有看法的。确实，一项新的技术真正要想获得市场空间，必须从现在经济金融的痛点和主要矛盾上，从服务实体经济过程中，在帮助识别和管理金融风险中找到自己的市场所在。比如，这个技术是否可以对贫困人口的脱贫起到帮助作用？能否对解决中小企业融资难问题起到作用？能否对建立更有效的征信体系起到作用？新的技术到底是"良药"还是"毒品"，需要大家共同努力，确保它向着"良药"的方向发展，而非走向泡沫，毁于乱象。

第九章 市场消息、汇率波动与个人外汇业务"羊群行为"特征

本章利用 2010 年 1 月 1 日至 2017 年 10 月 31 日的日度外汇市场消息、汇率波动和个人外汇业务数据，实证检验了市场消息、汇率波动对个人外汇业务的影响。研究发现：（1）汇率波动和市场消息会影响个人外汇业务，汇率贬值或市场消息消极变动，会增加个人购汇；汇率升值或市场消息积极变动，会减少个人购汇。（2）市场消息、汇率波动对个人外汇业务存在螺旋强化影响效应，市场消息对个人购汇的影响会通过汇率波动渠道被放大，汇率波动对个人购汇的影响也会通过市场消息渠道被放大，导致个人外汇业务"羊群行为"特征明显。随着外汇市场开放程度不断提高，相关监管部门应加大与市场沟通，及时澄清虚假或恶意消息，释放权威消息，防范个人外汇业务盲目受市场消息、汇率波动影响而出现"羊群行为"的风险，积极完善个人外汇业务管理，维护外汇市场稳定。

一、引言

2015—2016 年前后，在国内外多重复杂形势交错下，外汇市场波动加剧，2015 年底、2016 年中、2016 年底三次遭受剧烈冲击。其

外汇市场微观监管与跨境资本流动管理

中，值得关注的现象是市场消息与外汇市场波动的共振，如图9－1至图9－3所示，2015—2016年期间，市场消息、汇率波动、个人外汇业务变化表现出很强的同步共振特征，个人外汇业务体现出"羊群行为"特征，对外汇市场平稳运行形成挑战。

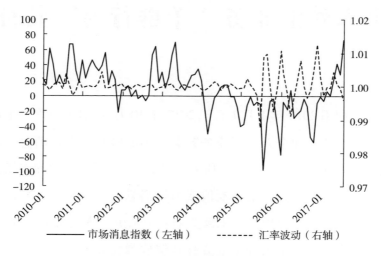

图9－1　市场消息与汇率波动共振

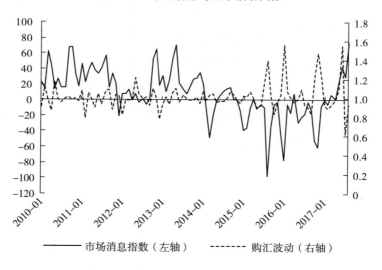

图9－2　市场消息与个人购汇波动共振

226

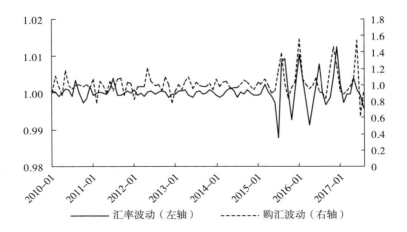

图 9 - 3　汇率波动与个人购汇波动共振

（资料来源：中国人民银行、国家外汇管理局和中国知网，

变量获取和处理方法详见下文）

　　关于市场消息会如何影响外汇市场运行，已有一些研究对市场消息与汇率之间的影响关系作出了诸多探讨研究（Hardouvelis，1988；Thomas 和 Sam，2004；Love 和 Payne，2008；Ho 等，2017）。但关于市场消息对个人外汇业务的影响，当前鲜有文献涉及。从 2015—2016 年我国外汇市场波动时期的实际情况看，市场消息、汇率波动与个人外汇业务变化之间存在着怎样的影响逻辑？如何解释市场消息变化、汇率波动时期的个人外汇业务"羊群行为"特征？未来怎样防范市场消息、汇率波动、个人外汇业务变化共振对外汇市场平稳运行的不利影响？本章带着对这些问题的疑问，试图厘清并求证市场消息、汇率波动与个人外汇业务变化之间的影响逻辑和影响关系。

　　本章创新和贡献在于：（1）当前鲜有文献涉及市场消息、汇率波动、个人外汇业务变化共振影响外汇市场稳定的研究，本章探索性地进行了市场消息、汇率波动、个人外汇业务变化之间影响关系的探讨。（2）基于对个人外汇业务的量化，以及对汇率决定新闻模型的拓展，从理论逻辑层面解析了市场消息、汇率波动与个人外汇业务变化之间的影响机制。（3）实证检验了市场消息、汇率波动与个人外汇业务变化之间的影响关系，给出了汇率贬值、市场消息恶化导致个人外汇业务出现"羊群行为"特征的微观机制和原因解释。

二、文献综述

关于市场消息对金融市场的影响，已有研究作出了诸多探讨，这些研究可分为两类。一类主要探讨市场消息对资产价格的影响；另一类则关注市场消息对交易行为的影响。

（一）市场消息对资产价格影响相关研究

Davies 和 Canes（1978）通过考察《华尔街日报》"小道消息"专栏报道对股价的影响，发现"小道消息"对股价会产生显著影响。此后，较多针对股票市场展开的研究，如 Mitchell 和 Mullherin（1994）关于媒体报道对股票收益率影响的研究，Mathur 和 Waheed（1995）、Difonzo 和 Bordia（1997，2002）、Richard（2002）关于媒体谣言对股价冲击的研究，Tetlock（2007）关于负面新闻对股价影响的研究，Huberman 和 Regev（2001）、Chan（2003）、Engelberg 和 Parsons（2011）关于公司新闻报道对股票交易活跃度和股价影响的研究，通过不同的检验和论证都发现市场消息对股票价格有显著影响。

与本章研究主题更为紧密的一些研究则探讨了市场消息对汇率的影响。Frenkel（1976，1981）、Mussa（1979）、Edwards（1983）关于汇率决定新闻模型相关研究发现，新闻在汇率决定中有十分关键的作用；Lyons（1995）、Evans（2002）、Lyons 和 Evans（2002）

对信息在外汇市场中如何传播，以及最终如何反映到汇率波动上进行了诸多研究；Hardouvelis（1988）研究发现货币消息是影响外汇市场的重要因素，汇率对货币消息反应明显；Love 和 Payne（2008）研究了经济信息通过微观层面交易指令流对汇率的影响，发现公共和公开信息会被纳入交易指令流从而影响汇率。Thomas 和 Sam（2004）基于对 321 名外汇交易员和 63 名金融记者的调查研究发现，新闻的速度和预期对其他市场参与者的影响比其预期的准确性更重要。Ho 等（2017）实证研究了谣言对人民币汇率的影响，发现人民币相关新闻对人民币汇率波动有明显影响，且负面新闻的影响比正面新闻的影响更大。这些研究给出了市场消息会影响汇率的诸多证据。

还有一种角度是探讨媒体行为与市场非理性繁荣之间的关系，诺贝尔经济学奖得主罗伯特·席勒（2007）在其代表性著作《非理性繁荣》中分析了媒体行为在市场非理性繁荣演变过程中扮演的重要角色，认为市场消息对资本市场泡沫的形成有助推作用。Veldka-mp（2006）构建了一个揭示市场消息助推资产价格泡沫的理论模型，从理论层面揭示了媒体高涨的乐观情绪在资本市场泡沫形成过程中扮演的推波助澜作用。Tetlock（2007）基于《华尔街日报》专栏新闻样本，对市场消息与市场交易活跃程度之间的关系进行了实证检验，发现积极（或消极）的市场消息对资产价格的上涨（或下跌）有强化效应。Bhattacharya 等（2009）研究发现，20 世纪末期在美国资本市场"互联网泡沫"产生过程中，市场消息发挥着推波助澜的作用。

新世纪以来，随着中国金融市场的发展，媒体行为对资产价格的影响在国内也逐渐受到关注和研究。朱宝宪和王怡凯（2001）以

《上海证券报》荐股栏目的报道为样本，徐永新和陈婵（2009）以《中国证券报》荐股专栏的报道为样本，实证检验了媒体投资建议对投资收益率的影响，研究均发现投资建议推荐的股票组合具有正的超常交易量，可以取得统计上显著高于市场的收益率。赵静梅等（2010）研究了我国股票市场中谣言对股票价格的影响，探讨了传谣和辟谣对股价的冲击，发现谣言传播会对股价造成明显的异常冲击；市场对谣言持"宁可信其有"的态度，即使辟谣也不能完全、快速修复股价。游家兴和吴静（2012）以我国股票市场为考察对象，借鉴传播学中"沉默的螺旋"研究范式，对资产定价中的媒体效应进行了研究，发现当新闻报道所传递出的情绪越高涨或越低落时，股票价格越有可能偏离基本价值水平。黄俊和郭照蕊（2014）基于我国证券市场股票价格同涨同跌现象，研究了新闻媒体报道对资本市场定价效率的影响，发现新闻媒体报道与股价同步性之间具有显著的负相关性。张圣平等（2014）利用百度新闻搜索得到的媒体报道数据，研究了中国股票市场中媒体报道对股票盈余惯性的影响，发现媒体报道可以通过引导投资者关注被报道股票，从而影响股票价格和交易量。雷震等（2016）采用行为实验方法，考察了仅包括虚假信息的谣言对股票市场买卖双方风险决策的影响，研究发现谣言会直接影响人们的风险投资行为进而导致股价过度波动。这些研究虽然探讨的视角和方法不同，但都证明了在中国金融市场中市场信息对资产价格影响显著。

（二）市场消息对交易行为影响相关研究

市场消息对交易行为的影响也是金融市场中市场消息效应研究的重要分支，此类研究聚焦的一个重要话题是金融市场中的"羊群行为"。"羊群行为"是指金融市场中，投资者同时面临私人信息和市场信息时，投资决策往往会建立在市场信息上，放弃参考私人信息，导致金融市场中投资者在相同时间段内会出现趋同的交易行为（Banerjee，1992；Bikhchandani 和 Sharma，2000；宋军和吴冲锋，2001）。对于"羊群行为"的解释有非常丰富的文献，[①] 其中从市场消息角度给出解释的是信息流模型。"羊群行为"信息流模型（Bikhchandani 等，1992）认为，由于金融市场信息不完全，投资者往往会根据市场消息做决策，产生"羊群行为"，尤其是在市场信息不确定性较大、价格波动明显时，投资者交易行为最可能跟从市场消息，此时"羊群行为"十分明显。游家兴和吴静（2012）也认为由于投资者难以获取资产价格真实信息，往往会依赖于社会舆论、市场消息等成本低、速度快的信息渠道，当市场信息环境较差时，市场消息对投资者的影响将会进一步放大。彭惠（2000）的研究阐释了信息在"羊群行为"和资产价格泡沫形成过程中的作用，如果金融市场是非有效的，信息不对称使投资者需要从市场信息中获取推测信息，信息收集上的正反馈效应导致了"羊群行为"，如果未释放信息累积越多，泡沫崩溃概率和预期套利收益越高，此时微小的信息扰动都可以促发剧烈的"羊群行为"，导致市场极端波动。Mocombs 和 Shaw（1972）、Reis（2006）认为，媒体是公众获取信息的主要渠道，公众主要是通过媒体报道获得市场信息而不是自己跟踪研究，在"羊群行为"出现以及资产价格泡沫产生和破灭过程中，

---

① 对"羊群行为"的解释，不同学科给出了不同的答案，心理学认为是个人决策中的从众心理导致了"羊群行为"，社会学认为是群体行为的无意识导致了"羊群行为"（孙培源和施东晖，2002），经济金融学界对"羊群行为"的解释更为丰富，包括信息不对称性（Rajan，1994）、委托—代理关系（Maug 和 Naik，2011）以及经济主体有限理性（Devenow 和 Welch，1996）等，目前已经形成几种解释"羊群行为"的理论模型，包括声誉模型（Scharfstein 和 Stein，1990）、信息流模型（Bikhchandani 等，1992）、序列性模型（Banerjee，1992）、薪酬条款模型（Maug 和 Naik，1996）。

市场消息扮演着信息来源和中介的重要作用。

实证层面有诸多研究给出了金融市场中存在"羊群行为"的证据。一种逻辑认为如果"羊群行为"的结果是交易行为趋同，那么投资者的交易行为和投资组合也具有趋同性，因此可以用投资者交易行为或者资产组合的不均衡程度来衡量"羊群行为"。Lakonishok等（1992）、Wermers（1999）用买卖双方交易量的不均衡程度来测度"羊群行为"，发现投资者之间"羊群行为"明显。Lakonishok（1994）、Werners（1999）和 Graham（1999）用资产组合变动的趋同程度来衡量"羊群行为"，发现机构投资者存在"羊群行为"。伍旭川和何鹏（2005）、李志文等（2010）、徐信忠等（2011）、许年行等（2013）基于中国机构投资者资产组合数据的实证研究发现，中国金融市场中的机构投资者存在"羊群行为"。另外一种逻辑认为如果金融市场中存在"羊群行为"，投资者的投资行为会趋向于跟从市场舆论，那么个股收益率将不会太偏离市场整体收益率，因此可以用股价分散度测度"羊群行为"。基于这种方法，William 和 Roger（1995）研究发现美国股市中不存在"羊群行为"，Chang 等（2000）对比了成熟金融市场和新兴金融市场"羊群行为"的差异，发现美国、日本等成熟金融市场中不存在"羊群行为"，中国台湾、韩国等新兴金融市场中存在"羊群行为"。宋军和吴冲锋（2001）、孙培源和施东晖（2002）、马丽（2016）的研究使用个股收益率分散度指标对我国股票市场中的"羊群行为"进行了实证检验，研究发现我国股票市场中存在明显的"羊群行为"。①

---

① 除了股票市场外，一些学者对商品市场中的羊群行为进行了实证探讨，如 Tang 和 Xiong（2012）、Steen 和 Gjolberg（2013）研究发现羊群行为是 2008 年国际金融危机期间原油与食品等大宗商品价格暴跌的原因之一；田利辉等（2015）研究了我国大宗商品市场中的羊群行为，发现我国商品期货市场存在羊群行为；在市场下跌时，交易者更容易跟风抛售。

（三）现有研究评述

总结现有研究发现，关于金融市场中市场消息效应的研究，股票市场的研究成果比较丰富，国外有一些研究对外汇市场（Thomas和Sam，2004；Ho 等，2016）中的市场消息效应进行了积极探索，但是国内关于金融市场消息效应的研究大多集中于股票市场，基本未涉及外汇市场。深入研究外汇市场中的消息效应，对于洞悉市场消息与中国外汇市场波动共振现象十分重要。鉴于此，本章试图结合 2015—2016 年外汇市场消息、汇率波动与个人外汇业务变化共振的现象，对此做出探讨研究。

三、理论逻辑

个人外汇业务有多种形式，按照交易性质可分为经常项目和资本项目个人外汇业务，在兑换交易环节上分为购汇和结汇两种，《个人外汇管理办法》对个人结汇和境内个人购汇实行年度总额管理。在业务实践中，个人结汇业务的前提条件是个人需先持有（或收到）外币，个人购汇业务在年度总额内凭本人有效身份证件在银行办理，因此在交易环节上购汇相较于结汇更加自主灵活，如果存在"羊群行为"特征，可能也会更加明显。因此，本章探讨主要聚焦于个人购汇交易环节。在现实层面，个人购汇业务出自两种需求，一种是因需要使用外汇而产生的使用需求，另一种是由于汇率变动而引起的资产需求。假设使用需求主要受基础因素 x 影响，[①] 资产需求主要受汇率因素 e 影响。t 期个人外汇业务购汇量 B_t 可以表示如下：

　　[①]　诸如收入水平的提升、外币存款的增加、出国旅游、出国留学都会引致外汇需求的增加。

$$B_t = f_1(x_t) + f_2(e_t) \qquad (9-1)$$

金融市场不完全和理性预期条件下，在 $t-1$ 期个人会根据当前能够获得的信息集 I_{t-1}，形成对 t 期购汇量的预期 $E_{t-1}(B_t \mid I_{t-1})$，$E_{t-1}(B_t \mid I_{t-1})$ 可以表示为如下具体形式：

$$E_{t-1}(B_t \mid I_{t-1}) = E_{t-1}[f_1(x_t) \mid I_{t-1}] + E_{t-1}[f_2(e_t) \mid I_{t-1}] \quad (9-2)$$

根据式（9-2），可以将 t 期未预期到的购汇量冲击表示为如下形式：

$$B_t - E_{t-1}(B_t \mid I_{t-1}) = \{f_1(x_t) - E_{t-1}[f(x_t) \mid I_{t-1}]\}$$
$$+ \{f_2(e_t) - E_{t-1}[f(e_t) \mid I_{t-1}]\} \quad (9-3)$$

如果市场主体是理性预期的，可以得到 $f_1(x_t) = E_{t-1}[f_1(x_t) \mid I_{t-1}]$，则式（9-3）可以表示为

$$B_t - E_{t-1}(B_t \mid I_{t-1}) = f_2(e_t) - E_{t-1}[f_2(e_t) \mid I_{t-1}] \qquad (9-4)$$

式（9-4）表示，在理性预期条件下，t 期未预期到的购汇量冲击，主要受未预期到的汇率变动影响。

根据 Frenkel（1976，1981）、Mussa（1979）、Dornbusch（1980）、Edwards（1983）、徐剑刚和唐兴国（1998）等对汇率决定新闻模型的研究，假设汇率 e 由国内外经济基本面差异决定，具体形式如下：

$$e_t = \phi \times (y_t - y_t^*) + \gamma \times (m_t - m_t^*) + \eta \times (r_t - r_t^*)$$
$$(9-5)$$

式中，y 是经济增长因素，m 是货币政策因素，r 是利率因素，星号 * 上标表示外国变量。式（9-5）说明，汇率是对两国经济增长、货币政策、利率差异因素的调整。根据无抛补利率平价条件（徐剑刚和唐兴国，1998；丁志杰等，2009），预期汇率对实际汇率的调整能够平衡两国利率差异，具体形式如下：

$$E_t(e_{t+1} \mid I_t) - e_t = r_t - r_t^* \tag{9-6}$$

令 $\phi \times (y_t - y_t^*) + \gamma \times (m_t - m_t^*) = f_3(z_t)$ 表示经济基本面因素，将 $f_3(z_t)$ 连同式（9-6）代入式（9-5）可得：

$$e_t = f_3(z_t) + \eta \times [E_t(e_{t+1} \mid I_t) - e_t] \tag{9-7}$$

对式（9-7）进行变换，可得：

$$e_t = \frac{1}{1+\eta} \times f_3(z_t) + \frac{\eta}{1+\eta} \times E_t(e_{t+1} \mid I_t) \tag{9-8}$$

式（9-8）表示汇率由当期经济基本面因素和对下一期的汇率预期决定，在 $t+1$ 时期可得：

$$e_{t+1} = \frac{1}{1+\eta} \times f_3(z_{t+1}) + \frac{\eta}{1+\eta} \times E_{t+1}(e_{t+2} \mid I_{t+1}) \tag{9-9}$$

联立式（9-8）和式（9-9）可得：

$$e_t = \frac{1}{1+\eta} \times f_3(z_t) + \frac{\eta}{(1+\eta)^2} \times E_t[f_3(z_{t+1}) \mid I_t]$$
$$+ \left(\frac{\eta}{1+\eta}\right)^2 \times E_t(e_{t+2} \mid I_t) \tag{9-10}$$

依据对式（9-8）和式（9-9）的处理方法，继续向前迭代可得：

$$e_t = \frac{1}{1+\eta} E_t \left[\sum_{j=0}^{\infty} \left(\frac{\eta}{1+\eta}\right)^j f(z_{t+j}) \mid I_t \right] \tag{9-11}$$

式（9-11）表明在 t 期信息集 I_t 的基础上，t 期汇率 e_t 是由当期基本面因素 z_t 以及对未来各期基本面因素 z_{t+i} 的预期决定。根据式（9-11）可得：

$$E_{t-1}(e_t \mid I_{t-1}) = \frac{1}{1+\eta} \left\{ \sum_{j=0}^{\infty} \left(\frac{\eta}{1+\eta}\right)^j E_{t-1}[f(z_{t+j}) \mid I_{t-1}] \right\}$$
$$\tag{9-12}$$

则 t 期未预期到的汇率冲击可以表示为

$$e_t - E_{t-1}(e_t \mid I_{t-1}) = \frac{1}{1+\eta}\{f_3(z_t) - E_{t-1}[f_3(z_t) \mid I_{t-1}]\}$$

$$+ \frac{1}{1+\eta}\Big[\sum_{j=0}^{\infty}\Big(\frac{\eta}{1+\eta}\Big)^j(E_t[f_3(z_{t+j}) \mid I_t]$$

$$- E_{t-1}[f_3(z_{t+j}) \mid I_{t-1}])\Big] \qquad (9-13)$$

在理性预期条件下 $f_3(z_t) = E_{t-1}[f_3(z_t) \mid I_{t-1}]$,式(9-13)可以表示为

$$e_t - E_{t-1}(e_t \mid I_{t-1}) = \frac{1}{1+\eta}\Big[\sum_{j=0}^{\infty}\Big(\frac{\eta}{1+\eta}\Big)^j(E_t[f_3(z_{t+j}) \mid I_t]$$

$$- E_{t-1}[(f_3(z_{t+j}) \mid I_{t-1}])\Big] \qquad (9-14)$$

式(9-14)表明,信息集 I 从 $t-1$ 期到 t 期发生的变化是未预期到的汇率冲击的重要影响因素,信息集 I 从 $t-1$ 期到 t 期发生的变化用 t 期发生的新闻 N_t 表示,根据以上分析,式(9-14)可以简化为

$$e_t - E_{t-1}(e_t \mid I_{t-1}) = f_4(N_t) \qquad (9-15)$$

假设 f_2 为线性函数,联立式(9-4)和式(9-15),可以得到:

$$B_t - E_{t-1}(B_t \mid I_{t-1}) = f_2(e_t) - E_{t-1}[f_2(e_t) \mid I_{t-1}]$$

$$= f_2[e_t - E_{t-1}(e_t \mid I_{t-1})] = F(N_t)^{①}$$

$$(9-16)$$

式(9-16)给出的启示是,市场消息对购汇量的影响会在汇率上体现出来,因此在解释购汇量冲击的时候汇率与市场消息具有等价效果,也即:

$$\widetilde{B}_t = F(e_t) \equiv F(N_t) \qquad (9-17)$$

为了便于理解,可以将根据汇率决定的新闻模型得出市场消息、

---

① 其中,$F(N_t) = f_2[f_1(N_t)]$。

汇率与购汇量之间的影响关系表示如下：

$$N \underset{=}{\rightrightarrows} E \rightarrow B^{①} \qquad\qquad (9-18)$$

以上模型分析得出的仅仅是单向逻辑，需要考虑的另外一个问题是，汇率与市场消息之间的交互影响，市场消息中可能包含大量对当期汇率水平、变动趋势的新闻报道，因此汇率变动也会影响市场消息，当市场主体认知到市场消息会影响汇率时，往往在市场消息出现的时候就会作出反应，因此现实中市场消息、汇率、个人外汇业务操作之间的关系比式（9-18）刻画的逻辑关系更复杂，具体如下：

$$\underset{\rightarrow}{N \leftrightarrow E \rightarrow B} \qquad\qquad (9-19)$$

四、检验设计与变量说明

（一）检验设计

1. 以购汇量为被解释变量的模型 I

上文从理论逻辑层面阐释了市场消息、汇率、个人外汇业务之间的影响关系，进一步研究将利用现实数据对上文理论逻辑进行实证检验。在式（9-1）的基础上考虑式（9-19）揭示的逻辑，可得购汇量除了受基础变量、汇率的影响，也会受到市场消息的影响，同时市场消息与汇率之可能存在交互影响关系，这为检验市场消息、汇率、个人外汇业务的影响关系提供了一种思路。可以构建如下形式的以购汇量为被解释变量的检验模型 I：

---

① 其中，"≡"表示等价关系。

$$B_t = \alpha \times E_t + \beta \times N_t + \theta \times N_t \times E_t + \gamma \times X_t + \varepsilon_t \quad (9-20)$$

式中，B 表示购汇量，E 表示汇率，N 表示外汇市场消息，$N \times E$ 表示市场消息与汇率的交叉项，X 是影响个人外汇业务的其他变量。从现实购汇需求看，诸如收入水平的提升、外币存款的增加、出国旅游、出国留学都会引致个人外汇需求增加，从而影响购汇，因此选取的其他变量包括收入水平、外币存款、出境旅游、出境留学。

2. 以购汇波动为被解释变量的模型 Ⅱ

在式（9 – 17）的基础上考虑式（9 – 19）的逻辑，可得个人外汇业务变化不仅受汇率波动的影响，市场消息也是影响购汇量变化的重要因素，同时市场消息与汇率之间可能存在交互影响关系，这为检验市场消息、汇率、个人购汇的影响关系提供了另外一种思路，可以构建如下形式的以购汇量波动为被解释变量的检验模型 Ⅱ：

$$\tilde{B}_t = \alpha \times \tilde{E}_t + \beta \times N_t + \gamma \times N_t \times \tilde{E}_t + \varepsilon_t \quad (9-21)$$

式中，$\tilde{B}$ 是购汇量波动，N 是市场消息，$\tilde{E}$ 是汇率波动，与模型 Ⅰ 不同的是，模型 Ⅱ 检验所需数据均可以获得日度高频数据，因此能够在更高数据频率上进行检验。

（二）变量说明

个人外汇业务：本章用个人购汇量表示，标记为 Buy，数据来自国家外汇管理局，时间范围选取为 2010 年 1 月 1 日至 2017 年 10 月 31 日。

市场消息：现有研究一般采用新闻媒体报道所传达的信息来衡量（游家兴和吴静，2012），本章同时考虑了市场消息的两个特征：情绪和传播广度，区分了新闻报道传递的情绪是积极的还是消极的，以及不同新闻报道传播广度的差异。本章获取市场消息指标的过程如下：（1）检索数据库为中国知网中国重要报纸全文数据库，检索时间范围为 2010 年 1 月 1 日至 2017 年 10 月 31 日。（2）定义关键词，包括汇率、跨境资金流动、外汇市场等关键词。（3）以关键词为条件进行检索，初步获取新闻报道 26573 篇。（4）数据清洗，包括剔除重复、剔除主题并不是针对人民币汇率问题的新闻报道等，最终获得 13832 篇报道。（5）定义情绪表征关键词，以关键词组合方法将情绪分为积极、消极、中性三类，对每篇报道进行情绪识别，对于无法通过关键词组合方法进行情绪识别的新闻报道，通过人工复读进行判断。（6）将积极报道赋值为 1，消极报道赋值为 -1，中性报道赋值为 0；将报刊分为中央官媒、全国性报刊、区域性报刊，中央官媒传播广度权数赋值为 2、全国性报刊传播广度权数赋值为 1、区域性报刊传播广度权数赋值为 0.5；然后将每篇报道的情绪赋值和传播广度赋值求乘积，为市场消息的衡量[①]，按日加总得到考虑报道情绪和传播广度的日度市场消息变量 News，该变量绝对值越大表示向市场传递外汇相关积极（或消极）情绪的程度越大、范围越广。

汇率：现实层面个人购汇参照的汇率标准是中国人民银行公布的人民币汇率中间价，因此选取人民币汇率中间价作为汇率指标，标记为 Cen，数据来自中国人民银行，时间范围选取为 2010 年 1 月 1 日至 2017 年 10 月 31 日。

其他变量：影响购汇量其他因素包括收入因素、外币存款因素、出境旅游因素和留学因素。收入因素用城镇居民人均可支配收入衡量，标记为 Income，数据来自国家统计局；外币存款因素用银行外

---

① 为了检验 News 变量刻画市场消息的准确性，分三次随机从所有报道中抽取 100 篇报道，进行人工复读，检验人工对报道情绪的判断与采用文本分析方法识别的报道情绪的差异，三次随机抽取检验中，判断错误的概率分别为 3%、1%、4%，文本分析方法对报道情绪的识别误差在 5% 以下。

币存款额衡量，标记为 *FgnDeposits*，数据来自中国人民银行；出境人数用国内居民出境旅游人数衡量，标记为 *OutTourism*，数据来自国家旅游局；留学因素用出国留学生数量衡量，标记为 *StdAbroad*，数据来自教育部。获取数据时，以 2010 年 1 月 1 日至 2017 年 10 月 31 日为时间范围，尽可能选取这些数据的高频数据。最后获得城镇居民人均可支配收入季度数据、外币存款额月度数据、国内居民出境旅游人数季度数据、出国留学人数年度数据。

（三）数据处理

本章获取的个人外汇业务变量、市场消息变量、汇率变量是日频数据，而其他变量则是月度、季度、年度低频数据。根据上文的分析，检验模型 I 中需要同时引入多个变量，这些变量存在频率不统一的问题，实证检验之前需要先处理数据混频问题。① 将个人外汇业务变量、市场消息变量日频数据通过加总降频为月度数据，汇率变量日频数据通过取平均值降频为月度数据，将城镇居民人均可支配收入、国内居民出境旅游人数、出国留学人数通过指数平均方法升频为月度数据。② 统一数据频率后，购汇量、城镇居民人均可支配收入、国内居民出境旅游人数存在明显的季节性因素，需剔除这些

---

① 解决回归中的数据混频问题主要有两种方法：第一种方法是将高频数据降为低频或者将低频数据升为高维，这种方法一般会损失信息。第二种方法是混频回归方法，混频回归对数据频率差有严格要求，从本章数据来看，日度、月度、季度、年度数据混频种类繁多，理想的处理方式是在月度频率上进行混频数据处理，同样会使日度高频数据信息损失。对比两种混频数据处理方法后，若采用升频或降频方法，可以将购汇变量、市场消息变量、汇率变量日频数据降频为月度数据，将收入因素、出境旅游因素变量、出国留学因素变量升频为月度，实现数据频率统一；若采用混频数据回归方法，也需将购汇变量、市场消息变量、汇率变量日频数据降频为月度数据，将出国留学因素变量升频为季度数据，此种处理也需进行升频或降频处理，只是在数据升频中有一定的信息保留优势，但并不明显，而且处理方法较为复杂。因此，我们选择变频方法直接处理混频数据问题。

② 这种处理方法虽然可能抹掉数据的季节特征，但是在后文回归中，被解释变量也被剔除了季节性特征，因此这种处理不会对回归结果造成很大的偏误。

变量的季节性因素。经过处理，得到去季节趋势的购汇量月度数据 *BuyM*、市场消息指数月度数据 *NewsM*、月度平均汇率中间价 *CenM*、去季节趋势后的城镇居民人均可支配收入月度数据 *IncomeM*、外币存款额月度数据 *FgnDepositsM*、去季节趋势的国内居民出境旅游人数月度数据 *OutTourismM*、出国留学人数月度数据 *StdAbroadM*。检验模型 Ⅱ 只使用到了购汇量、市场消息变量、汇率变量，三者频率相同，且为日度数据，因此可以直接用取对数差分法获得购汇量波动日度数据 *BuyD*、汇率波动日度数据 *CenD*。表 9 − 1 给出了本章变量的描述性统计。

表 9 − 1　　　　　　　　　　变量统计性描述

变量名称	变量符号	样本数量	均值	标准差	最小值	最大值
购汇量	*BuyM*	94	10.9933	6.0515	3.5424	31.6113
市场消息	*NewsM*	94	16.3830	52.2513	− 156.5	133.5
汇率中间价	*CenM*	94	6.4341	0.2586	6.1037	6.9189
收入水平	*IncomeM*	94	2.3026	0.4551	1.5230	3.1167
外币存款	*FgnDepositsM*	94	4.8742	1.9108	1.9975	7.8828
出境旅游	*OutTourismM*	94	3.1342	1.3450	1.1240	5.8531
出国留学	*StdAbroadM*	94	3.6832	0.8252	2.2487	5.1140
购汇量波动	*BuyD*	2861	3.6139	3.1174	− 0.0110	27.3791
市场消息	*NewsD*	2066	0.4424	2.8174	− 24	15
汇率波动	*CenD*	2861	6.4340	0.2580	6.0930	6.9526

注：变量符号尾字母为 *M* 表示月度数据，变量符号尾字母为 *D* 表示日度数据。

根据所获数据，检验模型 Ⅰ、检验模型 Ⅱ 可以分别表示为如下形式：

$$BuyM_t = \alpha \times NewsM_t + \beta \times CenM_t + \theta \times NewsM_t \times CenM_t$$
$$+ \gamma_1 \times IncomeM_t + \gamma_2 \times FgnDepositsM_t + \gamma_3 \times OutTourismM_t$$
$$+ \gamma_4 \times StdAbroadM_t + \varepsilon_t \qquad (9-22)$$

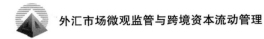 外汇市场微观监管与跨境资本流动管理

$$BuyD_t = \alpha \times NewsD_t + \beta \times CenD_t + \alpha \times NewsD_t \times CenD_t + \varepsilon_t$$

$$(9-23)$$

(四) 市场消息与汇率因果关系检验

在进行检验之前，需要先对市场消息与汇率之间是否互为因果关系进行检验，以检验前文在构建实证检验模型时考虑市场消息与汇率存在交互影响关系是否合理。采用格兰杰因果检验方法，分别检验市场消息月度数据 $NewM$ 和汇率中间价月度数据 $CenM$ 的因果关系，以及市场消息日度数据 $NewD$ 和汇率波动日度数据 $CenD$ 的因果关系，所得结果如表 9-2 和表 9-3 所示。

表 9-2 　　　　　　$NewM$ 和 $CenM$ 的格兰杰因果检验结果

原始假设	F 值	P 值	结论
$NewM$ 不是 $CenM$ 的格兰杰原因	10.50	0.0012	在 5% 显著性水平上 $NewM$ 和 $CenM$ 互为因果关系
$CenM$ 不是 $NewM$ 的格兰杰原因	36.90	0.0000	

表 9-3 　　　　　　$NewD$ 和 $CenD$ 的格兰杰因果检验结果

原始假设	F 值	P 值	结论
$NewD$ 不是 $CenD$ 的格兰杰原因	7.51	0.0063	在 10% 显著性水平上 $NewD$ 和 $CenD$ 互为因果关系
$CenD$ 不是 $NewD$ 的格兰杰原因	2.92	0.0877	
$L.\,CenD$ 不是 $NewD$ 的格兰杰原因	4.57	0.0326	

月频数据格兰杰因果检验结果显示，在 5% 显著性水平上 $NewM$ 与 $CenM$ 互为因果关系。日频数据格兰杰因果检验结果显示，在 10% 显著性水平上 $NewD$ 和 $CenD$ 互为因果关系；在 5% 显著性水平上 $NewD$ 是 $CenD$ 的原因，$CenD$ 不是 $NewD$ 的原因，滞后 1 期的 $CenD$ 是 $NewD$ 的原因。从日度频率看，当期市场消息能够快速影响当日汇率，而当日汇率波动并不会很快影响当日市场消息，而是会影响下一日市场消息，这种数据现象也符合新闻报道与外汇市场动态存在一定时滞的现实逻辑。整体来看，市场消息与汇率之间存在较为显

著的相互影响关系，检验结果支持前文在实证检验模型中引入市场消息与汇率交互项的设定。

五、结果分析

（一）检验结果

1. 基准回归结果

首先对全样本数据进行最小二乘估计（OLS），表 9 - 4 给出的模型 I 的 OLS 估计结果显示，单独考虑汇率和市场消息对购汇量的影响，汇率对购汇量的影响为正但不显著，市场消息对购汇量的影响为负且显著。对比表 9 - 4 估计结果，在考虑汇率对购汇量影响的前提下，市场消息对购汇量的影响为负且显著，说明市场消息和汇率对购汇量的影响并不能划上等价关系，前文式（9 - 19）刻画的市场消息、汇率、个人外汇业务之间的影响关系具有正确性。考察市场消息和汇率对购汇量的具体影响，市场消息对购汇量影响为负且显著，汇率对购汇量影响为正且显著，也即市场消息变差、汇率贬值会使购汇量增加，反之则相反。

交叉项 $NewsM \times CenM$ 的回归系数为负且显著，能够得出以下启示：（1）引入交叉项后，对模型求 $NewsM$ 的偏导，由于汇率变量始终是正值，则 $NewsM$ 对 $BuyM$ 的综合影响效应为负。这一回归结果说明市场消息在影响购汇者情绪并对购汇产生影响的同时，也会通过影响交易行为对汇率产生影响，汇率水平也是影响个人外汇业务的重要变量，因此当负面市场消息出现时，一方面购汇者会受负面市场消息影响增加购汇，另一方面外汇交易者会受负面市场消息影响在外汇交易中形成更低的汇率（Love 和 Payne，2008），汇率贬值会进一步导致购汇量增加。（2）在市场消息为负的情况下，对引入交叉项的模型求 *CenM* 的偏导数，*CenM* 对 *BuyM* 的综合影响系数为正。这一回归结果说明如果汇率贬值叠加负面市场消息，则汇率贬值会使市场消息进一步恶化，引起汇率贬值加剧，汇率变动对个人外汇业务的影响也会变得更大。

表 9 – 4　　　　　　　　模型 Ⅰ 的 OLS 估计结果

变量	（1）	（2）	（3）	（4）	（5）
CenM	8. 2429 *		4. 8962 **	4. 6594 **	4. 0543 ***
	(4. 5186)		(1. 9143)	(1. 8244)	(1. 0451)
NewsM		− 0. 6954 ***	− 0. 7300 ***	− 0. 6853 ***	− 0. 2923 ***
		(0. 0966)	(0. 0947)	(0. 0913)	(0. 0606)
NewsM × *CenM*				− 1. 2395 ***	− 0. 7811 ***
				(0. 3852)	(0. 2399)
控制变量	否	否	否	否	是
Obs	94	94	94	94	94
R^2	0.0349	0.3606	0.4034	0.4650	0.8376
F 检验	3. 33	51. 87	30. 77	26. 07	63. 36

注：括号内数据为回归系数的标准差，" *** "表示 1% 显著性水平，" ** "表示 5% 显著性水平，" * "表示 10% 显著性水平，下同。

表 9 – 5 给出的模型 Ⅱ 的 OLS 估计结果显示，在不同回归模型中，*CenD* 的回归系数始终为正且显著，说明汇率贬值会使购汇量波动增加，反之则相反；*NewsD* 的回归系数始终为负且显著，说明市场消息变差会使购汇量波动增加，反之则相反。交叉项 *NewsD* × *CenD* 的回归系数为负且显著，说明：（1）在汇率贬值环境中，市场消息对购汇量波动的消极影响会被加强；（2）市场消息恶化时，汇率贬值对购汇量波动的消极影响也会被强化。模型 Ⅱ 检验结果揭示的市场消息、汇率波动与购汇量波动之间的影响关系与模型 Ⅰ 一致。

表 9 - 5　　　　　　　　**模型 II 的 OLS 估计结果**

变量	（1）	（2）	（3）	（4）
CenD	1.0157 *** (0.2252)		1.5263 *** (0.2513)	1.4909 *** (0.2486)
NewsD		- 0.3843 *** (0.0232)	- 0.3936 *** (0.0230)	- 0.3757 *** (0.0229)
NewsD × CenD				- 0.6670 *** (0.0973)
Obs	2861	2066	2066	2066
R^2	0.0071	0.1175	0.1330	0.1523
F 检验	20.34	274.83	158.25	123.52

　　基准回归结果显示，市场消息对个人外汇业务的影响并没有如汇率决定新闻模型所揭示的那样被完全包含在汇率中。在考虑汇率对个人外汇业务影响的情况下，市场消息对个人外汇业务影响为负且显著，也即积极的市场消息会减少购汇，消极的市场消息会增加购汇，市场消息与汇率之间存在交互影响关系，会使市场消息通过汇率渠道放大对个人外汇业务的影响。尤其是在汇率贬值叠加负面市场消息的环境下，市场消息恶化、汇率贬值会相互强化，对购汇量形成负向螺旋影响效应，使汇率贬值、市场消息恶化、购汇量变化同步剧烈共振，导致个人外汇业务"羊群行为"特征（如图9-4所示）。

**图9-4　市场消息、汇率波动引致个人外汇业务
"羊群行为"特征的微观机制**

2. 内生性问题导致的估计偏误处理

为了得到尽可能准确的估计结果，需要考虑被解释变量与解释变量之间可能存在因果关系导致的内生性问题。在现实的汇率决定机制中，个人外汇业务体量不大，对汇率的影响不大，不会引致汇率变量估计结果的内生性。但个人外汇业务变化可能会影响市场消息，二者之间存在交互影响关系使市场消息变量回归结果存在内生性。为了规避市场消息变量内生性问题对回归结果的影响，使用市场消息变量滞后 $1 \sim 2$ 期作为市场消息的工具变量（IV），[①] 采用工具变量两阶段最小二乘估计（IV – 2SLS）对模型 I 和模型 II 重新进行回归。表 9 – 6、表 9 – 7 分别汇报了模型 I 和模型 II 的 IV – 2SLS 估计结果，对比发现，内生性问题解决后，变量回归系数的正负号没有变化，但市场消息变量回归系数的绝对值变大，说明内生性问题弱化了市场消息对个人外汇业务的影响程度。考虑到 IV – 2SLS 估计能够解决回归中的内生性问题，估计结果也更为准确，因此后文实证检验主要使用 IV – 2SLS 估计方法进行估计。

表 9 – 6　　　　　　　　模型 I 的 IV – 2SLS 估计结果

变量	(1)	(2)	(3)	(4)
CenM		6. 8167 *** (2. 1000)	6. 2681 *** (1. 9459)	4. 5493 *** (1. 1185)
NewsM	– 1. 0737 *** (0. 1537)	– 1. 0937 *** (0. 1471)	– 1. 0242 *** (0. 1371)	– 0. 4670 *** (0. 1084)
NewsM × CenM			– 1. 2558 *** (0. 3936)	– 0. 8917 *** (0. 2353)

---

① 参照陈强（2012）给出的总结，选择内生性解释变量的滞后期作为工具变量，经过尝试和对比，选择滞后 $1 \sim 2$ 阶的效果最好，因此本章选择市场消息变量滞后 $1 \sim 2$ 期作为市场消息的工具变量，工具变量的选择在回归中通过了 Sargan 检验。

续表

变量	（1）	（2）	（3）	（4）
控制变量	否	否	否	是
Obs	92	92	92	92
R^2	0.2422	0.3121	0.4135	0.8276
F 检验	48.82	59.81	79.36	432.17
Sargan 检验	0.5080	0.6543	0.6500	0.8310

表 9 - 7　　　　　模型 II 的 IV - 2SLS 估计结果

变量	（1）	（2）	（3）
$CenD$		1.8453*** (0.3738)	1.8087*** (0.3110)
$NewsD$	-0.7610*** (0.0583)	-0.7852*** (0.0588)	-0.7827*** (0.0597)
$NewsD \times CenD$			-0.5874*** (0.1133)
Obs	2064	2064	2065
R^2	0.1370	0.1840	0.2528
F 检验	170.40	186.24	212.05
Sargan 检验	0.8699	0.7942	0.7055

（二）汇率形成机制变化的影响

1. "8·11" 汇改的影响

2015 年 8 月 11 日人民币汇率市场化改革（简称"8·11"汇改）迈出重大步伐，人民币汇率形成机制朝着更加市场化方向转变。我们试图通过对全样本数据以"8·11"汇改为界限进行前后划分，对"8·11"汇改前后市场消息、汇率波动对个人外汇业务的影响进行对比。检验"8·11"汇改前后回归结果差异时，只对模型 II 进行检验，原因是模型 I 检验使用的是月度数据，如果对

模型 Ⅰ 进行分时段检验，"8·11"汇改后样本较少，检验结果可能不准确。

表 9 – 8 给出的 "8·11" 汇改前后模型 Ⅱ 的估计结果显示，市场消息变量估计系数始终显著为负，说明 "8·11" 汇改前后，市场消息对个人外汇业务始终存在负向影响，也即市场消息负向变化会使购汇量增加，与前文全样本检验结果一致，与个人外汇业务的行为逻辑也一致。区分 "8·11" 汇改前后市场消息对个人外汇业务的影响，发现 "8·11" 汇改后市场消息变量回归系数绝对值明显变大，且回归系数的统计差异显著，说明 "8·11" 汇改后市场消息对个人外汇业务的影响变得更大，也即个人外汇业务对市场消息的反应更为剧烈。

表 9 – 8　"8·11" 汇改前后模型 Ⅱ 的 IV – 2SLS 估计结果

变量	(1)	(2)
	"8·11" 汇改前	"8·11" 汇改后
$NewsD$	– 0. 2594 ***	– 0. 4490 ***
	(0. 0509)	(0. 1027)
$CenD$	3. 7986 **	6. 6656 ***
	(0. 2926)	(1. 4253)
$NewsD \times CenD$	– 0. 2015 **	– 0. 4335 ***
	(0. 0894)	(0. 2719)
Obs	1507	606
R^2	0. 2573	0. 1528
F 检验	412. 99	34. 52
Sargan 检验	0. 6713	0. 6752

考察交叉项回归系数发现，"8·11"汇改前后，交叉项回归系数存在明显的差异，"8·11"汇改前交叉项系数较小，"8·11"汇

改后交叉项系数绝对值变大。可能的原因是"8·11"汇改前，汇率持续升值，市场消息也较为平稳，汇率波动、市场消息之间相互强化效应不明显。"8·11"汇改后，汇率短期内波动加大，同时叠加市场消息恶化，汇率波动、市场消息对个人外汇业务的负向螺旋影响效应加强。这也是"8·11"汇改以来，市场消息、汇率波动、个人外汇业务变化同向共振，个人外汇业务"羊群行为"特征更加明显的原因。

2. 汇率中间价形成机制引入"逆周期因子"的影响

2017 年 5 月底，汇率中间价形成机制中引入"逆周期因子"（以下简称引入"逆周期因子"）。有必要进一步考察引入"逆周期因子"前后时间段内市场消息、汇率波动与个人外汇业务变化之间影响关系的差异。

表 9 - 9 给出的引入"逆周期因子"前后模型 II 的 IV - 2SLS 估计结果显示，引入"逆周期因子"前，市场消息变量回归系数为负且显著，与前文回归结果一致，但引入"逆周期因子"后，市场消息变量回归系数为正且不显著，也即引入"逆周期因子"后，市场消息对个人外汇业务的影响关系出现逆转。可能的原因是：（1）个人外汇业务在 7 月、8 月期间本来就会因暑期出游和出国留学的增多而增加。（2）引入"逆周期因子"有助于稳定汇率，但可能对微观主体的汇率预期影响不明显。此一时期虽然市场消息好转，但微观主体的汇率贬值预期没有改变，购汇反而增加，出现个人外汇业务变化与市场消息走势的背离。[①]

---

① 虽然本章试图基于个人外汇业务特征，解释引入"逆周期因子"后市场消息对个人外汇业务影响关系逆转的原因，但需要提醒读者注意，此处样本太少，回归结果也可能不准确。

外汇市场微观监管与跨境资本流动管理

表 9-9　　　　引入"逆周期因子"前后模型Ⅱ的估计结果

变量	(1)	(2)
	引入"逆周期因子"前	引入"逆周期因子"后
NewsD	-0.5632 ***	0.1461
	(0.1643)	(0.1846)
CenD	7.1733 ***	9.1080 ***
	(1.5111)	(3.4511)
NewsD × CenD	-0.5588 *	-1.1701
	(0.3027)	(0.8485)
Obs	490	114
R²	0.0917	0.2577
F 检验	28.06	10.11
Sargan 检验	0.5271	0.7964

（三）稳健性检验

为了检验回归结果的可靠性，采用以下两种方法对回归结果进行稳健性检验。一是缩小市场消息的媒体统计范围，只考虑在报道数量上排名前 5 位的报纸媒体，以此为样本进行统计，得到在较小媒体范围内统计的市场消息指标 *News*1。二是对新浪网新闻板块进行网络爬虫，获取得到 2010 年 1 月 1 日至 2017 年 10 月 31 日所有的新闻报道数据，按照上文的处理方式进行处理，得到市场消息指标 *News*2①。按照前文实证检验流程，对模型Ⅰ和模型Ⅱ进行稳健性检验，稳健性检验结果见表 9-10、表 9-11。对比稳健性检验结果与前文回归结果，回归系数估计结果在符号正负及大小方面没有明显差异，稳健性检验结果与上文回归结果基本一致，说明实证检验所得结果具有稳健性。

---

① 从爬虫获取的新浪新闻媒体报道数据集中，通过关键词识别方法初步筛选出外汇市场相关报道 37481 篇，经清洗后得到外汇市场相关网媒新闻报道 12429 篇。与 *News* 变量不同的是，在爬虫网络媒体新闻时，能够获取新闻被浏览次数，可以将此指标作为报道传播广度权数。

250

表 9 – 10　　　　　缩小媒体统计范围后的稳健性检验结果

变量	(1)	变量	(2)	(3)	(4)	(5)	(6)
	全样本		全样本	"8·11"汇改前	"8·11"汇改后	引入"逆周期因子"前	引入"逆周期因子"后
$News1M$	− 0.4406 ***	$New1sD$	− 0.2889 ***	− 0.0780 ***	− 0.2472 ***	− 0.2657 ***	0.0932
	(0.1146)		(0.0256)	(0.0192)	(0.0680)	(0.0830)	(0.1183)
$CenM$	3.8587 ***	$CenD$	1.6367 ***	3.8471 ***	3.1726 ***	3.7858 ***	4.8541
	(1.0857)		(0.2976)	(0.2348)	(1.1320)	(1.2089)	(3.6481)
$News1M \times CenM$	− 0.8297 ***	$News1D \times CenD$	− 0.4191 ***	− 0.0203 **	− 0.3192 ***	− 0.3640 **	− 0.4043
	(0.2492)		(0.1049)	(0.0084)	(0.1363)	(0.1633)	(0.7022)
控制变量	是						
Obs	92	Obs	1616	1094	520	404	114
R^2	0.8239	R^2	0.0976	0.2327	0.0533	0.0608	0.0358
F 检验	57.47	F 检验	58.17	110.30	11.91	9.38	1.33

表 9 – 11　　　　　基于网络媒体数据的稳健性检验结果

变量	(1)	变量	(2)	(3)	(4)	(5)	(6)
	全样本		全样本	"8·11"汇改前	"8·11"汇改后	引入"逆周期因子"前	引入"逆周期因子"后
$News2M$	− 0.2903 ***	$News2D$	− 0.2003 ***	− 0.0457 ***	− 0.1974 ***	− 0.1883 ***	0.0820
	(0.0591)		(0.0171)	(0.0132)	(0.0467)	(0.0535)	(0.0782)
$CenM$	4.2225 ***	$CenD$	1.2757 ***	4.0096 ***	4.1290 ***	4.5500 ***	5.7435 *
	(1.0458)		(0.2628)	(0.2017)	(1.0737)	(1.1424)	(3.0721)
$News2M \times CenM$	− 0.7315 ***	$News2D \times CenD$	− 0.2687 ***	− 0.1450 **	− 0.3200 **	− 0.4117 **	− 0.9049
	(0.2404)		(0.0700)	(0.0613)	(0.1429)	(0.2377)	(0.9304)
控制变量	是						
Obs	92	Obs	2027	1456	569	460	107
R^2	0.8388	R^2	0.0845	0.2450	0.0745	0.0764	0.0754
F 检验	63.92	F 检验	62.25	157.19	13.01	8.23	1.86

六、结论与建议

2015—2016 年，我国外汇市场波动加剧，市场消息与汇率波动、个人外汇业务变化表现出很强的同步性。在此背景下，本章对市场消息、汇率波动与个人外汇业务变化之间的影响关系进行了研究探讨。研究发现：（1）汇率波动和市场消息会影响个人外汇业务。汇率贬值或市场消息消极变动会增加个人购汇；汇率升值或市场消息积极变动会减少个人购汇。（2）市场消息、汇率波动对个人外汇业务存在螺旋强化影响效应，市场消息对个人外汇业务的影响会通过汇率波动渠道被放大，汇率波动对个人外汇业务的影响也会通过市场消息渠道被放大，导致个人外汇业务"羊群行为"特征明显。

本章研究结论为完善个人外汇业务管理、防范个人外汇业务"羊群行为"、维护外汇市场稳定提供了经验证据和启示。在中国推动形成全面开放新格局、不断扩大金融对外开放进程中，外汇市场稳定还将面临诸多挑战，市场消息的影响不容忽视。对此建议：一是推进外汇市场发展，丰富外汇交易品种，为市场主体提供更多汇率避险工具。二是引导个人等市场主体树立财务中性理念，根据实际需要和个人财力进行本外币资产配置，逐步适应不断增强的汇率波动性。三是监管部门应重视与市场的沟通，及时传递金融和外汇政策方面的权威信息，并积极回应市场关切的问题，以确保各类市场主体对市场消息有更为全面准确的掌握和判断。四是对于市场上的误解、误读或谣言，监管部门应及时澄清以避免产生负面乃至恐慌情绪，降低负面消息对市场的冲击。对于恶意造谣者应严厉处罚并公开，震慑造谣牟利行为。五是应加强对个人等市场主体金融和外汇知识的教育和普及，提升其市场消息研判分析能力，以减少个人在购汇等金融活动中的盲目性和盲从性。

第十章　内外部金融周期差异
如何影响中国跨境资本流动

本章揭示了内外部金融周期差异影响跨境资本流动的机制，并以美国为外部经济代表，基于1998年第一季度至2018年第一季度数据进行了实证检验。研究发现：（1）中国跨境资本流动波动主要来自短期资本流动波动；分类看，其他投资波动较大；方向上看，流入波动要大于流出波动。（2）利差、汇差、资产价差（股指变动差异和房价变动差异）是影响跨境资本流动的重要因素，汇差和资产价差对短期资本流动影响尤甚。（3）内外部金融周期差异变动对资本流入的影响比对资本流出的影响更明显。（4）近年来，利差对跨境资本流动影响减弱，汇差和资产价差对跨境资本流动影响增强。研究启示，防范跨境资本流动风险要关注其他投资资本流动大幅波动的风险，同时注意防范汇率和资产价格波动共振对跨境资本流动的冲击。

一、文献综述

开放经济条件下，经济金融的繁荣和衰退与跨境资本流动联系紧密。一方面经济金融开放能够吸引国际资本流入，促进经济金融繁荣发展；另一方面经济金融开放也为跨境资本流动打开了方便之

门，增加了一国经济金融体系面临外部冲击时的脆弱性（Stiglitz，2000；Aghion 等，2004）。20 世纪 80 年代以来，一些新兴经济体和发展中国家推进经济金融开放进程中，跨境资本大幅流入促进了经济金融繁荣发展（Kim 等，2005）；但在 1997 年亚洲金融危机和 2008 年国际金融危机期间，跨境资本流动大幅波动和方向逆转也使这些国家经济金融稳定遭受冲击，触发货币危机和金融市场动荡，有些国家甚至因此陷入长期衰退（Kaminsky，2006；Blanchard 和 Tesar，2010）。近年来，中国开放发展加速推进，新兴经济体在危机中遭受冲击的历史经验启示，中国推动经济金融开放发展进程中需格外关注跨境资本流动风险。

防范跨境资本流动风险，首先要知道跨境资本流动受什么因素驱动。从机会成本角度看，跨境资本的机会成本是由母国经济金融状况决定的母国投资收益，收益是由投资国经济金融状况决定的国外投资收益，一国内外部经济金融状况差异决定了跨境资本流动的收益和机会成本之差，会影响跨境资产配置，从而影响跨境资本流动。现有研究在探讨影响跨境资本流动的因素时，以拉动因素（Pull Factor）和推动因素（Push Factor）对国内因素和国际因素进行了区分，拉动因素包括国内的利率水平、经济基本面、资产价格、制度因素等，推动因素包括美元利率、全球流动性、外部经济基本面、外部资产价格、全球风险因素等（Calvo 等，1993、1996；Reinhart 和 Montiel，2001；Forbes 和 Warnock，2012；张明，2011）。这一分析框架为大量研究所采纳，并给出了丰富的实证证据（Griffin 等，2004；Forbes 和 Warnock，2012；Fratzscher，2012；张明和谭小芬，2013；吴丽华和傅广敏，2014）。

此外，在探讨跨境资本流动风险时，一些研究指出应区分跨境资本流动期限特征，短期资本流动更值得关注。如 Kindleberger

（1985）主张在研究跨境资本流动时应区分长期和短期；一些研究也将短期跨境资本称为"热钱"，发现"热钱"流动性更强、波动性更大（Chari 和 Kehoe，2003；Popper 等，2016）。Kaminsky 和 Reinhart（1998）认为短期国际资本流动冲击是一国爆发金融危机的主要原因，还有较多学者针对短期资本流动与金融危机之间的传导机制和影响关系进行了探讨，如 Chari 和 Kehoe（2003）发现一国经济金融运行受冲击时短期资本流动的"羊群行为"可能引发严重的金融危机；Calvo（1998）、Reinhart 和 Calvo（2000）等认为短期资本流动"突然停止"与金融危机的发生有密切关联。

现有研究对审视中国跨境资本流动及其驱动因素有一定启示，最近的一些探讨中国跨境资本流动的研究也关注到国内因素和国际因素的影响，如陈创练等（2017）从中国内部利率市场化和汇率改制视角，以及 Cerutti 等（2017）从全球金融周期视角对中国跨境资本流动的分析。但从机会成本视角看，资本跨国配置会在国内因素和国外因素之间进行权衡，考虑一国内外部相关因素的差异对跨境资本流动的影响，会比孤立考虑国内因素和国际因素对跨境资本流动的影响更符合实际。现实中，中国加入世界贸易组织之后经济发展加速，与以美国为代表的外部经济体的经济增速和一些金融指标（如利率、汇率变动，股票指数变动，房地产价格变动）的正向差异不断扩大，跨境资本持续流入中国；但 2008 年国际金融危机后，中美一些金融指标正向差异扩大趋势发生逆转，2010 年前后中美利差开始趋势性收窄，2014 年前后中美汇差变化趋势也发生明显变化，中国跨境资本流动的波动程度也加剧。①

---

① 限于篇幅，此处省略了相关数据分析和展示，如需要请向作者索取。

经济指标、金融指标的变化在研究中多作为经济周期、金融周期的反映，如 GDP 增速变动在研究中常作为反映经济周期的指标；而利率、汇率、资产价格以及市场风险水平等都是金融周期在不同方面的体现，如马勇等（2017）的研究用 8 个代表性金融变量构建了中国金融周期综合指数。前文所述内外部经济金融指标差异与跨境资本流动的经验性关系，反映内外部经济金融周期差异与跨境资本流动关联紧密。另外，金融周期相较于经济周期反映在指标层面更加多样，加之当前中国加速推进金融市场开放，与全球金融市场关联互动不断增强，各类金融指标受内外部因素影响变化频繁，因此内外部金融周期变化对跨境资本流动的影响尤其值得关注。在此背景下，考察内外部金融周期差异对中国跨境资本流动的影响，有助于前瞻中国跨境资本流动变化趋势，防范跨境资本流动风险。

本章提供了分析内外部金融周期差异影响跨境资本流动的方法，并以美国为外部经济代表，基于中美金融周期指标差异和中国跨境资本流动数据进行实证分析，考察了内外部金融周期差异对中国跨境资本流动的影响。本章的创新与贡献在于：（1）从金融周期差异视角切入分析跨境资本流动是新视角。（2）识别和分析了金融周期差异对跨境资本流动影响的时变特征。（3）识别中国跨境资本流动波动剧烈的部分，并针对其驱动因素展开了细致研究。

二、影响机制

本部分在一些跨境资本流动理论和实证研究的基础上（Calvo 等 1996；Peel 和 Taylor，2002；Forbes 和 Warnock，2012；吴丽华和傅广敏，2014；陈创练等，2017），构建一个两国模型，揭示以金融指标差异表示的金融周期差异影响跨境资本流动的机制。

（一）资本流动

假设有两个同质国家（本国 H 和外国 F），[①] 资本可自由流动，两国的跨国投资者会根据上一期行为，以及 t 期两国利差（$i_t^* - i_t$）和资产收益差（$r_t^* - r_t$）决定跨国资产配置，同时跨国配置资产还需承担汇率变动损益（$e_t^* - e_t$），以及对风险进行补偿（$v_t^* - v_t$）。本国投资者对外国资产的配置额度（A_t^{HF}）可表示为

$$A_t^{HF} = \alpha_1^H A_{t-1}^{HF} + \alpha_2^H (i_t^F - i_t^H) + \alpha_3^H (r_t^F - r_t^H)$$
$$+ \alpha_4^H (e_t^F - e_t^H) + \alpha_5^H (v_t^F - v_t^H) + \varepsilon_{\alpha,t}^H \qquad (10-1)$$

外国投资者对本国资产的配置额度（A_t^{FH}）可表示为

$$A_t^{FH} = \alpha_1^F A_{t-1}^{FH} + \alpha_2^F (i_t^H - i_t^F) + \alpha_3^F (r_t^H - r_t^F)$$
$$+ \alpha_4^F (e_t^H - e_t^F) + \alpha_5^F (v_t^H - v_t^F) + \varepsilon_{\alpha,t}^F \qquad (10-2)$$

令 $NA^H = A^{FH} - A^{HF}$ 表示本国跨境资本净流动。式（10-2）减式（10-1）可得 t 期本国跨境资本流动净额：

$$NA_t^H = (\alpha_1^F A_{t-1}^{FH} - \alpha_1^H A_{t-1}^{HF}) + (\alpha_2^F + \alpha_2^H)(i_t^H - i_t^F) + (\alpha_3^F + \alpha_3^H)(r_t^H - r_t^F)$$
$$+ (\alpha_4^F + \alpha_4^H)(e_t^H - e_t^F) + (\alpha_5^F + \alpha_5^H)(v_t^H - v_t^F) + (\varepsilon_{\alpha,t}^F - \varepsilon_{\alpha,t}^H)$$

$$(10-3)$$

令 $\Delta x_t = x_t^H - x_t^F (x = i/r/e/v)$ 表示本国与外国在利率、资产收益率、汇率变动、风险因素方面的差异。在同质假设下，$\alpha_j^F = \alpha_j^H = \alpha_j (j = 1/2/3/4/5)$，可得：

---

① 国家同质假设是一种理想假设，内涵是两国投资者行为、货币当局决策、资本市场和外汇市场特征同质，做这种理想假设的目的是通过简化模型刻画跨境资本流动的影响机制，但这种理想假设也存在忽略本国和外国差异性特征的不完美性。

$$NA_t^H = \alpha_1 NA_{t-1}^H + 2\alpha_2 \Delta i_t + 2\alpha_3 \Delta r_t + 2\alpha_4 \Delta e_t + 2\alpha_5 \Delta v_t + \varepsilon_{\alpha,t}$$

$$(10 - 4)$$

现实中跨境资本流动和内外部金融周期可能会交互影响，上述分析所得式（10－4）揭示的是单向影响关系，进一步考虑跨境资本流动与金融周期之间的交互影响，具体分析如下。

（二）利差：利率水平的差异

在考虑利率水平决定时，泰勒规则（Taylor，1993）是一种国内和国外广泛应用的货币政策规则（Fischer，2016；徐忠，2017），封闭经济泰勒规则如下：

$$i_t = \beta_1 i_{t-1} + \beta_2 (y_t - y_t^*) + \beta_3 (\pi_t - \pi_t^*) + \varepsilon_{\beta,t} \quad (10 - 5)$$

式中，$y_t - y_t^*$ 是 t 期产出缺口，$\pi_t - \pi_t^*$ 是 t 期通胀缺口。Bernanke 和 Geltler（2001）以及 Miskin（2007）认为，当资产价格波动严重到影响通货膨胀预期时，有必要将资产价格纳入货币政策决策中。实际上 Goodhart 和 Hoffman（2000）的研究表明，应将资产价格纳入通胀预期模型。伍戈（2007）研究表明，资产价格可以是货币当局所使用信息的重要部分。陈继勇等（2013）则发现，中国货币政策事实上对资产价格作出了反应。此外，开放经济利率平价理论认为汇率和利率之间存在交互影响（Peel 和 Taylor，2002），Svensson（2003）和 Ball（2010）主张在泰勒规则中纳入汇率因素。根据这些研究启示，在开放经济条件下，在利率决定中考虑资产价格和汇率因素，一国利率调整过程如下：

$$i_t^k = \beta_1^k i_t^k + \beta_2^k (y_t^k - y^{*k}) + \beta_3^k (\pi_t^k - \pi^{*k}) + \beta_4^k e_t^k + \beta_5^k r_t^k + \varepsilon_{\beta,t}^k,$$

$$k = H/F \qquad (10 - 6)$$

式中，e 表示汇率变动，r 表示资产价格变动。在同质假设下，$\beta_j^H = \beta_j^F = \beta_j(j = 1/2/3/4/5)$，本国和外国利差 $\Delta i_t = i_t^H - i_t^K$ 可表示如下：

$$\Delta i_t = \beta_1 \Delta i_{t-1} + \beta_2 (\Delta y_t - \Delta y^*) + \beta_3 (\Delta \pi_t - \Delta \pi^*)$$
$$+ \beta_4 \Delta e_t + \beta_5 \Delta r_t + \varepsilon_{\beta,t} \qquad\qquad (10-7)$$

（三）资产价差：国内外资产收益率的差异

假设封闭经济中，一国资产收益率同时受上期收益率水平和利率水平影响，可将一国资产收益率表示如下：

$$r_t = \gamma_1 r_{t-1} + \gamma_2 i_t + \varepsilon_{\gamma,t} \qquad\qquad (10-8)$$

开放经济条件下，外国资本流入会增加本国资产需求，本国资本流出会减少本国资产需求（吴丽华和傅广敏，2014），资本流动形成的净需求会影响资产价格，从而影响资产收益率。考虑这些后，开放经济条件下一国资产收益率调整过程如下：

$$r_t^k = \gamma_1^k r_{t-1}^k + \gamma_2^k i_t^k + \gamma_3^k NA_t^k + \varepsilon_{\gamma,t}^k, k = H/F \qquad (10-9)$$

在同质假设下，$\gamma_i^H = \gamma_i^F = \gamma_i (i = 1/2/3)$，同时 $NA_t^H = -NA_t^F$，则本国和外国资产价格收益率差异 $\Delta r_t = r_t^H - r_t^K$ 可表示如下：

$$\Delta r_t = \gamma_1 \Delta r_{t-1} + \gamma_2 \Delta i_t + 2\gamma_3 NA_t^H + \varepsilon_{\gamma,t} \qquad\qquad (10-10)$$

（四）汇差：汇率变动程度的差异

开放经济条件下，考虑两种因素对汇率的影响，一是根据利率平价理论，汇率和利率二者交互影响（Peel 和 Taylor，2002）。二是从货币供求角度看，开放条件下跨境资本流动会产生本国货币超额需求。一方面跨境资本流动在汇兑层面会产生汇兑需求从而影响汇率；另一方面资本流入后会进入外汇市场投机交易，也会影响汇率（陈创练等，2017）。因此，一国汇率变动程度动态变化过程可表示如下：

$$e_t^k = \eta_1^k e_{t-1}^k + \eta_2^k i_t^k + \eta_3^k ED_t^k + \eta_4^k MD_t^k + \varepsilon_{\eta,t}^k, k = H/F$$
$$(10-11)$$

对本国 H 来说，ED_t^H 是因资本流入而产生的本国货币超额需求，$ED_t^H = A_t^{FH}$。MD_t^H 是外国流入资本在外汇市场投机产生的本国货币超

259

额需求，一方面受升贬值预期影响，另一方面受本国货币与外国货币汇差影响，假设汇率升值预期形成于前期汇率变动趋势 $e_{t-1}^H - e_{t-2}^H$，则 $MD_t^H = a^H(e_{t-1}^H - e_{t-2}^H) + b^H(e_t^H - e_t^F)$，可得本国货币汇率变动程度动态调整过程如下：

$$e_t^H = \eta_1^H e_{t-1}^H + \eta_2^H i_t^H + \eta_3^H A_t^{FH} + \eta_4^H [a^H(e_{t-1}^H + e_{t-2}^H)$$
$$+ b^H(e_t^H - e_t^F)] + \varepsilon_{\eta,t}^H \qquad (10-12)$$

同理，外国货币汇率变动程度动态调整过程如下：

$$e_t^F = \eta_1^F e_{t-1}^F + \eta_2^F i_t^F + \eta_3^F A_t^{HF} + \eta_4^F [a^F(e_{t-1}^F + e_{t-2}^F)$$
$$+ b^F(e_t^F - e_t^H)] + \varepsilon_{\eta,t}^F \qquad (10-13)$$

同质假设下，$\eta_i^H = \eta_i^F = \eta_i(i = 1/2/3/4)$ 且 $a^H = a^F = a$、$b^H = b^F = b$，式（10-12）减式（10-13）可得：

$$\Delta e_t = \frac{\eta_1 + a\eta_4}{1 + 2b\eta_4}\Delta e_{t-1} + \frac{a\eta_4}{1 + 2b\eta_4}\Delta e_{t-2} + \frac{\eta_2}{1 + 2b\eta_4}\Delta i_t$$

$$+ \frac{\eta_3}{1 + 2b\eta_4}NA_t^H + \varepsilon_{\eta,t} \qquad (10-14)$$

（五）风险因素差异：市场风险水平的差异

一国风险水平会受前期风险状态的影响，同时利率、资产收益率、汇率变动、跨境资金流动也会影响一国风险水平。因此，假设本国市场风险按如下规则变化：

$$v_t^H = \lambda_1^H v_{t-1}^H + \lambda_2^H i_t^H + \lambda_3^H r_t^H + \lambda_4^H e_t^H + \lambda_5^H NA_t^H + \varepsilon_{\lambda,t}^H$$
$$(10-15)$$

外国风险因素变化过程如下：

$$v_t^F = \lambda_1^F v_{t-1}^F + \lambda_2^F i_t^F + \lambda_3^F r_t^F + \lambda_4^F e_t^F + \lambda_5^F NA_t^F + \varepsilon_{\lambda,t}^F$$
$$(10-16)$$

同质假设下，$\lambda_i^H = \lambda_i^F = \lambda_i(i = 1/2/3/4/5)$ 且 $NA_t^H = -NA_t^F$，式

（10 – 15）减式（10 – 16）可得：

$$\Delta\nu_t = \lambda_1\Delta\nu_{t-1} + \lambda_2\Delta i_t + \lambda_3\Delta r_t + \lambda_4\Delta e_t + 2\lambda_5 NA_t^H + \varepsilon_{\lambda,t}$$

$$(10 - 17)$$

联立式（10 – 4）、式（10 – 7）、式（10 – 10）、式（10 – 14）、式（10 – 17），得到包含汇差、资产价差、利差、风险因素差异和资本流动相互影响的系统：

$$\Delta e_t = \psi_{11}\Delta e_{t-1} + \psi_{12}\Delta e_{t-2} + \psi_{13}\Delta i_t + \psi_{14} NA_t^H + \varepsilon_{1,t}$$

$$(10 - 18)$$

$$\Delta r_t = \psi_{21}\Delta p_{t-1} + \psi_{22}\Delta i_t + \psi_{23} NA_t^H + \varepsilon_{2,t} \qquad (10 - 19)$$

$$\Delta i_t = \psi_{31}\Delta i_{t-1} + \psi_{32}\Delta y_t + \psi_{33}\Delta\pi_t + \psi_{34}\Delta e_t + \psi_{35}\Delta r_t + \varepsilon_{3,t}$$

$$(10 - 20)$$

$$\Delta\nu_t = \psi_{41}\Delta\nu_{t-1} + \psi_{42}\Delta e_t + \psi_{43}\Delta r_t + \psi_{44}\Delta i_t + \psi_{45} NA_t^H + \varepsilon_{4,t}$$

$$(10 - 21)$$

$$NA_t^H = \psi_{51} NA_{t-1}^H + \psi_{52}\Delta e_t + \psi_{53}\Delta r_t + \psi_{54}\Delta i_t + \psi_{55}\Delta\nu_t + \varepsilon_{5,t}$$

$$(10 - 22)$$

三、实证模型与变量获取

（一）实证模型

式（10 – 4）刻画了内外部金融周期指标差异对跨境资本流动的影响，初步的实证分析可以基于式（10 – 4）进行线性回归检验。

式（10 – 18）至式（10 – 22）是一个开放经济条件下资本流动与汇差、资产价差、利差、风险因素差异交互影响的结构向量自回归（SVAR）系统。基于 SVAR 模型进行实证分析，能够在考虑交互影响的情况下分析金融周期差异对跨境资本流动的影响。

在金融周期差异和跨境资本流动交互影响过程中，需考虑影响关系可能会随时间变化而改变。2008 年国际金融危机后，中美金融周期差异变动趋势转变，变量间的影响关系可能也会发生变化，如果能在实证检验层面捕捉到这种动态变化特征，能比传统 SVAR 估计结果提供更加丰富的信息。时变参数向量自回归方法（TVP－VAR）是新近发展起来的一种针对 VAR 模型参数时变特征进行识别与估计的方法，目前这一方法在跨境资本流动相关研究中已被应用（Benjamin 和 Simon，2014；吴丽华和傅广敏，2014；陈创练等，2017）。本章进一步基于 TVP－VAR 方法，检验识别金融周期差异对跨境资本流动影响的时变特征。

（二）变量获取

1. 资本流动变量

本章选取资本流动变量时，不仅从总量、短期层面进行了区分，并且细分了不同项目下的资本流动以及区分了方向（流入、流出）。具体来看，基于中国国际收支平衡表（BOP）选取的资本流动变量包括总量资本流动、短期资本流动以及直接投资、证券投资、其他投资项下［根据 IMF 国际收支手册（第六版），金融账户分为直接投资、证券投资、金融衍生工具、其他投资和储备。其他投资为没有列入直接投资、证券投资、金融衍生产品和雇员认购权，以及储备资产的头寸和交易。具体包括：（a）其他股权；（b）货币和存款；（c）贷款；（d）非人寿保险技术准备金、人寿保险和年金权益、养老金权益等；（e）贸易信贷和预付款；（f）其他应收、应付款；（g）特别提款权分配］资本流动。总量（$fint$）资本流动用非储备性质金融账户净额表示，直接投资（$dint$）资本流动用直接投资净额表示，证券投资（$prot$）资本流动用证券投资净额表示，其他投资（$othe$）资本流动用其他投资净额表示。短期（$shot$）资本流动有直接和间接两种测算方法，直接法将 BOP 中净误差与遗漏视为反映短期资本流动的基础项，再加入 BOP 中其他短期资本流动项；间接法将外汇储备变动看作所有类型（包含短期和长期）资本流动，剔除其中经常项下资本流动以及资本和金融项下长期资本流动，得到短期资本流动（张明，2011；张明和谭小芬，2013）。考虑到直接法能细分流入、流出，而间接法则无法区分，因此用直接法测算短期资本流动。获取各类跨境资本流动数据时细分了净流入（*netf*）、流入（*inf*）、流出（*outf*）。获取变量所需中国季度 BOP（美元计价）来自国家外汇管理局。

图 10 - 1 给出了分类别和分方向的中国跨境资本流动，图 10 - 1

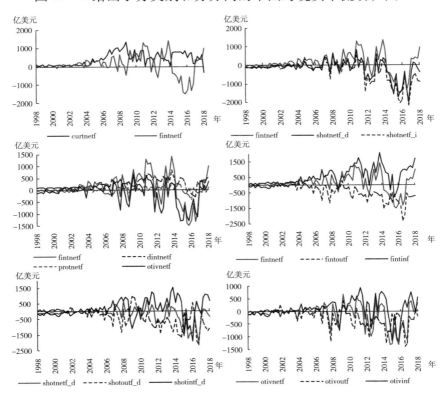

图 10 - 1 中国跨境资本流动（分类别、分方向）

（资料来源：国家外汇管理局中国季度国际收支平衡表）

显示：（1）2010 年以来，中国跨境资本流动波动主要来自非储备性质金融账户资本流动波动；短期资本流动波动与非储备性质金融账户资本流动波动一致性较高；非储备性质金融账户资本流动波动主要受其他投资资本流动波动影响。（2）分流入流出看各项资本流动波动情况，净流入波动与流入波动一致性较高，流入波动要大于流出波动。

2. 金融周期差异变量

现有研究常采用一些金融指标刻画金融周期，金融周期差异也反映在这些金融指标差异中。本章考虑的金融周期差异包括利率差异（利差）、汇率变动差异（汇差）、资产收益率差异（资产价差）、市场风险水平差异（风险差异）。现有研究一般用两种方法刻画包含多指标的因素，一是直接用多指标刻画，但可能存在共线性；二是通过主成分分析或指标综合刻画，如马勇等（2016）用多变量构建了中国金融周期指数，姜富伟等（2011）预测股市收益率时在解释变量较多情况下使用了主成分预测方法。本章试图检验不同金融周期指标差异对跨境资本流动的影响，如采用综合指标刻画会忽略金融周期差异在不同指标上的体现，因此直接用多个指标刻画。

以美国为外部经济代表，利差（cai）用中美银行间利率差异表示，以 7 天期上海银行间同业拆借利率（SHIBOR）减 7 天期伦敦银行间同业拆借利率（LIBOR）表示，数据来自 Wind 和 Bloomberg。汇率变动差异（$cafx$）用人民币汇率中间价涨跌幅减美元指数涨跌幅表示，数据来自 Wind 和 Bloomberg。考虑两种资产价差：股票资产收益差（股指变动差异）和房地产收益差（房价变动差异）。股指变动差异（$casp$）用上证综指和标普 500 指数涨跌幅差异衡量，数据来自 Wind 和 Bloomberg。房价变动差异（$cahp$）用中国商品房销

售均价涨跌幅减去美国 OFHEO 房屋价格指数涨跌幅衡量，其中中国
商品房销售均价用全国商品房销售额除以全国商品房销售面积得到，
数据来自国家统计局，美国 OFHEO 房屋价格指数来自 Wind。现有
研究多使用波动率指数（VIX）衡量金融风险（Cerutti 等，2017；
Chen 等，2017a，2017b），一些研究也发现 VIX 指数对资本流动有
很好的解释力（Cerutti 等，2017；Avdjiev 等，2018），本章使用 VIX
指数衡量市场风险因素，风险因素差异（*cavix*）以上证综指 VIX 减
去标普 500 指数 VIX 表示，数据来自 Bloomberg。相关性检验显示变
量之间不存在明显共线性。

　　本章选取数据类型为季度数据，时间范围为 1998 年第一季度到
2018 年第一季度。参照 Forbes 和 Warnock（2012）的研究，利率、
人民币汇率和美元指数高频到低频的转换通过取平均值实现。表
10 - 1 给出了变量统计特征。

表 10 - 1　　　　　　　　　　变量统计特征

变量	标识	观测值	均值	方差	最小值	最大值
总量资本净流入	*fintnetf*	81	109.30	561.99	- 1503.66	1401.58
短期资本净流入	*shotnetf*	81	- 242.43	531.81	- 2090.62	694.38
直接投资净流入	*dintnetf*	81	240.15	204.874	- 306.76	848.83
证券投资净流入	*protnetf*	81	14.01	130.06	- 401.65	375.05
其他投资净流入	*othenetf*	81	- 143.99	459.45	- 1316.42	683.19
利率差异	*cai*	81	0.86	2.38	- 4.26	4.63
汇率变动差异	*cafx*	81	0.37	3.88	- 11.19	7.75
股指变动差异	*casp*	81	0.84	16.15	- 19.69	46.50
房价变动差异	*cahp*	81	3.34	8.80	- 19.69	27.91
风险因素差异	*cavix*	81	6.12	9.92	- 18.67	37.89

（三）对模型假设的简单检验

将中国、美国金融指标分别引入解释跨境资本流动的单变量模

型，对比回归系数的符号和大小，表 10 - 2 结果显示，除股票资产收益率之外，其他中国、美国金融指标回归系数符号均相反，且多数同类回归系数绝对值处于同一数量级区间，这在一定程度上验证了模型假设。

表 10 - 2   以中美金融变量为单一自变量、
以资本流动变量为因变量的回归结果

变量		中国总量资本净流动	中国短期资本净流动
利率	中国	8. 53	26. 06
	美国	- 1. 26	- 59. 28 **
汇率变动	中国	318. 12 ***	265. 12 ***
	美国	- 52. 99 ***	- 58. 85 ***
股指变动	中国	- 0. 06	- 0. 12 *
	美国	- 0. 32 **	- 0. 50 ***
房价变动	中国	14. 42 *	6. 53
	美国	- 25. 27 **	- 12. 82
风险因素	中国	- 12. 98 **	- 2. 65
	美国	6. 24	2. 45

注：" *** "、" ** "、" * "分别表示"1%"、"5%"、"10%"显著性水平，下同。

四、实证结果与分析

（一）回归分析

基于式（10 - 4）进行线性回归时，使用资本流动规模作为因变量可直观检验自变量变动对资本流动的影响，但少数资本流动变量不平稳使回归结果有伪回归风险，使用资本流动规模与 GDP 比值作为因变量可使因变量平稳，规避伪回归风险。因此分别使用资本流动规模（Broner 等，2013；吴丽华和傅广敏，2014）以及资本流动规模与 GDP 比值（Forbes 和 Warnock，2012；陈创练等，2017）作为因变量，同时，两种方法互为稳健性检验。

根据已有研究，引入经济基本面差异、货币供给量增速差异、汇率制度变化因素作为控制变量（Calvo 等 1996；Peel 和 Taylor，2002；Forbes 和 Warnock，2012；吴丽华和傅广敏，2014；陈创练等，2017）。经济基本面差异用中美实际 GDP 季度同比增速差异表示，数据来自国家统计局、美国经济分析局。货币供给量增速差异用 M_2 季度同比增速差异表示，数据来自中国人民银行、美联储。考虑 2005 年以来人民币汇率形成机制改革进程中，汇率浮动区间不断扩大，以人民币汇率浮动区间绝对值衡量汇率制度变化。

以总量资本流动为因变量，表 10 - 3 回归结果显示：（1）利差、汇差、资产价差（股指变动差异和房价变动差异）回归系数显著为正，说明中美利差、汇差、资产价差正向扩大，会吸引跨境资本流入中国，这一结果与现有研究发现跨境资本流动存在套利、套汇、套价倾向一致（张谊浩和沈晓华，2008；吴丽华和傅广敏，2014）。风险因素差异变量回归系数显著为负，说明国内市场相对于国外市场风险变高，不利于跨境资本流入，这与资本流动规避风险的逻辑一致。（2）将总量资本净流入细分为流入、流出可发现，总量资本流入作为因变量的回归结果与总量资本净流入作为因变量的回归结果一致性较高，总量资本流出作为因变量的回归结果基本上不显著。说明金融周期差异对资本流入的影响比对资本流出的影响更显著。可能的解释是中国资本项目还未完全可兑换，阻断了资本流出对内外部金融周期差异的反应，但对资本流入影响较弱，刘莉亚等（2013）的研究也有相似结论。

外汇市场微观监管与跨境资本流动管理

表10-3　基准回归结果（按总量资本流动和短期资本流动区分）

变量	资本流动规模						资本流动规模/GDP					
	(1) 总量资本 净流入	(2) 总量资本 流入	(3) 总量资本 流出	(4) 短期资本 净流入	(5) 短期资本 流入	(6) 短期资本 流出	(7) 总量资本 净流入/ GDP	(8) 总量资本 流入/GDP	(9) 总量资本 流出/GDP	(10) 短期资本 净流入/ GDP	(11) 短期资本 流入/GDP	(12) 短期资本 流出/GDP
cai	109.04*** (31.46)	62.32** (29.75)	14.13 (24.29)	34.63 (26.47)	34.48 (37.76)	-31.16 (37.19)	0.66*** (0.22)	0.40** (0.18)	0.59** (0.23)	0.48** (0.18)	0.17 (0.25)	0.38 (0.31)
$cafx$	36.73*** (11.62)	37.87*** (11.00)	-1.21 (10.68)	49.26*** (10.91)	56.37*** (15.04)	-6.85 (16.16)	0.16* (0.09)	0.17** (0.08)	-0.01 (0.09)	0.24*** (0.07)	0.30*** (0.11)	-0.03 (0.13)
$casp$	6.46*** (1.35)	5.08** (1.28)	-0.17 (1.00)	3.68*** (1.15)	5.59*** (1.72)	-3.80** (1.58)	0.03*** (0.01)	0.03*** (0.01)	-0.01 (0.01)	0.02** (0.01)	0.03*** (0.01)	-0.03*** (0.01)
$cahp$	13.53* (7.59)	18.57** (7.19)	-6.31 (6.89)	2.77 (7.10)	7.91 (9.83)	-4.15 (10.48)	0.02 (0.06)	0.06 (0.05)	-0.06 (0.06)	-0.02 (0.05)	0.07 (0.07)	-0.09 (0.09)
$cavix$	-9.49* (4.37)	-11.34*** (4.14)	3.65 (3.90)	-6.67* (4.06)	-11.28** (5.61)	6.89 (5.86)	-0.01 (0.03)	-0.03 (0.03)	0.02 (0.03)	-0.04** (0.02)	-0.01 (0.04)	0.02 (0.05)
$Lag1$	0.10 (0.12)	0.32** (0.10)	0.17 (0.12)	-0.06 (0.11)	0.28 (0.11)	0.20 (0.12)	-0.04 (0.12)	0.16 (0.11)	-0.75 (0.12)	-0.20* (0.12)	0.29*** (0.11)	0.13 (0.12)
控制变量	是	是	是	是	是	是	是	是	是	是	是	是
Obs	80	80	80	80	80	80	80	80	80	80	80	80
R^2	0.68	0.70	0.65	0.64	0.54	0.45	0.51	0.46	0.21	0.50	0.44	0.29
F值	13.25	14.22	11.46	11.15	7.23	5.11	6.42	5.19	1.59	6.23	4.83	2.49

注：原始季度数据有81期，回归中包含因变量滞后1期为自变量，实际回归中样本值为80期。

以短期资本流动为因变量，表 10 - 3 回归结果显示：（1）汇差和股指变动差异对短期跨境资本净流入驱动明显，利差和房价变动差异的影响不显著。利差变量不显著的可能解释是，中国资本项目不完全可兑换阻碍了利差对短期资本流动的驱动（陈创练等，2017）。房价变动差异不显著的可能解释是，房地产投资周期较长，短期资本流动对资产流动性要求较高（Bacchetta 和 Benhima，2015），对房价变动反应不敏感。（2）将短期资本净流入细分为流入和流出，也可发现金融周期差异对短期资本流入的影响比对短期资本流出的影响更显著。

将资本流动按直接投资、证券投资、其他投资进行区分，表 10 - 4 回归结果显示：（1）利差、股指变动差异对直接投资资本流动影响显著；汇差和股指变动差异对证券投资资本流动影响显著；汇差、股指变动差异和房价变动差异对其他投资资本流动影响显著。直接投资资本流动受利差驱动更敏感，与直接投资投向实体经济有关。证券投资资本流动受股指变动差异和汇差影响明显，与证券投资投向股票市场有关。其他投资资本流动除受汇差和股指变动差异影响外，也受房价变动影响，间接反映其他投资会投向房地产市场。（2）将各类资本流动按流入流出细分，回归结果也显示金融周期差异对各类资本流入的影响比对各类资本流出的影响更显著。

从金融周期差异变量对跨境资本流动影响的重要性来看，综合对比上述结果可以发现：整体来看，利差、汇差、股市价差对跨境资本流动的影响重要性程度较高，房地产价差和市场风险水平差异的影响相对不重要。

表 10 - 3 和表 10 - 4 还给出了以资本流动规模/GDP 为因变量的回归结果。对比表 10 - 3 和表 10 - 4 可以发现：以资本流动规模/

表10-4　基准回归结果（按直接投资、证券投资、其他投资区分）

变量	资本流动规模									资本流动规模/GDP								
	(1) 直接投资净流入	(2) 直接投资流入	(3) 直接投资流出	(4) 证券投资净流入	(5) 证券投资流入	(6) 证券投资流出	(7) 其他投资净流入	(8) 其他投资流入	(9) 其他投资流出	(10) 直接投资净流入/GDP	(11) 直接投资流入/GDP	(12) 直接投资流出/GDP	(13) 证券投资净流入/GDP	(14) 证券投资流入/GDP	(15) 证券投资流出/GDP	(16) 其他投资净流入/GDP	(17) 其他投资流入/GDP	(18) 其他投资流出/GDP
cai	45.50*** (9.99)	42.55*** (11.36)	3.25 (5.17)	21.05** (9.35)	0.18 (6.16)	15.47** (7.70)	46.25* (27.29)	27.80 (25.67)	-5.49 (23.44)	0.050 (0.060)	0.022 (0.024)	0.026 (0.035)	0.196** (0.087)	-0.090* (0.046)	0.279*** (0.086)	0.337* (0.208)	0.093 (0.153)	0.144 (0.217)
cafx	-5.18 (3.92)	-5.11 (4.39)	-0.98 (2.29)	9.68** (3.83)	10.02*** (2.65)	1.34 (3.26)	34.08*** (11.51)	32.21*** (10.28)	-2.518 (10.30)	-0.026 (0.025)	-0.024 (0.027)	0.0004 (0.015)	0.043 (0.036)	0.051* (0.020)	-0.017 (0.035)	0.163* (0.086)	0.137* (0.065)	0.023 (0.094)
casp	2.32*** (0.39)	1.60*** (0.43)	0.64*** (0.21)	0.68* (0.37)	0.97*** (0.29)	-0.31 (0.30)	3.84*** (1.20)	2.94** (1.10)	-0.55 (0.96)	0.008*** (0.002)	0.005* (0.003)	0.003*** (0.001)	0.002 (0.003)	0.005** (0.002)	0.0007 (0.003)	0.013* (0.008)	0.017** (0.007)	-0.010 (0.009)
cahp	3.01 (2.56)	4.14 (2.89)	-0.56 (1.50)	-0.94 (2.36)	-0.03 (1.71)	-0.42 (2.07)	12.22** (7.42)	14.87** (6.70)	-4.35 (6.65)	-0.015 (0.016)	-0.011 (0.018)	-0.005 (0.010)	-0.017 (0.023)	0.002 (0.013)	-0.015 (0.022)	0.053 (0.056)	0.075* (0.043)	-0.030 (0.061)
canix	-3.19*** (1.45)	-1.16 (1.63)	-1.72** (0.84)	-1.89 (1.37)	-4.42*** (0.98)	2.90** (1.17)	-5.19 (4.23)	-6.05* (3.23)	3.08 (3.76)	-0.003 (0.009)	0.006 (0.010)	-0.011* (0.006)	0.009 (0.013)	-0.016** (0.007)	0.025 (0.013)	-0.009 (0.032)	-0.016 (0.024)	0.008 (0.035)
Lag1	0.21** (0.10)	0.23* (0.12)	0.42*** (0.11)	0.08 (0.13)	0.14 (0.11)	0.30** (0.12)	-0.02 (0.12)	0.30** (0.11)	0.21* (0.12)	0.165 (0.113)	0.181 (0.120)	0.053 (0.125)	0.318*** (0.114)	-0.201* (0.116)	0.307*** (0.112)	-0.072 (0.123)	0.188* (0.113)	0.009 (0.121)
控制变量	是	是	是	是	是	是	是	是	是	是	是	是	是	是	是	是	是	是
Obs	80	80	80	80	80	80	80	80	80	80	80	80	80	80	80	80	80	80
R²	0.72	0.76	0.85	0.43	0.65	0.54	0.55	0.48	0.38	0.74	0.52	0.55	0.40	0.34	0.47	0.34	0.36	0.17
F值	16.21	19.96	36.19	4.60	11.36	7.28	7.49	5.78	3.76	17.25	6.67	7.53	4.19	3.24	5.45	3.25	3.55	1.30

GDP 为因变量的回归结果与以资本流动规模为因变量的回归结果符号和大小一致性较高，说明结果稳健。

（二）动态特征：结构向量自回归（SVAR）

1. SVAR 模型检验

分析之初先对 SVAR 模型进行识别，之后对各变量平稳性进行检验，各变量初始变量有些平稳有些不平稳，一阶差分后均是平稳序列，以各变量一阶差分构建 SVAR 模型，联合单位根检验显示系统稳定。①

2. SVAR 脉冲响应分析

将总量资本净流入、流入、流出分别引入 SVAR 模型，图 10 - 2 给出了总量资本净流入、流入、流出对各变量 1% 正向偏离冲击的响应。结果显示，总量资本净流入对利差、汇差、股指变动差异和房价变动差异 1% 正向偏离冲击正向响应，对风险因素差异 1% 正向偏离冲击负向响应。

将短期资本净流入、流入、流出分别引入 SVAR 模型，图 10 - 3 给出了短期资本净流入、流入、流出对各变量 1% 正向偏离冲击的响应。对比图 10 - 3 和图 10 - 2，发现明显不同是：在相同程度汇差和资产价差变动冲击下，短期资本净流入（流入）正向响应偏离相较于总量资本净流入（流入）正向响应偏离更大。相同程度风险因素差异变动冲击下，短期资本净流入（流入）负向响应偏离比总量资

---

① 价差因素包括股指变动差异和房价变动差异，SVAR 模型包含 6 个变量，要使 SVAR 模型能够识别，需要 15 个当期约束条件，根据式（10 - 18）至式（10 - 22）还缺 4 个约束条件。考虑到选择股市 VIX 指数表示风险因素，对风险因素差异 Δv 的表达式可进行简化，仅考虑股价因素的影响，式（10 - 22）可简化为 $\Delta v_t = \psi_{41}\Delta v_{t-1} + \psi_{43}\Delta p_t + \varepsilon_{4,t}$，简化后模型共有 15 个约束条件，且满足识别条件。限于篇幅，此处省略模型识别过程和平稳性检验结果，如需要可向作者索取。

本净流入（流入）负向响应偏离更大，说明短期资本流动对汇差、资产价差和风险因素差异变动的响应更敏感。

将与总量资本流动变化趋势较一致的其他投资资本流动（净流入、流入、流出）引入 SVAR 模型，图 10 – 4 给出了其他投资净流入、流入、流出对各金融周期差异变量 1% 正向偏离冲击的响应。对比图 10 – 4 和图 10 – 2，发现明显不同是：其他投资净流入（流入）对房价变动差异 1% 正向偏离冲击响应较大，说明其他投资资本流动对房价变动敏感度较高。

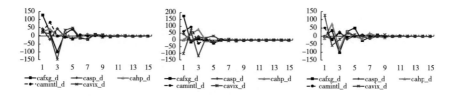

图 10 – 2　总量资本流动的脉冲响应图

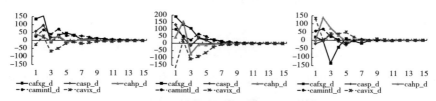

图 10 – 3　短期资本流动的脉冲响应图①

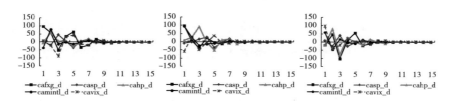

图 10 – 4　其他投资流动的脉冲响应图

---

① 图 10 – 3 中脉冲响应函数图根据 Eviews6.0 估计结果绘制。图 10 – 4、图 10 – 5 相同，不另做说明。

（三）时变特征：时变向量自回归（TVP - VAR）

基于 TVP - VAR 方法对变量之间影响关系的时变特征进行检验识别。估计 TVP - VAR 模型时使用的是基于 Matlab 的 TVP - VAR 工具包（Nakajima，2011）。短期资本流动与总量资本流动高度相关，总量资本流动波动主要来自短期资本流动波动，因此部分将短期资本净流入作为主要考察变量。表 10 - 5 给出的是 TVP - VAR 模型参数估计结果,[①] Geweke 收敛检验显示不能拒绝模型参数趋于后验分布的假设，因此在马尔科夫链蒙特卡罗（MCMC）10000 次抽样中能够使模型参数估计值收敛，且模型参数估计值的非有效因子都小于100，说明模型参数产生了有效样本。

表 10 - 5　　　　　　　TVP - VAR 模型参数估计结果

参数	均值	标准差	95% 置信区间	Geweke	非有效性因子
sb1	0.0023	0.0003	[0.0018, 0.0029]	0.001	2.17
sb2	0.0023	0.0002	[0.0018, 0.0029]	0.316	0.70
sa1	0.0079	0.0086	[0.0033, 0.0351]	0.000	62.94
sa2	0.0057	0.0016	[0.0035, 0.0095]	0.000	6.67
sh1	0.0117	0.0302	[0.0033, 0.0655]	0.000	37.71
sh2	0.0077	0.0072	[0.0035, 0.0266]	0.000	77.00

注：模型滞后阶数为 2 阶，马尔科夫链蒙特卡罗（MCMC）抽样次数为 10000 次。估计结果由 Matlab 2015 b 给出。

1. 参数时变特征分析

图 10 - 5 给出了 TVP - VAR 方法估计所得金融周期差异变量对短期资本净流动的时变影响参数。结果显示，利差影响参数（a_{1t}）始终为正，2012 年之后开始出现明显变小趋势。汇差影响参数（a_{2t}）始终为正，1998—2007 年缓慢下降，2008—2011 年保持相对

---

① TVP - VAR 模型要求变量平稳，前述已进行了平稳性检验，此处不再赘述。估计 TVP - VAR 模型参照 Nakajima（2011）的研究，采用马尔科夫链蒙特卡罗（MCMC）方法，滞后期为 2 期，MCMC 抽样次数为 10000 次。

稳定，2012 年之后逐渐变大。股指变动差异影响参数（a_{3t}）始终为正，1998—2007 年缓慢下降，2008—2014 年缓慢上升，2014 年之后保持稳定。房价变动差异影响参数（a_{4t}）始终为正且缓慢上升。风险因素差异影响参数（a_{5t}）持续为负且保持稳定。

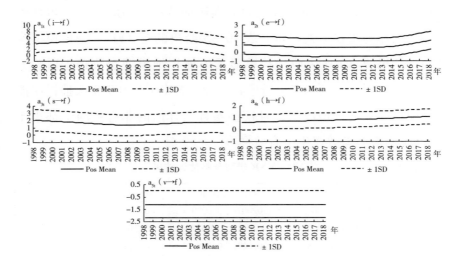

注：$\tilde{a}_{it}(x \to f)$，$x \in (g,i,e,s,h,v)$ 表示 x 变量对 f 变量影响的参数，此处 f 表示 $\Delta fintnetf$、g 表示 $\Delta cagdp$、i 表示 Δcai、e 表示 $\Delta cafx$、s 表示 $\Delta casp$、h 表示 $\Delta cahp$、v 表示 $\Delta cavix$，Δ 表示一阶差分。脉冲响应函数由 Matlab 2015 b 给出。

图 10 - 5　参数时变特征

2. 时变脉冲响应分析

图 10 - 6 给出的是短期资本净流入对各金融周期差异因素提前 1 期（1 个季度）、2 期（半年）、4 期（1 年）1% 正向偏离冲击的时变脉冲响应函数。结果显示，利差冲击脉冲响应函数在 2008—2010 年前后出现明显变化，前期逐渐变大，后期逐渐变小，说明 2008 年后短期资本净流入对利差敏感性降低。汇差冲击脉冲响应函数整体看长期处于上升中，尤其是 2010 年以来持续上升。股指

变动差异冲击脉冲响应函数在 1998—2008 年呈下降趋势，2008—2014 年逐渐上升，之后经历短期下降后又趋于稳定。房价变动差异冲击脉冲响应函数 1998 年以后持续上升，但 2015 年以来有所下降。风险因素差异冲击脉冲响应函数经历两轮上涨下跌，整体看呈负向扩大趋势。

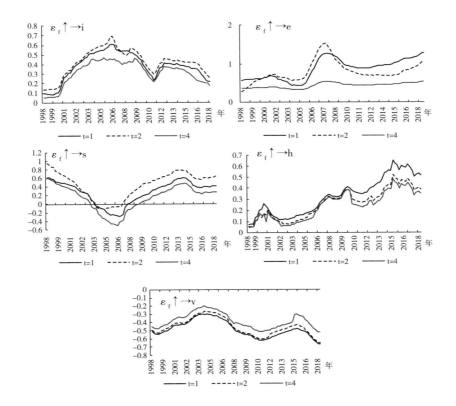

注：$\varepsilon_f\uparrow\to x$，$x\in(g,i,e,s,h,v)$ 表示 f 变量对 x 变量正向 1% 单位的变化冲击的响应。此处，f 表示 $\Delta fintnetf$，g 表示 $\Delta cagdp$，i 表示 Δcai，e 表示 $\Delta cafx$，s 表示 $\Delta casp$，h 表示 $\Delta cahp$，v 表示 $\Delta cavix$。$t=i(i=1/2/4)$ 表示冲击提前期分别为 1 期（1 季度）、2 期（半年）、4 期（1 年）。脉冲响应函数结果由 Matlab 2015 b 给出。

图 10 - 6　不同提前期冲击脉冲响应函数

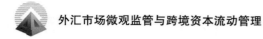

（四）进一步检验

TVP－VAR 分析结果显示，近年来利差对跨境资本流动影响降低，汇差和资产价差对跨境资本流动影响增加。为了对此结论给出更充分的证据，进一步在线性回归中引入虚拟变量进行检验，具体做法是：引入虚拟变量 D，根据前文时变参数分析结果，参数趋势变化大约发生在 2010 年，同时考虑中美利差由持续上升转为下降的时间点大约在 2010 年，国际金融危机后人民币汇率再次浮动也是在 2010 年，因此设定 2010 年前虚拟变量为 0，之后为 1。[①] 同时引入金融周期差异变量与虚拟变量乘积项。前文分析结果显示跨境资本流动波动主要由流入波动引起，且短期资本流动波动和其他投资资本流动波动对总量资本流动波动的影响较大，因此表 10－6 分别给出了以总量资本净流入和流入、短期资本净流入和流入、其他投资资本净流入和流入作为被解释变量的回归结果。结果显示，虚拟变量和利差交叉项的估计参数均为负；虚拟变量和汇差交叉项的估计参数均为正；虚拟变量与股指变动差异交叉项的估计参数有正有负且数值较小；虚拟变量和房价变动差异交叉项的估计参数大多数为正；虚拟变量和风险因素差异交叉项的估计参数大多数为负。考虑利差、汇差、股指变动差异和房价变动差异变量本身的估计系数为正，且虚拟变量在 2010 年及以后取值为 1，说明 2010 年以后利差对跨境资本流动影响变小，汇差对跨境资本流动影响变大。资产价差中房地产价差变动对跨境资本流动的影响在 2010 年以后变大，股票资产价差变动对跨境资本流动影响在 2010 年以后变化不大。这进一步检验了利差对跨境资本流动影响降低，汇差和房地产价差对跨境资本流动影响增加。

---

① 笔者额外尝试用 2008 年国际金融危机作为变化点的虚拟变量进行了相同的检验，检验结果没有更好。

表10-6 加入金融周期差异变量与虚拟变量交叉项的回归结果

变量	资本流动规模						资本流动规模/GDP					
	(1) 总量资本 净流入	(2) 总量资本 流入	(3) 短期资本 净流入	(4) 短期资本 流入	(5) 其他投资 净流入	(6) 其他投资 流入	(7) 总量资本 净流入/ GDP	(8) 总量资本 流入/GDP	(9) 短期资本 净流入/ GDP	(10) 短期资本 流入/GDP	(11) 其他投资 净流入/ GDP	(12) 其他投资 流入/GDP
cai	103.51*** (37.17)	41.13 (32.70)	62.79** (30.87)	-2.90 (42.97)	58.87* (35.65)	21.45 (31.28)	0.7363** (0.2935)	-0.2127 (0.2611)	0.5333*** (0.2462)	-0.6439* (0.3547)	0.3654 (0.2754)	-0.0616 (0.2106)
$D \times cai$	-129.59 (96.89)	-128.3 (89.25)	-221.77*** (81.13)	-92.79 (118.81)	-179.41* (95.50)	-204.68** (84.83)	-0.9642 (0.7604)	-0.5601 (0.7010)	-0.6548 (0.6166)	0.3118 (0.9658)	-0.6458 (0.7320)	-0.7594 (0.5705)
$cafx$	17.95 (14.51)	21.61* (13.15)	6.98 (12.14)	24.22 (17.31)	21.24 (14.38)	19.03 (12.64)	0.1421 (0.1138)	0.2022* (0.1039)	0.0755 (0.0928)	0.2269 (0.1424)	0.1750 (0.1101)	0.1422* (0.0847)
$D \times cafx$	54.74** (23.03)	43.20** (21.08)	101.64*** (19.38)	70.33* (27.54)	39.50* (22.70)	31.55 (20.13)	0.0956 (0.1804)	-0.0383 (0.1653)	0.3880*** (0.1467)	0.1352 (0.2244)	0.0676 (0.1738)	-0.0106 (0.1347)
$casp$	6.63*** (1.47)	4.18*** (1.28)	3.14*** (1.18)	2.44 (1.70)	4.72*** (1.38)	2.38** (1.18)	0.0318*** (0.0110)	0.0231 (0.0097)	0.0149* (0.0091)	0.0117 (0.0134)	0.0227** (0.0104)	0.0153* (0.0079)
$D \times casp$	0.04 (0.16)	-0.12 (0.15)	-0.14 (0.14)	-0.24 (0.19)	0.06 (0.16)	-0.24* (0.14)	0.0017 (0.0013)	0.00002 (0.0012)	0.0001 (0.0010)	-0.0014 (0.0016)	0.0023* (0.0012)	-0.0007 (0.0009)

续表

变量	资本流动规模						资本流动规模/GDP					
	(1) 总量资本净流入	(2) 总量资本流入	(3) 短期资本净流入	(4) 短期资本流入	(5) 其他投资净流入	(6) 其他投资流入	(7) 总量资本净流入/GDP	(8) 总量资本流入/GDP	(9) 短期资本净流入/GDP	(10) 短期资本流入/GDP	(11) 其他投资净流入/GDP	(12) 其他投资流入/GDP
cahp	10.78 (9.82)	6.32 (8.89)	5.81 (8.21)	-4.94 (11.89)	12.04 (9.68)	8.76 (8.55)	0.0014 (0.0769)	-0.0076 (0.0703)	-0.0094 (0.0625)	0.0098 (0.0958)	0.0379 (0.0742)	0.0427 (0.0573)
D×cahp	19.80 (18.60)	2.70 (16.92)	13.62 (15.35)	-7.54 (21.80)	19.81 (18.11)	15.14 (16.13)	0.1105 (0.1444)	0.0454 (0.1321)	0.0568 (0.1165)	-0.0012 (0.1789)	0.1177 (0.1386)	0.1103 (0.1075)
cavix	-8.97 (5.58)	-3.43 (5.05)	0.37 (4.66)	8.41 (6.61)	-8.72 (5.48)	-0.53 (4.86)	-0.0222 (0.0437)	-0.0066 (0.0408)	0.0392 (0.0353)	0.0899* (0.0545)	-0.0521 (0.0420)	0.0010 (0.0329)
D×cavix	7.57 (10.12)	-15.46* (9.54)	-2.55 (8.47)	-43.80*** (12.29)	17.27* (10.02)	-6.47 (9.48)	0.0548 (0.0795)	-0.0353 (0.0751)	-0.0398 (0.0643)	-0.2246** (0.1002)	0.1127 (0.0766)	-0.0135 (0.0620)
滞后1期	-0.01 (0.12)	0.16 (0.12)	-0.14 (0.10)	0.20 (0.11)	-0.063 (0.12)	0.17 (0.12)	-0.0979 (0.1233)	0.0517 (0.1233)	-0.2303 (0.1188)	0.2094 (0.1109)	-0.1490 (0.1221)	0.0915 (0.1232)
控制变量	是	是	是	是	是	是	是	是	是	是	是	是
Obs	80	80	80	80	80	80	80	80	80	80	80	80
R²	0.75	0.78	0.77	0.68	0.63	0.60	0.56	0.53	0.57	0.52	0.45	0.45
F值	10.65	12.83	12.48	7.80	6.21	5.52	4.70	4.07	4.74	3.88	3.00	2.95

对这一结果可能的解释是：（1）从中美货币政策联动和分化的角度看，加入世界贸易组织以后，随着中国经济全球化程度不断加深，中美货币政策联动增强，美国货币政策会外溢影响中国金融市场，姜富伟等（2019）研究发现美联储利率会显著影响我国资产价格，在这种外溢影响机制中，利差是驱动跨境资本流入中国的重要因素。近年来，在美国货币政策回归正常和中国货币政策保持稳健的背景下，中美货币政策开始出现一定程度分化，中美利率之间的联动效应减弱。在中美利率由联动到分化的转变中，利差对跨境资本流动的影响也有所降低。（2）从中美利差变化趋势看，2008 年国际金融危机后，以美国为代表的发达经济体快速降低利率刺激经济，中美利差被快速推升至高位；之后中美货币政策出现分化，中美利差自 2010 年以来整体呈下行趋势，在此过程中，中美利差的易变性和波动性提升，跨境资本流动对利差的敏感度有所降低。（3）从中国金融市场开放角度看，近年来，中国金融市场逐渐扩大开放，人民币汇率形成机制改革不断推进，人民币汇率波动空间和弹性更大，利差对跨境资本流动影响减弱，汇差和资产价差对跨境资本流动影响增强。

五、结论与启示

本章揭示了内外部金融周期差异因素影响跨境资本流动的机制，并以美国为外部经济代表，基于 1998 年第一季度至 2018 年第一季度数据，实证研究了内外部金融周期差异变化对中国跨境资本流动的影响。研究发现：（1）中国跨境资本流动波动主要来自短期资本流动波动；分类看，其他投资波动较大；方向上看，流入波动大于流出波动，净流入波动主要受流入波动影响。（2）从金融周期差异对跨境资本流动的驱动看，利差、汇差、资产价差（股指变动差异和房价变动差异）扩大会吸引跨境资本流入中国；风险因素差异扩大会使跨境资本流出中国。汇差和资产价差对短期资本流动的驱动尤其明显。（3）从传导路径看，内外部金融周期差异变动对资本流入的影响比对资本流出的影响更显著，主要通过影响流入而影响净流入。（4）直接投资资本流动主要受利差和汇差影响，证券投资资本流动主要受股指变动差异和汇差影响，其他投资资本流动主要受汇差、股指变动差异和房价变动差异影响。（5）近年来利差对跨境资本流动影响减弱，汇差和资产价差对跨境资本流动影响增强。

本章研究结论有以下三点启示：（1）防范跨境资本流动风险要格外关注其他投资项（包括货币和存款、贷款、贸易信贷等）下跨境资本流动大幅波动风险。（2）利差是驱动跨境资本流动的重要因素，但近年来影响程度减弱，这为中美利差收窄背景下提高中国货币政策独立性提供了更多操作空间。（3）金融市场开放和汇率市场化改革不断推进中，汇差和资产价差（股指变动差异和房价变动差异）对跨境资本流动影响增强，要密切关注和防范汇率与资产价格波动共振对跨境资本流动的冲击。

第十一章　结构视角下的
跨境资本流动顺周期性研究

本章使用 34 个主要国家 1999 年第一季度至 2017 年第四季度的数据，从结构视角考察了国内经济周期和全球金融周期对不同类别、不同部门跨境资本流动的影响。研究发现：（1）总量跨境资本流动随着国内经济周期和全球金融周期顺周期变化，当国内 GDP 增速上升时净流入增加，当全球金融风险上升时净流入减少；区分流入、流出看，顺周期性更加明显。（2）分类别看，直接投资跨境资本流动与国内经济周期和全球金融周期不存在显著的影响关系，即不存在顺周期性；其他投资跨境资本流动体现出与总量跨境资本流动一致的顺周期性；证券投资跨境资本流动受全球金融周期影响明显，当全球金融风险上升时发展中国家证券投资净流入减少、发达国家证券投资净流入增加，证券投资跨境资本会避险流入发达国家。（3）分部门看，其他投资项下银行部门和企业部门跨境资本流动顺周期性明显，政府部门和中央银行顺周期性不明显；证券投资跨境资本流动避险现象主要受企业部门驱动。研究启示：跨境资本流动风险管理要聚焦证券投资和其他投资，监管着力点是做好对银行部门和企业部门顺周期行为的调控；发展中国家在全球高风险时期要格外注意防范外部冲击引起的证券投资跨境资本流出。

一、引言

　　20 世纪 80 年代以来，在经济金融全球化程度不断提升过程中，一国经济金融的发展、繁荣、动荡与跨境资本流动有着非常紧密的关系。对经济增长的促进效应以及可能引致的金融风险是跨境资本流动这枚硬币的两面。对各国尤其是欠发达国家来说，跨境资本的流入能够提高资本可得性，带动生产效率和投资率提升，起到促进经济增长的作用（Baldwin 和 Martin，1999；Chinn 和 Ito，2006；Giovanni 等，2008；Kose 等，2009），但跨境资本流入也会带来金融稳定方面的风险，增加一国经济金融体系的脆弱性（Stiglitz，2000；Prasad 等，2003；Aghion 等，2004；Obstfeld，2012）。Bernanke（2011）指出，美国金融体系未能有效地控制强劲的资本流入，促使了 2008 年国际金融危机和全球衰退的发生。

　　2008 年国际金融危机后，学界、国际组织、各国监管当局逐渐加强对跨境资本流动与经济金融风险关系的研究和探讨，其中备受关注的话题是跨境资本流动顺周期性。现有跨境资本流动顺周期性相关研究，主要聚焦于探讨国内经济周期和全球金融周期对跨境资本流动的影响（Kaminsky 等，2004；Broner 等，2013；Bruno 和 Shin，2015；Cerutti 等，2017；Avdjiev 等，2018）。对学界、国际组织和各国监管当局来说，跨境资本流动随着国内经济周期和全球金融周期顺周期变化会对一国经济金融稳定产生不利冲击，已经成为基本共识（Quinn 和 Inclan，1997；Kaminsky 等，2004；Klein 和 Olivei，2008；Broner 等，2013；Avdjiev 等，2018）。2008 年国际金融危机的教训启示，理解和洞悉跨境资本流动顺周期性，对各国监管当局，尤其是对在 2008 年国际金融危机后经历了大规模资本流入的新兴经济体来说，是有效管理跨境资本流动，防范跨境资本流动可能引致的金融风险的关键所在。特别是对中国来说，近年来中国不断推进金融市场开放，国际收支结构发生变化，经常账户顺差逐渐收窄（由 2008 年的 4206 亿美元收窄至 2018 年的 491 亿美元），资本和金融账户由逆差转为顺差并逐渐扩大（2008 年逆差 4425 亿美元，2018 年顺差 1117 亿美元），随着我国金融市场不断开放，资本和金融账户下的资金流动会更加活跃，跨境冲击和风险会更大，这可能会提升中国经济金融稳定发展的脆弱性。对跨境资本流动监管当局来说，需要持续关注、清晰了解资本和金融账户下跨境资本流动的顺周期性特征及潜在风险，这是在不断扩大开放进程中完善跨境资本流动风险管理的必然要求。

现有跨境资本流动顺周期性相关研究主要聚焦于探讨总量跨境资本流动的顺周期性，但总量特征是结构特征综合以后的体现，不同类别、不同部门的跨境资本流动顺周期性特征可能存在异质性，总量层面的分析并不能有助于看清跨境资本流动顺周期性的结构特征，Contessi 等（2013）认为应该审慎地判断跨境资本流动是具有顺周期性还是逆周期性，应当考虑跨境资本流动的结构性特征。现有研究较少涉及对跨境资本流动顺周期性结构特征的探讨，洞悉这种跨境资本流动顺周期性的结构特征，对不断扩大金融市场开放的中国来说，以及那些在 2008 年国际金融危机后经历了大规模跨境资本流入的新兴经济体来说，不仅有助于提升跨境资本流动管理能力，也有助于缓解金融系统脆弱性，维持各国和全球金融稳定。同时，近年来中国不断完善跨境资本流动宏观审慎管理，其关键在于以市场化方式对跨境资本流动顺周期性进行预调微调，明晰跨境资本流动顺周期性的结构特征，对于完善跨境资本流动宏观审慎管理也有一定启示。

本章使用全球34个主要国家1999年第一季度至2017年第四季度的数据，从结构视角对不同类别、不同部门跨境资本流动顺周期性进行深入研究，研究发现跨境资本流动的顺周期性在不同类型、不同部门层面确有不同特征，具体来说：（1）总量跨境资本流动体现出随着国内经济周期和全球金融周期顺周期变化的特征，国内GDP增速上升会使总量跨境资本净流入增加、全球金融风险上升会使总量跨境资本净流入减少。（2）细分不同类别跨境资本流动看，直接投资跨境资本流动不存在顺周期性；其他投资跨境资本流动体现出与总量跨境资本流动一致的顺周期性；证券投资跨境资本流动受全球金融周期影响明显，全球金融风险上升时发展中国家证券投资跨境资本净流入减少、发达国家证券投资跨境资本净流入增加，存在证券投资跨境资本避险流入发达国家的现象。（3）细分不同部门跨境资本流动看，其他投资项下银行部门和企业部门跨境资本流动顺周期性明显，政府部门和中央银行顺周期性不明显；证券投资跨境资本流动避险现象主要受企业部门驱动。

相较于现有跨境资本流动顺周期性研究文献，本章的边际贡献可能体现在：（1）基于已有经典理论提供的启示，梳理了跨境资本流动与国内经济周期和全球金融周期之间的影响关系，解释了跨境资本流动顺周期性的机制。一是本国经济周期对跨境资本的影响机制，从传统开放宏观经济理论看，一国经济增长会刺激消费、投资，产生负的储蓄—投资缺口，从而导致资本流入体现出顺经济周期变化的特征；从金融加速器理论逻辑延伸角度看，可以将一国视为巨型企业，当经济繁荣时，其净资产增加会降低外部融资成本，国际借贷增加，从而导致跨境资本流动顺经济周期变化。二是全球金融周期对跨境资本流动的影响机制，从投资组合理论角度看，当一国风险因素变化时，国内外存量投资资本组合的再配置会使跨境资本流动顺全球金融周期变化。（2）不同于现有大多数研究从总量层面展开探讨，本章从结构视角，对不同类别（直接投资、证券投资、其他投资）、不同部门（政府部门、央行部门、银行部门、企业部门）跨境资本流动顺周期性进行结构性的分析和检验，这是现有研究鲜有涉及的问题，本章对这一问题进行了细致深入的研究。

二、文献回顾

本章研究与两类文献相关，一类是与跨境资本流动影响因素相关的研究，另一类是与跨境资本流动顺周期性相关的研究。

（一）跨境资本流动驱动因素相关研究

研究包括从开放条件下的国民经济核算理论中国内储蓄、国内投资与国外净投资之间的平衡，到利率平价理论（Interest Rate Parity Theory）对利率、汇率、跨境资本流动三者关系的探讨（Peel 和 Taylor，2002；Montiel 和 Reinhart，1999），再到"三元悖论"对国内货币政策、汇率稳定性和跨境资本流动之间的权衡（Krugman，1999）。在开放宏观经济理论不断演进过程中，跨境资本流动一直是备受关注的话题。尤其是 20 世纪 80 年代以后，经济全球化的推进加速了资本全球化进程，资本跨境流动规模不断扩张，在跨境资本向拉美、东南亚等地区蜂拥的同时，什么因素影响跨境资本的流动引起了广泛的关注和探讨。这些研究主要集中于对跨境资本驱动因素的识别以及比较其相对重要性。随着针对跨境资本流动驱动因素研究的不断深入，形成了跨境资本流动驱动因素的"拉动—推动"分析框架，内部"拉动因素"包括国内利率水平、国内经济基本面、国内资产价格、国内制度因素等，外部"推动因素"包括美元利率、全球流动性、外部经济基本面、外部资产价格、全球风险因素等（Fernandez – Arias 和 Montiel，1996；Reinhart 和 Montiel，2001；Forbes 和 Warnock，2012；张明，2011；张明和谭小芬，2013）。但对于内部"拉动因素"和外部"推动因素"相对重要性的比较，不同研究得出的结论不统一，如 Calvo 等（1993）、Chuhan 等（1998）的研究强调以美国利率水平和美国经济周期为代表的外部因素对跨境资本流动的重要影响；Fernandez – Arias 和 Montiel（1996）研究发现国际利率水平等外部因素的影响是驱动中等收入国家跨境资本流动的主要原因；Forbes 和 Warnock（2012）研究发现"推动因素"对跨境资本流动的重要性要高于"拉动因素"。而 Taylor 和 Sarno（1997）以及 Griffin 等（2004）研究发现全球性因素和国别性因素对股权跨境资本流动具有同等重要性；国际货币基金组织（2011）研究发现"拉动因素"对跨境资本流动的驱动显著高于"推动因素"。还有一些研究分不同时期比较了"推动因素"和"拉动因素"的影响，如 Fratzscher（2012）和 Broner 等（2013）的研究结果表明，危机期间外部"推动因素"是驱动国际资本流动的关键因素，危机过后全球性共同因素重要性递减，内部"拉动因素"成为驱动国际资本流动的重要因素。

（二）跨境资本流动顺周期性相关研究

关于跨境资本流动顺周期性的探讨，早期的研究主要关注的是一国经济增长与跨境资本流动的关系。实际上在跨境资本流动驱动因素的"拉动—推动"分析框架中，国内经济增长经常是"拉动因素"中考虑的一个重要的因素（Forbes 和 Warnock，2012）。有些研究则专门探讨了跨境资本是否会随着一国经济增长的加速而扩大流入，这部分研究形成了关于跨境资本流动顺周期性相关的一类文献，虽然在研究不断丰富的过程中，关于跨境资本流动是否存在顺周期性持续存在争论，如 Quinn 和 Inclan（1997）、Klein 和 Olivei（2008）、Kaminsky 等（2004）研究发现跨境资本的净流入与一国经济增长是正相关的，但 Rodrik 和 Velasco（1999）、Edison 等（2004）使用多国数据的研究则发现，跨境资本流动与一国经济增长并无相关关系。但近年来，随着越来越多的研究给出更多的实证证据，跨境资本流动与一国经济增长的关系体现出顺周期性也得到越来越多的认可，已基本成为一个共识，如 Kaminsky 等（2004）、Contessi 等（2013）、Broner 等（2013）、Avdjiev 等（2018）的研究均发现跨境资本流动随着一国经济增长的加速或体现出明显的顺周期性。国内也有诸多研究发现中国跨境资本流动的顺周期性特征，如丁志杰等（2008）研究发现中国境外汇款形式的跨境资本流动是顺经济周期变动的；肖继五和李沂（2010）研究发现1982—2008年间我国国际资本流动体现出显著的顺周期变动特征；严宝玉（2018）从银行外汇资产负债变动、资本和金融项目流动、跨境收付结售汇意愿三个维度验证了中国跨境资金流动存在顺周期性。

近年来，全球金融周期成为跨境资本流动顺周期性研究中聚焦的另外一个周期因素，此类研究多以全球金融风险衡量全球金融周期，关注于探讨全球风险因素对跨境资本流动的影响。实际上在早期的跨境资本流动驱动因素的"拉动—推动"分析框架中，投资者风险偏好就被认为是一个重要的外部"推动因素"（Milesi - Ferretti

和 Tille，2011；Fratzscher，2012；张明，2011；张明和谭小芬，2013），投资者风险偏好实际上与全球金融风险有着十分紧密的关系。Tille 和 Wincoop（2010）将证券投资组合理论引入开放动态随机一般均衡（DSGE）模型，揭示了当全球金融风险变化时，国内外存量投资资本组合的再配置会影响资本的跨境流动。Rey（2013）的研究则十分具体地提出跨境资本流动的动态变化中存在着一种全球金融周期。Forbes 和 Warnock（2012）在研究不同情景的跨境资本流动驱动因素时，发现全球风险因素对各种情景的跨境资本流动都有着普遍的影响。Passari 和 Ray（2015）进一步发现全球金融周期与测度金融市场不确定性和风险厌恶程度的 VIX 指数相关，无论一国是何种汇率制度安排，跨境资本流入在以 VIX 指数衡量的全球金融风险低的时候扩张、高的时候收缩。在最新的一些关于跨境资本流动驱动因素或顺周期相关的研究中，全球风险因素也都被作为一个重要因素被分析和探讨（Broner 等，2013；Bruno 和 Shin，2015；Cerutti 等，2017；Avdjiev 等，2018）。

实际上探讨与跨境资本流动顺周期性相关的文献是对资本流动驱动因素相关研究的进一步聚焦，主要聚焦于发现跨境资本流动与内部"拉动因素"中的经济增长因素和外部"推动因素"中的全球风险因素之间的影响关系。

（三）关于跨境资本流动相关研究的新进展

新近的一些探讨跨境资本流动相关问题的研究，正在探索的一个方向是对跨境资本流动的细致区分，前期的一些研究主要关注跨境资本净流动，但是仅考虑跨境资本净流动容易忽略流入、流出体现出的不同特征，最近的一些研究开始在结构视角下进行一些有益的尝试，如 Janus 和 Riera – Crichton（2013）将跨境资本净流入分解为四个组成部分，研究了国际资本流动的投资性和非投资性效应；Broner 等（2013）在探讨跨境资本流动与经济周期之间的关系时，将跨境资本流动按照主体不同进行了国内主体和国外主体的区分。这些结构视角的探索，对于跨境资本流动相关问题研究的细化深化非常有启发意义。跨境资本净流动是流入和流出的综合结果，净流动角度的考察可能会忽略流入、流出的结构性特征；总量资本流动是不同市场主体行为的叠加，总量层面考察也可能忽略不同主体的结构性特征。在研究跨境资本流动顺周期性相关问题时，考察这种结构性特征，对于细致了解跨境资本流动顺周期性，提升跨境资本流动监管的精准度具有重要意义。Contessi 等（2013）也认为应当谨慎判定总资本流动具有顺周期性还是逆周期性，应当考虑资本流动的异质性，每类国家、每类资本流动形式都可能具有不同的周期性。当前这种结构视角的研究非常少，少有的一些学者开始关注到这一方面，并作出了一些积极探索（Avdjiev 等，2018）。整体来看，结构视角的跨境资本流动顺周期研究仍有待继续推进，本章将在这一方面作出一些探索和尝试。

三、跨境资本流动顺周期性的机制分析

（一）经济周期对跨境资本流动的影响

1. 基于传统开放宏观经济分析框架的解释

在传统开放宏观分析框架中，从收入角度看，一国收入 Y^{in} 等于消费 C、投资 I、净出口 NX 的和，也即 $Y^{in} = C + I + NX$。从支出角度看，一国支出 Y^{out} 等于消费 C、储蓄 S 的和，也即 $Y^{out} = C + S$。根据国际收支平衡理论，在不考虑储备和误差与遗漏的情况下，经常

账户差额 CA（也即净出口 NX）与资本和金融账户差额 KA（也即跨境资本净流动 CF）需平衡，也即 $NX + CF = 0$（或 $CA + KA = 0$）。因此可以得到 $NX = -CF$，也即 $CA = -KA$，表示经常账户资金流入（或流出）等于资本和金融账户资金流出（或流入）。根据收入 Y^{in} 等于支出 Y^{out}，可以得到 $C + I + NX = C + S$，则 $S - I = NX = -CF$，也即储蓄—投资缺口等于跨境资本净流动。

根据凯恩斯消费理论，$C = \alpha + \beta Y$，$S = Y - C = -\alpha + (1 - \beta)Y$，其中 $Y = AK^{\alpha}L^{\beta} = F(A,K,L)$；同时投资会受到利率水平 r 和技术水平 A 的影响，也即 $I = I(r,A)$。假设在要素投入不变的情况下，正向的技术冲击使经济增长，则 A 增加、产出 Y 增加，Y 的增加会引致 S 的增加（储蓄效应），A 的增加会导致 I 的增加（投资效应）。如果投资效应大于储蓄效应，综合作用的结果是会产生新的储蓄—投资缺口，则资本是净流入的。基于这种传导机制，可以得出跨境资本净流动会随着经济增长体现出顺周期性。

此外，还有另外一种解释来自 Calvo（1987）以及 Calvo 和 Vegh（1999）提出的消费效应。这种观点指出，在开放经济初始均衡条件下，如果一国经济在某种正向冲击因素的作用下出现增长，则本国产出的增加使得消费变得更加便宜，因而居民会增加消费，由于 $Y - (\alpha + \beta Y) - I = -CF$，在消费效应较大的情况下[1]，经济增长会促进国内消费繁荣，Y 的变动会使等式的左边产生负的缺口，因此也会出现跨境资本净流入，Calvo（1987）以及 Calvo 和 Vegh（1999）将这解释为从海外融资支持国内消费。在这种影响机制下，也可以得出跨境资本流动存在顺周期性。

---

① 消费效应较大对应的是储蓄效应较小，在储蓄效应较小的情况下，投资效应越有可能大于储蓄效应；这种情景与前文投资效应大于储蓄效应的情景在理论逻辑上是一致的。

2. 金融加速器理论的逻辑延伸

考虑跨境资本流动的金融属性，可以从金融加速器理论（Bernanke 等，1996）的逻辑分析出发，将之推演至开放经济层面，得出跨境资本流动与经济周期之间的影响机制。金融加速器理论提出，因为信贷市场存在信息不对称，使企业外部融资成本高于内部融资成本，在内部融资不足时，企业需进行外部融资，由于信息不对称的存在，外部融资成本会随着企业净值的增加而降低，企业净值是顺周期变动的，因此代理成本是逆周期的，引起企业投资顺周期变动，形成金融加速器效应。将金融加速器理论逻辑推演至开放宏观层面来看，可以将一国视为一个巨型企业，其国内融资相当于内部融资、国际融资相当于外部融资，当一国经济繁荣时，其净资产的增加会降低外部融资成本，因此一国会增加国际借贷，体现为跨境资本净流入，因而跨境资本流动会体现出顺周期性。

（二）金融周期对跨境资本流动的影响

关于金融周期对跨境资本流动的影响机制，理论层面的探索来自 Tille 和 Wincoop（2010）将证券投资组合理论引入开放动态随机一般均衡（DSGE）模型而给出的分析。证券投资组合理论认为，影响投资组合选择的因素除了预期收益之外，还有风险因素，因此当一国风险因素变化时，国内外存量投资资本组合的再配置必然会影响资本的跨境流动。Tille 和 Wincoop（2010）构建的引入证券投资组合理论的 DSGE 模型，给出了跨境资本流动随着金融风险因素变动而调整的理论机制。在最近的一些研究中，Rey（2013）以及 Passari 和 Ray（2015）通过实证检验，给出了跨境资本流动的动态变化中存在着一种全球金融周期的证据，以全球风险因素衡量的全球金融周期被当成是影响跨境资本流动的一个重要因素，最新的研究详见 Cerutti 等（2017）针对这一问题的专门探讨以及 Avdjiev 等（2018）的研究总结。

上文机制分析提供了一种审视跨境资本顺周期性的思维逻辑，但是这种在模型中得出的影响机制是非常基础和笼统的，并不足以让我们看清以及把握现实中跨境资本流动的诸多结构性特征。因此现有理论对跨境资本流动顺周期性给出的一些机制解释，仅仅是分析和研究跨境资本流动顺周期问题初步的框架，这些理论机制初步说明国内经济周期、全球金融周期对跨境资本流动有重要影响，值得关注，但是在实际跨境资本流动中，这种影响机制到底体现出何种结构特征，实证层面能否得到经验证据的支撑，仍需展开深入研究。

四、模型设定与数据来源

（一）模型设定

根据前文跨境资本流动顺周期性影响机制分析，一国内部经济周期和外部全球金融周期是影响跨境资本流动的两个关键因素，这是构建本章实证模型的基础。除此之外，影响跨境资本流动的因素众多，除了内部经济周期和外部全球金融周期外，还有其他一些因素需要考虑，如果忽略对这些因素的考虑，构建的回归模型会存在遗漏变量的问题，造成实证结果的偏误。因此，本章还考虑了其他一些因素对跨境资本流动的影响。从跨境资本流动的金融属性来看，现有研究中经常考虑的其他一类影响跨境资本流动的因素是跨境资本收益因素，其中常被考虑的是利差因素和股票收益率因素（Forbes 和 Warnock，2012；张明，2011；张明和谭小芬，2013；吴丽华和傅广敏，2014）。除此之外，跨境资本流动必然面临汇兑，因此汇率变动也是影响跨境资本流动的因素（Peel 和 Taylor，2002；吴丽华和傅广敏，2014）。在实证检验中，除了将内部经济周期和外部全球金融周期引入检验模型之外，本章还将利差因素、股票收益率因素和汇率因素引入回归模型作为控制变量，构建如下检验模型：

$$Capflow = a_0 + a_1 \times Ecycle + a_2 \times Fcycle + a_3 \times Control + \varepsilon$$

$$(11-1)$$

式中，$Capflow$ 表示跨境资本流动，$Ecycle$ 表示内部经济周期，$Fcycle$ 表示全球金融周期，$Control$ 是控制变量集合，包括利差、股票收益率和汇率。

（二）数据来源

1. 结构视角的跨境资本流动数据

本章使用的跨境资本流动数据来自国际货币基金组织（International Monetary Fund，IMF）的国际收支平衡表（Balance of Payments，BOP）。样本涵盖 34 个全球主要国家，包括 18 个发达国家（美国、日本、德国、法国、英国、意大利、加拿大、韩国、澳大利亚、荷兰、瑞典、挪威、丹麦、芬兰、葡萄牙、捷克、希腊、新西兰），16 个发展中国家（印度、巴西、俄罗斯、墨西哥、印度尼西亚、土耳其、阿根廷、波兰、泰国、南非、菲律宾、马来西亚、哥伦比亚、智利、委内瑞拉、匈牙利）。[①] 数据时间范围为 1999 年第一

---

　　① 本章获取的发展中国家数据不包括中国数据，主要原因是在 IMF 的 BOP 数据库中，中国各项统计数据缺失比较严重。在 IMF 统计标准下，需要获取金融项下各项资本流动（流入、流出和净流入）数据，证券投资和其他投资项下分不同主体（政府、央行、银行、企业）的资本流动数据。考虑这些细分数据的健全性，从本章选取的 34 个国家的数据缺失率看，发达国家数据缺失率在 10%～20% 之间，发展中国家数据缺失率在 20%～30% 之间，中国数据缺失率超过 70%，因此在获取样本国家数据时，没有包括中国。需特别说明的是，数据缺失分为三类：第一类是在 IMF 的 BOP 中直接缺失的数据，第二类是在 IMF 的 BOP 中持续性为零的数据；第三类是本章为了生成结构化数据库将一些国家某些缺失指标进行补全，这部分补全的数据也是缺失数据，数据缺失率是指包括这三种类型缺失数据的缺失率。

季度至 2017 年第四季度。

本章获取的衡量跨境资本流动的数据主要是金融项下的跨境资本流动数据。包括金融项下的跨境资本流动（$fina$），按类别（包括直接投资 di、证券投资 pi、其他投资 oi）细分的跨境资本流动，证券投资和其他投资项下按主体（包括政府 g、央行 c、银行 b、企业 o）细分的跨境资本流动，以及证券投资项下按照资产类别（包括股票 s 和债券 b）细分的跨境资本流动。在获取各项跨境资本流动数据时，同时获取跨境资本流入 in、流出 out 和净流入 net 数据。图 11 - 1 是一些代表性发达国家和发展中国家跨境资本净流动情况的刻画。

2. 内部经济周期：实际 GDP 同比增长率

在探讨影响跨境资本流动顺周期性相关的文献中，多以本国实际 GDP 增长率衡量本国经济周期（Broner 等，2013；Avdjiev 等，2018）。本章采用这种惯例做法，以实际 GDP 增长率作为对本国经济周期的衡量。各国实际 GDP 当季同比增长率数据来自各国官方统计机构。[①]

3. 外部全球金融周期：隐含波动率指数（VIX）

近年来，一些探讨全球金融周期与跨境资本流动影响关系的文章，多采用隐含波动率指数（VIX）作为全球金融周期的衡量（Rey，2013；Passari 和 Ray，2015；Cerutti 等，2017；Avdjiev 等，2018），研究也发现 VIX 指数对于资本流动具有很好的解释力，最新的研究详见 Cerutti 等（2017）针对这一问题的专门探讨以及 Avdjiev 等（2018）的研究总结。本章同样以标普 500 指数（S&P500）VIX

[①] 在 34 个样本国家中，智利、哥伦比亚、委内瑞拉的实际 GDP 当季同比增长率数据存在严重缺失，本章用来自世界银行的实际 GDP 年度同比增长率，将同一年份内各个季度实际 GDP 同比增长率取值与年度实际 GDP 同比增长率相同，对数据缺失国家的数据进行了补充。

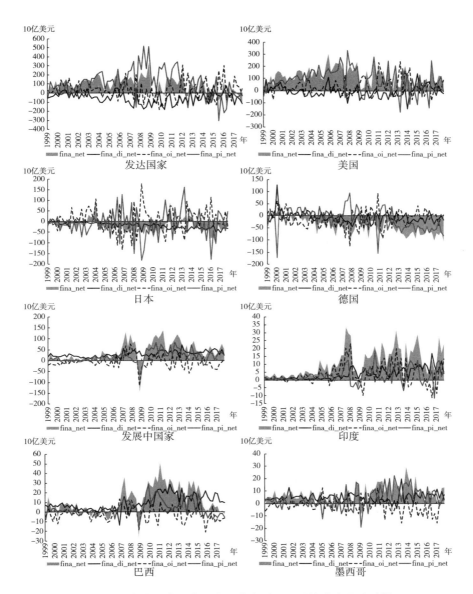

图 11 −1 发达国家和发展中国家金融项下跨境资本净流动情况

(1999 年第一季度至 2017 年第四季度)

(资料来源:国际货币基金组织)

指数作为全球金融周期的衡量，标普 500 VIX 指数数据来自芝加哥期权交易所。

4. 控制变量：利差、股票收益率、汇率

利差衡量的是各国长期国债收益率的利差。在衡量利差时，以美国、日本、德国三国长期国债收益率均值作为外部利率水平的衡量。长期国债收益率数据来自 CEIC 和 Wind 数据库。[①] 股票收益率用各国代表性股指季度同比变化幅度表示，各国代表性股指数据来自 Wind。汇率因素用汇率变动程度衡量，各国汇率数据来自各国央行，其中美元汇率用美元指数表示，其他国家汇率用其他国家货币对美元汇率表示，通过对日度汇率数据取季度平均值获取季度平均汇率数据，然后计算季度平均汇率变动程度作为汇率季度变化程度的衡量。

五、结果分析

（一）不同项目跨境资本流动顺周期性检验

表 11-1 给出了分不同项目来看，内部经济周期和外部全球金融周期对跨境资本流动影响关系的实证检验结果，分析中进一步将全样本（Panel A）进行了发达国家样本（Panel B）和发展中国家（Panel C）样本的区分，回归采用的方法是面板固定效应回归模型。回归结果显示：

以总量跨境资本流动为被解释变量。（1）从全样本回归结果看，GDP 增速的回归系数为负且显著，VIX 指数的回归系数为负但不显

---

① 有些国家无法获取长期国债收益率数据，替代选择是使用 10 年期国债收益率进行补充，10 年期国债收益率同样来自 CEIC 和 Wind 数据库。

表11-1　跨境资本流动顺周期性回归结果（分不同项目）

变量	总量资本净流动	总量资本流入	总量资本流出	直接投资净流入	直接投资流入	直接投资流出	证券投资净流入	证券投资流入	证券投资流出	其他投资净流入	其他投资流入	其他投资流出
Panel A: 所有国家												
GDP增速	-0.0715*	0.5621***	0.4906***	0.0255	0.1121*	0.0866	0.0890*	0.1208***	0.0318	-0.0345	0.3011***	0.3356***
	(0.0435)	(0.1154)	(0.1107)	(0.0297)	(0.0607)	(0.0590)	(0.0516)	(0.0441)	(0.0362)	(0.0533)	(0.0813)	(0.0728)
log (VIX)	-0.5756	-2.5436**	-3.1193**	0.3127	-0.0656	-0.3783	-0.7137*	-0.4166	-1.1303	-0.3679	-1.8878***	-1.5199**
	(0.3801)	(1.0085)	(0.9675)	(0.2603)	(0.5301)	(0.5155)	(0.4508)	(0.3851)	(0.3162)	(0.4661)	(0.7100)	(0.6363)
控制变量	是	是	是	是	是	是	是	是	是	是	是	是
国家固定	是	是	是	是	是	是	是	是	是	是	是	是
时间固定	是	是	是	是	是	是	是	是	是	是	是	是
国家数	34	34	34	34	34	34	34	34	34	34	34	34
观测值	2584	2584	2584	2584	2584	2584	2584	2584	2584	2584	2584	2584
R^2	0.0259	0.0591	0.0208	0.0618	0.0043	0.0197	0.0355	0.0309	0.0124	0.2868	0.1125	0.0153
Panel B: 发达国家												
GDP增速	0.1195	1.0040***	1.1234***	0.0199	0.2310**	0.2111**	-0.0184	0.0596	0.0780	-0.0945	0.7130***	0.8075***
	(0.0873)	(0.2600)	(0.2523)	(0.0693)	(0.1109)	(0.1063)	(0.1210)	(0.1000)	(0.0883)	(0.1217)	(0.1997)	(0.1783)
log (VIX)	-1.9328***	-2.0582	-3.9909**	0.2660	0.1619	-0.1041	3.1451***	1.9892***	-1.1559**	-1.4319*	-3.7598***	-2.3279*
	(0.5851)	(1.7423)	(1.6905)	(0.4646)	(0.7430)	(0.7124)	(0.8107)	(0.6703)	(0.5914)	(0.8155)	(1.3383)	(1.1947)
控制变量	是	是	是	是	是	是	是	是	是	是	是	是

续表

变量	总量资本净流动	总量资本流入	总量资本流出	直接投资净流入	直接投资流入	直接投资流出	证券投资净流入	证券投资流入	证券投资流出	其他投资净流入	其他投资流入	其他投资流出
国家固定	是	是	是	是	是	是	是	是	是	是	是	是
时间固定	是	是	是	是	是	是	是	是	是	是	是	是
国家数	18	18	18	18	18	18	18	18	18	18	18	18
观测值	1368	1368	1368	1368	1368	1368	1368	1368	1368	1368	1368	1368
R^2	0.4217	0.0485	0.0535	0.2779	0.0117	0.0188	0.2017	0.1007	0.1682	0.3827	0.1990	0.0372
Panel C：发展中国家												
GDP 增速	0.1036**	0.2016**	0.0980	0.0400*	0.0322	-0.0077	0.0439	0.0222	-0.0217	0.0239	0.1090***	0.0851***
	(0.0472)	(0.0912)	(0.0825)	(0.0214)	(0.0753)	(0.0743)	(0.0332)	(0.0300)	(0.0161)	(0.0412)	(0.0332)	(0.0304)
log（VIX）	-0.7585*	-2.0419**	-1.2834	0.3936*	-0.0746	-0.4683	-1.2872***	-1.7361***	0.4489***	0.2449	-0.3630	-0.6079**
	(0.4862)	(0.9401)	(0.8498)	(0.2209)	(0.7762)	(0.7651)	(0.3421)	(0.3091)	(0.1658)	(0.4243)	(0.3419)	(0.3133)
控制变量	是	是	是	是	是	是	是	是	是	是	是	是
国家固定	是	是	是	是	是	是	是	是	是	是	是	是
时间固定	是	是	是	是	是	是	是	是	是	是	是	是
国家数	16	16	16	16	16	16	16	16	16	16	16	16
观测值	1216	1216	1216	1216	1216	1216	1216	1216	1216	1216	1216	1216
R^2	0.1578	0.0433	0.0336	0.0424	0.1609	0.0847	0.0459	0.2024	0.0114	0.4713	0.0713	0.0159

注：表中估计结果由 Stata 13.0 给出，"***"、"**"、"*" 分别代表10%、5%、1% 的显著性水平。

著。分发达国家和发展中国家样本看，对于发达国家样本和发展中国家样本，GDP 增速的回归系数均为正，VIX 指数的回归系数均为负。（2）将跨境资本净流入按流入和流出细分看，无论是在全样本还是在发达国家样本或发展中国家样本中，GDP 增速的回归系数均为正，VIX 指数的回归系数均为负，且回归系数在大多数情况下显著。说明无论对发达国家或发展中国家来说，随着 GDP 增速的上升，跨境资本净流入会增加；随着全球风险的上升，跨境资本净流入会减少。分跨境资本流入、流出考察，跨境资本流入、流出都存在顺周期性，且跨境资本流入、流出的顺周期性比净流入的顺周期性更加明显。[①] 这一结果说明，考察跨境资本净流入容易隐藏跨境资本流动的顺周期特征，细分流入、流出来看，能够更好地反映跨境资本流动的顺周期特征。

以不同类别跨境资本流动为被解释变量。（1）对直接投资跨境资本流动来说，无论是在全样本还是在发达国家样本或发展中国家样本中，GDP 增速和 VIX 指数回归系数的符号一致性和显著性均较差。说明直接投资跨境资本流动不存在明显的顺周期性。（2）对证券投资跨境资本流动来说，从全样本回归结果看，无论是考察跨境资本净流入，还是分别考察跨境资本流入、流出，GDP 增速的回归系数均为正，VIX 指数回归系数均为负。说明证券投资跨境资本净流入、流入、流出均体现出顺周期性。分发达国家样本和发展中国家样本看，从证券投资跨境资本流入看，发达国家样本 VIX 指数的回归系数为正且显著，发展中国家样本 VIX 指数回归系数为负且显

---

① 顺周期包括两个层面的内涵：一是随着国内 GDP 增速上升，跨境资本净流入（流入、流出）会增加，此为顺内部经济周期；二是随着全球金融风险（以标普 500VIX 指数衡量）上升，跨境资本净流入（流入、流出）会减少，此为顺外部全球金融风险周期。

著；从证券投资跨境资本流出看，发达国家样本 VIX 指数回归系数
为负且显著，发展中国家样本 VIX 指数回归系数为正且显著。说明
全球风险上升时，发达国家的跨境资本流入增加、流出减少、净流
入增加，发展中国家的跨境资本流入减少、流出增加、净流入减少。
这一结果说明全球风险上升时期发达国家会面临跨境资本避险流入、
发展中国家会面临跨境资本避险流出，这也是解释跨境资本流动
"卢卡斯悖论"的有力证据（Lucas，1990）。（3）对其他投资跨境
资本流动来说，从全样本回归结果看，考察跨境资本净流动，GDP
增速和 VIX 指数的回归系数并不显著；分跨境资本流入、流出来看，
GDP 增速回归系数为正且显著、VIX 指数回归系数为负且显著。说
明其他投资跨境资本流动存在顺周期性，这种顺周期性分流入、流
出来看体现得尤为明显。分发达国家和发展中国家样本来看，考察
跨境资本流入、流出，GDP 增速和 VIX 指数回归系数的符号和显著
性没有明显变化。

（二）不同部门跨境资本流动顺周期性检验

上文实证检验结果显示，总量层面的跨境资本流动具有顺周期
性，分类别看其他投资和证券投资跨境资本流动顺周期性明显，直
接投资跨境资本流动顺周期性不明显。进一步的分析将对其他投资
和证券投资跨境资本流动按不同部门（政府、央行、银行、企业）
进行细分，考察跨境资本流动顺周期性的部门特征。

表 11 - 2 给出了分部门看证券投资项下跨境资本流动顺周期性
实证检验结果。表 11 - 2 回归结果显示：

以政府部门证券投资跨境资本流动作为被解释变量。从全样本
回归结果看，考察净流入和流入，GDP 增速的回归系数为正且显著，
VIX 指数的回归系数为正且显著；考察流出，GDP 增速和 VIX 指数

表 11-2　证券投资项下跨境资本流动顺周期特征实证检验结果（分不同部门）

变量	证券投资净流入政府	证券投资流入政府	证券投资流出政府	证券投资净流入央行	证券投资流入央行	证券投资流出央行	证券投资净流入银行	证券投资流入银行	证券投资流出银行	证券投资净流入企业	证券投资流入企业	证券投资流出企业
Panel A: 所有国家												
GDP增速	0.0735**	0.0861**	0.0125	-0.0100	-0.0045	0.0055	0.0059	-0.0001	-0.0060	0.0325	0.0212	-0.0112
	(0.0330)	(0.0273)	(0.0175)	(0.0082)	(0.0049)	(0.0066)	(0.0272)	(0.0234)	(0.0176)	(0.0296)	(0.0216)	(0.0208)
log(VIX)	0.5693**	0.7399***	0.1706	0.0154	-0.0520	-0.6740***	-0.7481***	-0.6647***	-0.0834	-0.7327***	-0.4370**	-1.1697***
	(0.2880)	(0.2385)	(0.1530)	(0.0717)	(0.0424)	(0.0577)	(0.2372)	(0.2046)	(0.1533)	(0.2588)	(0.1884)	(0.1815)
控制变量	是	是	是	是	是	是	是	是	是	是	是	是
国家固定	是	是	是	是	是	是	是	是	是	是	是	是
时间固定	是	是	是	是	是	是	是	是	是	是	是	是
国家数	34	34	34	34	34	34	34	34	34	34	34	34
观测值	2584	2584	2584	2584	2584	2584	2584	2584	2584	2584	2584	2584
R^2	0.0763	0.1390	0.0532	0.0640	0.0059	0.0070	0.0626	0.1017	0.0466	0.1309	0.0847	0.0305
Panel B: 发达国家												
GDP增速	0.0795	0.0563	-0.0233	-0.0172	0.0023	0.0195	-0.0318	-0.0370	-0.0052	0.0143	0.0074	-0.0069
	(0.0776)	(0.0616)	(0.0435)	(0.0167)	(0.0025)	(0.0165)	(0.0675)	(0.0581)	(0.0440)	(0.0685)	(0.0497)	(0.0475)
log(VIX)	1.9094***	2.3444***	0.4350	0.1335	0.0076	-0.1259	-0.9264**	-0.6628*	-0.2635	1.8088***	0.2392	-1.5696***
	(0.5198)	(0.4125)	(0.2915)	(0.1120)	(0.0168)	(0.1107)	(0.4523)	(0.3891)	(0.2947)	(0.4593)	(0.3327)	(0.3180)

续表

变量	证券投资净流入政府	证券投资流入政府	证券投资流出政府	证券投资净流入央行	证券投资流入央行	证券投资流出央行	证券投资净流入银行	证券投资流入银行	证券投资流出银行	证券投资净流入企业	证券投资流入企业	证券投资流出企业
控制变量	是	是	是	是	是	是	是	是	是	是	是	是
国家固定	是	是	是	是	是	是	是	是	是	是	是	是
时间固定	是	是	是	是	是	是	是	是	是	是	是	是
国家数	18	18	18	18	18	18	18	18	18	18	18	18
观测值	1368	1368	1368	1368	1368	1368	1368	1368	1368	1368	1368	1368
R^2	0.2834	0.0713	0.2105	0.1533	0.2183	0.1488	0.0250	0.0542	0.0181	0.0455	0.0328	0.0865
Panel C：发展中国家												
GDP 增速	0.0030	0.0165	0.0135**	-0.0122	-0.0092	0.0030	0.0127	0.0100*	0.0027	0.0318*	-0.0017	-0.0335**
	(0.0208)	(0.0200)	(0.0061)	(0.0088)	(0.0085)	(0.0021)	(0.0080)	(0.0062)	(0.0052)	(0.0213)	(0.0156)	(0.0148)
$\log$ (VIX)	-0.4164*	-0.5112**	0.0949	-0.0975	-0.1214	-0.0239	-0.2839	-0.3482***	-0.0644	-0.4926**	-0.7410***	0.2483*
	(0.2140)	(0.2061)	(0.0628)	(0.0905)	(0.0877)	(0.0214)	(0.0819)	(0.0639)	(0.0535)	(0.2199)	(0.1603)	(0.1528)
控制变量	是	是	是	是	是	是	是	是	是	是	是	是
国家固定	是	是	是	是	是	是	是	是	是	是	是	是
时间固定	是	是	是	是	是	是	是	是	是	是	是	是
国家数	16	16	16	16	16	16	16	16	16	16	16	16
观测值	1216	1216	1216	1216	1216	1216	1216	1216	1216	1216	1216	1216
R^2	0.0596	0.0326	0.0143	0.0063	0.0059	0.0752	0.0423	0.0808	0.1111	0.0442	0.1387	0.0088

注：表中估计结果由 Stata 13.0 给出，"***"、"**"、"*"分别代表10%、5%、1%的显著性水平。

302

回归系数不显著。分发达国家和发展中国家样本看，考察净流入和流入，发达国家 VIX 指数的回归系数为正，发展中国家 VIX 指数的回归系数为负，说明全球风险上升时，政府部门证券投资项下的资本流动也存在避险特征，增加流入发达国家、减少流入发展中国家。

以央行部门证券投资跨境资本流动作为被解释变量。无论是在全样本还是在发达国家样本或发展中国家样本中，GDP 增速和 VIX 指数的回归系数在大多数回归中不显著，且回归系数的符号也无一致规律可循。说明央行部门证券投资跨境资本流动不存在明显的顺周期性。

以银行部门和企业部门证券投资跨境资本流动为被解释变量。从全样本回归结果看，考察净流入、流入、流出，GDP 增速的回归系数均不显著，VIX 指数的回归系数均为负且显著。说明证券投资跨境资本流动主要受全球金融周期影响。分发达国家和发展中国家样本看，考察净流入、流入、流出，GDP 增速的回归系数在大多数回归中不显著，VIX 指数的回归系数则体现出一定的差异。对银行部门资本流动来说，发达国家样本和发展中国家样本 VIX 指数回归系数均为负；对企业部门资本流动来说，考察净流入，发达国家样本 VIX 指数的回归系数为正且显著，发展中国家样本 VIX 指数的回归系数为负且显著；考察流入，发达国家 VIX 指数的回归系数为正，发展中国家的回归系数为负；考察流出，发达国家 VIX 指数的回归系数为负，发展中国家 VIX 指数的回归系数为正。这一结果与前文发现的证券投资跨境资本流动存在避险特征的结论是一致的。本部分回归结果进一步说明，证券投资跨境资本流动呈现避险特征主要是企业部门驱动的。

表 11－3 给出了分部门看其他投资项下跨境资本流动顺周期性实证检验结果。

表 11 - 3　　其他投资跨境资本流动顺周期性实证检验结果（分不同部门）

Variable	其他投资 净流入政府	其他投资 流入政府	其他投资 流出政府	其他投资 净流入央行	其他投资 流入央行	其他投资 流出央行	其他投资 净流入银行	其他投资 流入银行	其他投资 流出银行	其他投资 净流入企业	其他投资 流入企业	其他投资 流出企业
Panel A: 所有国家												
GDP 增速	-0.1699 ***	-0.1512 ***	0.0187	-0.0205	0.0174	0.0379	0.1013 ***	0.2305 ***	0.1293 ***	0.0166 ***	0.0917 ***	0.0750 ***
	(0.0290)	(0.0271)	(0.0204)	(0.0439)	(0.0321)	(0.0300)	(0.0483)	(0.0590)	(0.0471)	(0.0046)	(0.0260)	(0.0229)
log (VIX)	-0.2691	-0.4670 **	-0.1980	-0.0732	0.4054 *	0.4787 *	0.3046	-0.7323	-1.0369 **	-0.3258	-0.7235 ***	-0.3977 **
	(0.2531)	(0.2369)	(0.1781)	(0.3839)	(0.2806)	(0.2617)	(0.4221)	(0.5153)	(0.0041)	(0.2147)	(0.2269)	(0.1998)
控制变量	是	是	是	是	是	是	是	是	是	是	是	是
国家固定	是	是	是	是	是	是	是	是	是	是	是	是
时间固定	是	是	是	是	是	是	是	是	是	是	是	是
国家数	34	34	34	34	34	34	34	34	34	34	34	34
观测值	2584	2584	2584	2584	2584	2584	2584	2584	2584	2584	2584	2584
R²	0.1811	0.1441	0.0123	0.0120	0.0778	0.0784	0.0070	0.0146	0.0161	0.2854	0.0101	0.0470
Panel B: 发达国家												
GDP 增速	-0.2504 ***	-0.2520 ***	-0.0016	-0.0422	0.0671	0.1093	0.1280	0.4417	0.3138 ***	0.0292	0.1464 **	0.1172 **
	(0.0677)	(0.0637)	(0.0496)	(0.1099)	(0.0788)	(0.0758)	(0.1166)	(0.1460)	(0.1150)	(0.0538)	(0.0612)	(0.0514)
log (VIX)	-1.4634 ***	-1.8557 ***	-0.3923	-0.7553	0.1102	0.8656 *	0.6383	-0.1400	-1.2596 *	0.0766	-0.7716 *	-0.8483 **
	(0.4540)	(0.4270)	(0.3324)	(0.7361)	(0.5277)	(0.5078)	(0.7814)	(0.9782)	(0.7708)	(0.3603)	(0.4101)	(0.3448)

续表

Variable	其他投资净流入政府	其他投资流入政府	其他投资流出政府	其他投资净流入央行	其他投资流入央行	其他投资流出央行	其他投资净流入银行	其他投资流入银行	其他投资流出银行	其他投资净流入企业	其他投资流入企业	其他投资流出企业
控制变量	是	是	是	是	是	是	是	是	是	是	是	是
国家固定	是	是	是	是	是	是	是	是	是	是	是	是
时间固定	是	是	是	是	是	是	是	是	是	是	是	是
国家数	18	18	18	18	18	18	18	18	18	18	18	18
观测值	1368	1368	1368	1368	1368	1368	1368	1368	1368	1368	1368	1368
R^2	0.5530	0.4433	0.0558	0.2976	0.0341	0.0539	0.0536	0.1905	0.1013	0.0517	0.0417	0.0164
Panel C: 发展中国家												
GDP增速	-0.0651 ***	-0.0278 *	0.0374 ***	-0.0184	-0.0211 *	-0.0027	0.1026 ***	0.1137 ***	0.0111	0.0169	0.0432 ***	0.0601 ***
	(0.0178) **	(0.01523)	(0.0105)	(0.0132)	(0.0129)	(0.0042)	(0.0267)	(0.0196)	(0.0202)	(0.0221)	(0.0166)	(0.0189)
$\log(VIX)$	0.5508 ***	0.5062 ***	-0.0446	0.3844 ***	0.3159 **	-0.0685	0.1132	-0.5507 ***	-0.6639 ***	-0.7157 ***	-0.6322 ***	-0.0835
	(0.1836)	(0.1569)	(0.1083)	(0.1358)	(0.1330)	(0.0433)	(0.2754)	(0.2023)	(0.2084)	(0.2279)	(0.1712)	(0.1948)
控制变量	是	是	是	是	是	是	是	是	是	是	是	是
国家固定	是	是	是	是	是	是	是	是	是	是	是	是
时间固定	是	是	是	是	是	是	是	是	是	是	是	是
国家数	16	16	16	16	16	16	16	16	16	16	16	16
观测值	1216	1216	1216	1216	1216	1216	1216	1216	1216	1216	1216	1216
R^2	0.0961	0.0273	0.0364	0.1708	0.0483	0.3108	0.0984	0.3217	0.0246	0.1514	0.0436	0.4319

注：表中估计结果由 Stata 13.0 给出，"***"、"**"、"*" 分别代表 10%、5%、1% 的显著性水平。

表 11 - 3 回归结果显示：

以政府部门其他投资跨境资本流动作为被解释变量。从全样本回归结果看，考察净流入和流入，GDP 增速的回归系数为负且显著，VIX 指数的回归系数为负且显著；考察流出，GDP 增速和 VIX 指数的回归结果均不显著。说明政府部门其他投资跨境资本净流入呈现逆经济周期的特征，主要是流入体现出明显的逆经济周期性。分发达国家和发展中国家样本看，发现的一个明显差异是，考察净流入和流入，发达国家 VIX 指数的回归系数为负，发展中国家 VIX 指数的回归系数为正，说明全球风险上升时，政府部门的跨境资本流入发达国家是减少的、流入发展中国家是增加的。

以央行部门其他投资跨境资本流动作为被解释变量。无论是在全样本还是在发达国家样本或发展中国家样本中，GDP 增速和 VIX 指数的回归系数在大多数回归中不显著，且回归系数的符号也无一致性规律可循。说明央行部门其他投资跨境资本流动不存在明显的顺周期性。

以银行部门和企业部门其他投资跨境资本流动为被解释变量。从全样本回归结果看，考察银行部门和企业部门其他投资资本净流入，GDP 增速回归系数为正且显著，VIX 指数回归系数不显著；考察跨境资本流入、流出，GDP 增速回归系数为正且显著，VIX 指数回归系数为负且显著。说明银行部门和企业部门其他投资跨境资本流动存在明显的顺周期性，仅考察其他投资跨境资本净流动容易抹掉这种跨境资本流动顺周期特征，细分流入、流出看，更容易发现这种顺周期性。分发达国家样本和发展中国家样本看，无论是对银行部门还是企业部门的其他投资跨境资本流入、流出来说，GDP 增速和 VIX 指数的回归系数的符号和显著性与全样本回归结果的一致性较高。本部分回归结果说明其他投资跨境资本流动的顺周期特征主要是银行部门和企业部门驱动的。

（三）不同渠道跨境资本流动顺周期性检验

进一步将证券投资项下的跨境资本流动按照股票和债券进行区分，考察顺周期性特征。表 11 - 4 给出了证券投资项下不同渠道（股票、债券）跨境资本流动顺周期性的实证检验结果。表 11 - 4 结果显示：（1）从不同回归方程中 GDP 增速回归系数来看，GDP 增速的回归系数在大多数情况下是正的，说明证券投资项下股票和债券渠道的跨境资本流动（包括净流入、流入、流出）是顺经济周期的，但是回归系数的显著性较差。（2）从全样本回归结果中 VIX 指数回归系数来看，考察净流入，VIX 指数回归系数为正；细分流入、流出看，VIX 指数回归系数均为负且显著。说明证券投资跨境资本流动存在顺周期性，这种顺周期性从净流动层面看并不明显，细分流入、流出看，存在明显的顺周期性。分发达国家样本和发展中国家样本来看，考察净流入，发达国家 VIX 指数的回归系数为正且显著，发展中国家 VIX 指数的回归系数为负且显著；考察流入，发达国家 VIX 指数的回归系数为正，发展中国家的回归系数为负；考察流出，发达国家 VIX 指数的回归系数为负，发展中国家 VIX 指数的回归系数为正。这一结论与前文发现的证券投资跨境资本存在避险特征的结论是一致的。

表 11 - 4　　　　　跨境资本流动顺周期特征的实证检验结果

（分不同投资渠道）

变量	证券投资净流入债券	证券投资净流入股票	证券投资流入债券	证券投资流入股票	证券投资流出债券	证券投资流出股票
Panel A：所有国家						
GDP 增速	0.0622 (0.0455)	0.0231 (0.0282)	0.0748 * (0.0391)	0.0424 ** (0.0187)	0.0125 (0.0309)	0.0193 (0.0191)
log（VIX）	0.6372 * (0.3980)	0.0852 (0.2461)	− 0.0475 (0.3416)	− 0.3690 ** (0.1633)	− 0.6847 ** (0.2696)	− 0.4542 *** (0.1669)

续表

变量	证券投资净流入债券	证券投资净流入股票	证券投资流入债券	证券投资流入股票	证券投资流出债券	证券投资流出股票
Panel A：所有国家						
控制变量	是	是	是	是	是	是
国家固定	是	是	是	是	是	是
时间固定	是	是	是	是	是	是
国家数	34	34	34	34	34	34
观测值	2584	2584	2584	2584	2584	2584
R^2	0.0119	0.1288	0.0311	0.1523	0.0071	0.0093
Panel B：发达国家						
GDP 增速	−0.0029	−0.0158	0.0033	0.0557	0.0061	0.0715 *
	(0.1076)	(0.0665)	(0.0896)	(0.0435)	(0.0765)	(0.0450)
log（VIX)	2.4449 ***	0.7128 *	1.8698 ***	0.1188	−0.5751	−0.5940 **
	(0.7208)	(0.4455)	(0.6004)	(0.2917)	(0.5123)	(0.3013)
控制变量	是	是	是	是	是	是
国家固定	是	是	是	是	是	是
时间固定	是	是	是	是	是	是
国家数	18	18	18	18	18	18
观测值	1368	1368	1368	1368	1368	1368
R^2	0.0270	0.0874	0.0916	0.0417	0.1147	0.1887
Panel C：发展中国家						
GDP 增速	0.0106	0.0277	0.0038	0.0132	−0.0068	−0.0145
	(0.0273)	(0.0183)	(0.0253)	(0.0126)	(0.0115)	(0.0123)
log（VIX)	−0.7723 ***	−0.5051 ***	−1.2010 ***	−0.5258 ***	0.4286 ***	0.0207
	(0.2818)	(0.1889)	(0.2611)	(0.1302)	(0.1183)	(0.1267)
控制变量	是	是	是	是	是	是
国家固定	是	是	是	是	是	是
时间固定	是	是	是	是	是	是
国家数	16	16	16	16	16	16
观测值	1216	1216	1216	1216	1216	1216
R^2	0.0950	0.0475	0.2043	0.0585	0.0158	0.0019

注：表中估计结果由 Stata 13.0 给出，"***"、"**"、"*"分别代表10%、5%、1%的显著性水平。

（四）稳健性检验

1. 对内生性问题的考虑和解决

对线性回归模型来说，内生性问题是需要考虑的重要问题。一般来说，导致内生性问题的主要有两个原因：一个是遗漏变量，另一个是逆向因果关系。前文回归模型在考虑跨境资本流动的影响因素时，除了考虑经济周期和金融周期因素之外，还额外考虑了利差、股市收益率和汇率因素，但模型仍然存在遗漏变量的可能。假设遗漏变量不随时间而变化，对面板数据进行固定效应估计可以有效解决因遗漏变量而产生的内生性问题（陈强，2014），因此在前文中选择面板固定效应模型进行回归分析。但是上述模型还存在另外一个可能导致内生性问题的因素，就是跨境资本流动与国内经济增速之间存在相互影响关系，因此即使采用面板固定效应模型进行估计，GDP 增速变量的回归结果可能仍旧存在内生性问题，导致回归结果存在偏误。因此，需要寻找内生变量 GDP 增速的工具变量进行进一步估计，以进一步解决内生性问题。对工具变量的选择要求与内生解释变量相关而与残差项不相关，陈强（2014）总结了两种经典选择方法，一种是寻找与内生解释变量相关而与残差项不相关的其他变量，另一种是内生解释变量的滞后项。考虑到寻找其他变量作为工具变量较为困难，本章选择 GDP 增速的滞后 1 ~ 2 阶作为工具变量，对前文回归模型进行基于面板 GMM 回归方法的检验，表 11 – 5 给出的 Sargan 检验结果显示在绝大多数回归模型中 P 值大于 0.1，说明工具变量的选择是合理的。表 11 – 5 回归结果显示，除了少数一些模型中的少数变量回归系数的符号和显著性发生了变化之外，绝大多数模型中的大部分变量回归系数的符号和显著性并没有发生太明显的变化，面板 GMM 回归结果与前文回归结果的一致性较高，具有稳健性。

表 11 −5 稳健性检验结果

变量	总量资本净流动	总量资本流入	总量资本流出	证券投资净流入	证券投资流入	证券投资流出	其他投资净流入	其他投资流入	其他投资流出	证券投资净流入银行
Panel A：所有国家										
GDP 增速	− 0.0555	0.5631 ***	0.5076 ***	0.1354 **	0.1024 *	− 0.0330	− 0.9061	0.2746 ***	0.3707 ***	0.0277
	(0.0546)	(0.1457)	(0.1397)	(0.0640)	(0.0551)	(0.0447)	(0.6730)	(0.1029)	(0.0921)	(0.0342)
log (VIX)	− 0.5385	− 2.7385 ***	− 3.2771 ***	− 0.8371 *	− 0.4166	− 1.3860	− 0.4077	− 1.9889 ***	− 1.5812 **	− 0.7351 ***
	(0.3940)	(1.0493)	(1.0066)	(0.4610)	(0.3851)	(0.3221)	(0.4850)	(0.7411)	(0.6632)	(0.2465)
控制变量	是	是	是	是	是	是	是	是	是	是
固定效应	是	是	是	是	是	是	是	是	是	是
国家数	34	34	34	34	34	34	34	34	34	34
观测值	2584	2584	2584	2584	2584	2584	2584	2584	2584	2584
Sargan P	0.8312	0.1627	0.1701	0.9200	0.3896	0.2284	0.9429	0.7242	0.6551	0.7286
Panel B：发达国家										
GDP 增速	0.1370	0.7515 **	0.8884 ***	0.1128	− 0.0053	0.1180	− 0.1946	0.5271 **	0.7217 ***	− 0.0877
	(0.1056)	(0.3149)	(0.3056)	(0.1437)	(0.1201)	(0.1047)	(0.1476)	(0.2426)	(0.2163)	(0.0701)
log (VIX)	− 2.0080 ***	− 2.3311	− 4.3392 **	3.6098 ***	2.0034 ***	− 1.6064 ***	− 1.5607 *	− 4.0282 ***	− 2.4675 *	− 0.8461 **
	(0.6112)	(1.8234)	(1.7692)	(0.8320)	(0.6954)	(0.6063)	(0.8544)	(1.4049)	(1.2526)	(0.4059)
控制变量	是	是	是	是	是	是	是	是	是	是
固定效应	是	是	是	是	是	是	是	是	是	是
国家数	18	18	18	18	18	18	18	18	18	18
观测值	1368	1368	1368	1368	1368	1368	1368	1368	1368	1368
Sargan P	0.6573	0.6898	0.7963	0.7202	0.8364	0.4665	0.6835	0.8289	0.6027	0.8945
Panel C：发展中国家										
GDP 增速	0.0916 *	0.2476 **	0.1559	0.0420	0.0138	− 0.0282	− 0.0149	0.1145 ***	0.1294 ***	0.0188 *
	(0.0605)	(0.1180)	(0.1066)	(0.0423)	(0.0381)	(0.0203)	(0.0529)	(0.0429)	(0.0390)	(0.0101)
log (VIX)	− 0.8664 *	− 2.1463 **	− 1.2799	− 1.3700 ***	− 1.8743 ***	0.5043 ***	0.2674	− 0.3621	− 0.6295 **	− 0.2519 ***
	(0.4990)	(0.9730)	(0.8790)	(0.3484)	(0.3143)	(0.1670)	(0.4365)	(0.3536)	(0.3217)	(0.0834)
控制变量	是	是	是	是	是	是	是	是	是	是
固定效应	是	是	是	是	是	是	是	是	是	是
国家数	16	16	16	16	16	16	16	16	16	16
观测值	1216	1216	1216	1216	1216	1216	1216	1216	1216	1216
Sargan P	0.6633	0.3698	0.2150	0.1213	0.2429	0.3009	0.7780	0.0908	0.1400	0.5615

注：表中估计结果由 Stata 13.0 给出，"***"、"**"、"*"分别代表 10%、5%、1%的显著性水平。

（工具变量面板 GMM 回归方法）

证券投资流入银行	证券投资流出银行	证券投资净流入企业	证券投资流入企业	证券投资流出企业	其他投资净流入银行	其他投资流入银行	其他投资流出银行	其他投资净流入企业	其他投资流入企业	其他投资流出企业
-0.0094	-0.0371 *	0.0476	0.0122	-0.0354	0.0426	0.2133 ***	0.1707 ***	0.0300	0.0870 ***	0.0571 ***
(0.0295)	(0.0222)	(0.0355)	(0.0265)	(0.0248)	(0.0611)	(0.0747)	(0.0594)	(0.0207)	(0.0323)	(0.0288)
-0.7358 ***	-0.0006	0.8420 ***	-0.4711 **	-1.3131 ***	0.2847	-0.7000	-0.9846 **	-0.2770	-0.7419 ***	-0.4649 **
(0.2125)	(0.597)	(0.2560)	(0.1908)	(0.1789)	(0.4401)	(0.5378)	(0.4282)	(0.2214)	(0.2326)	(0.2077)
是	是	是	是	是	是	是	是	是	是	是
是	是	是	是	是	是	是	是	是	是	是
34	34	34	34	34	34	34	34	34	34	34
2584	2584	2584	2584	2584	2584	2584	2584	2584	2584	2584
0.4348	0.6145	0.6030	0.3950	0.8704	0.9271	0.4323	0.2801	0.2049	0.5284	0.5183
-0.0983 *	0.0776	0.0159	-0.0616	-0.0877	-0.0128	0.3003 *	0.3131 **	0.0292	0.1047	0.0754
(0.0533)	(0.0781)	(0.0585)	(0.0539)	(0.0701)	(0.1417)	(0.1774)	(0.1394)	(0.0644)	(0.0729)	(0.0622)
0.1025	-2.1386 ***	0.3312	1.8074 ***	-0.8461 **	0.5675	-0.5822	-1.1497 *	0.0896	-0.8572 **	-0.9468 ***
(0.3088)	(0.4425)	(0.3385)	(0.3123)	(0.4059)	(0.8207)	(1.0269)	(0.8073)	(0.3728)	(0.4222)	(0.3601)
是	是	是	是	是	是	是	是	是	是	是
是	是	是	是	是	是	是	是	是	是	是
18	18	18	18	18	18	18	18	18	18	18
1368	1368	1368	1368	1368	1368	1368	1368	1368	1368	1368
0.5543	0.4568	0.4660	0.7733	0.8945	0.9663	0.9235	0.9368	0.7353	0.6049	0.3388
0.0147 *	0.0041	0.0263 *	-0.0136	-0.0398 **	0.0738 **	0.1119 ***	0.0381	0.0051	0.0604 ***	0.0553 **
(0.0080)	(0.0066)	(0.0271)	(0.0195)	(0.0189)	(0.0339)	(0.0250)	(0.0260)	(0.0286)	(0.0214)	(0.0244)
-0.3317 ***	-0.0798	-0.5221 **	-0.8126 ***	0.2905 *	0.1688	-0.5115 ***	-0.6803 ***	-0.6329 ***	-0.5806 ***	0.0522
(0.0656)	(0.0541)	(0.2237)	(0.1604)	(0.1555)	(0.2798)	(0.2060)	(0.2139)	(0.2352)	(0.1762)	(0.2014)
是	是	是	是	是	是	是	是	是	是	是
是	是	是	是	是	是	是	是	是	是	是
16	16	16	16	16	16	16	16	16	16	16
1216	1216	1216	1216	1216	1216	1216	1216	1216	1216	1216
0.1790	0.4622	0.9044	0.8424	0.9742	0.6086	0.1704	0.0466	0.1476	0.2250	0.7600

表 11 – 6 　　　　　　　　　　　　　　　　　　　　稳健性检验结果

变量	总量资本净流动	总量资本流入	总量资本流出	证券投资净流入	证券投资流入	证券投资流出	其他投资净流入	其他投资流入	其他投资流出	证券投资净流入银行
Panel A: 所有国家										
GDP 增速	- 0.2955 *	1.5733 ***	1.2778 **	0.2519	0.0907	- 0.1612	- 0.0283	1.1308 ***	1.1591 ***	0.0233
	(0.1597)	(0.5466)	(0.535119)	(0.2520)	(0.2187)	(0.1966)	(0.2062)	(0.4368)	(0.4055)	(0.0768)
log (*VIX*)	- 1.9787 *	- 23.5401 ***	- 25.5188 ***	- 3.1850 *	- 7.2865 ***	- 10.4715 ***	- 1.3879	- 14.3037 ***	- 12.9158 ***	- 1.3429 **
	(1.1504)	(3.9378)	(3.8548)	(1.8150)	(1.5755)	(1.4159)	(1.4857)	(3.1469)	(2.9211)	(0.5532)
控制变量	是	是	是	是	是	是	是	是	是	是
固定效应	是	是	是	是	是	是	是	是	是	是
国家数	34	34	34	34	34	34	34	34	34	34
观测值	2584	2584	2584	2584	2584	2584	2584	2584	2584	2584
Sargan P	0.4491	0.6221	0.7813	0.7851	0.8282	0.9139	0.6446	0.6765	0.8299	0.4758
Panel B: 发达国家										
GDP 增速	0.4665	3.6086 ***	3.1420 **	0.6813	0.3049	0.3764	- 0.3071	2.7428	3.0500 ***	- 0.0641
	(0.3716)	(1.311)	(1.2820)	(0.6107)	(0.5275)	(0.4722)	(0.4947)	(1.0530)	(0.9760)	(0.1864)
log (*VIX*)	- 5.6759 ***	- 38.0705 ***	- 43.7464 ***	7.4283 **	10.0225 ***	- 17.4508 ***	- 2.8029	- 25.8490	- 23.0461 ***	- 2.2980 **
	(2.1518)	(7.5913)	(7.4227)	(3.5362)	(3.0540)	(2.7340)	(2.8647)	(6.0969)	(5.6515)	(1.0793)
控制变量	是	是	是	是	是	是	是	是	是	是
固定效应	是	是	是	是	是	是	是	是	是	是
国家数	18	18	18	18	18	18	18	18	18	18
观测值	1368	1368	1368	1368	1368	1368	1368	1368	1368	1368
Sargan P	0.3807	0.9931	0.8062	0.7331	0.7558	0.9254	0.3951	0.8270	0.8452	0.4256
Panel C: 发展中国家										
GDP 增速	0.1907 **	0.3515 ***	0.1608 *	0.0783 *	0.0258	- 0.0525 **	0.0712	0.2330 ***	0.1619 ***	0.0246 **
	(0.0857)	(0.1037)	(0.0828)	(0.0467)	(0.0428)	(0.0226)	(0.0678)	(0.0592)	(0.0587)	(0.0119)
log (*VIX*)	2.0790 ***	- 4.5532 ***	- 2.4742 ***	- 1.3126 ***	- 2.1720 ***	0.8594 ***	- 0.2647	- 1.3156 ***	- 1.0509 **	- 0.1791 *
	(0.7063)	(0.8549)	(0.6826)	(0.3847)	(0.3528)	(0.1864)	(0.5592)	(0.4877)	(0.4840)	(0.0979)
控制变量	是	是	是	是	是	是	是	是	是	是
固定效应	是	是	是	是	是	是	是	是	是	是
国家数	16	16	16	16	16	16	16	16	16	16
观测值	1216	1216	1216	1216	1216	1216	1216	1216	1216	1216
Sargan P	0.9246	0.3160	0.195	0.4074	0.6020	0.4696	0.7922	0.2460	0.1002	0.5109

注: 表中估计结果由 Stata 13.0 给出, " *** "、" ** "、" * "分别代表 10% 、5% 、1% 的显著性水平。

（以跨境资本流动规模／GDP 为被解释变量）

证券投资流入银行	证券投资流出银行	证券投资净流入企业	证券投资流入企业	证券投资流出企业	其他投资净流入银行	其他投资流入银行	其他投资流出银行	其他投资净流入企业	其他投资流入企业	其他投资流出企业
−0.0028	−0.0261	0.1037	0.0643	−0.1680	0.0493	0.3513 *	0.3020 *	0.0147	0.2780	0.2632
(0.0610)	(0.0710)	(0.1664)	(0.1245)	(0.1341)	(0.1913)	(0.2255)	(0.1788)	(0.1534)	(0.2197)	(0.1979)
−2.0728 ***	−0.7299	3.1571 ***	−4.0793 ***	−7.2364 ***	0.6238	−4.3343 ***	−4.9581 ***	−0.8478	−7.1021 ***	−6.2543 ***
(0.4393)	(0.5116)	(1.1985)	(0.8972)	(0.9658)	(1.3783)	(1.6243)	(1.2877)	(1.1052)	(1.5829)	(1.4258)
是	是	是	是	是	是	是	是	是	是	是
是	是	是	是	是	是	是	是	是	是	是
34	34	34	34	34	34	34	34	34	34	34
2584	2584	2584	2584	2584	2584	2584	2584	2584	2584	2584
0.8666	0.3600	0.8750	0.6709	0.5551	0.8792	0.7478	0.8082	0.6208	0.9236	0.7818
0.0098	−0.0543	0.2742	0.1191	−0.3933	0.1679	0.5960	0.7639 *	0.1159	0.7151	0.8310 *
(0.1466)	(0.1722)	(0.4027)	(0.3007)	(0.3225)	(0.4617)	(0.5450)	(0.4290)	(0.3707)	(0.5315)	(0.4780)
−3.2640 ***	−0.9661	6.5166 ***	6.1056 ***	−12.6222 ***	1.3508	−6.8143 **	−8.1651 ***	1.2998	−12.5954 ***	−11.2956 ***
(0.8487)	(0.9969)	(2.3318)	(1.7410)	(1.8674)	(2.6736)	(3.1557)	(2.4839)	(2.1464)	(3.0773)	(2.7677)
是	是	是	是	是	是	是	是	是	是	是
是	是	是	是	是	是	是	是	是	是	是
18	18	18	18	18	18	18	18	18	18	18
1368	1368	1368	1368	1368	1368	1368	1368	1368	1368	1368
0.9791	0.4008	0.9060	0.6489	0.5673	0.6678	0.9611	0.6003	0.7512	0.8722	0.6710
0.0136	−0.0111	0.0435	−0.0045	−0.0480 **	0.1384 ***	0.1729 ***	0.0345	0.0335	0.1029 ***	0.0694 **
(0.0098)	(0.0072)	(0.0303)	(0.0243)	(0.0206)	(0.0497)	(0.0369)	(0.0420)	(0.0373)	(0.0323)	(0.0323)
−0.2859 ***	−0.1068 *	−0.3355	−0.9801 ***	0.6445 ***	0.0741	−0.9403 ***	−0.8662 **	−0.4422	−0.7435 ***	0.3013
(0.0808)	(0.0596)	(0.2499)	(0.2007)	(0.1702)	(0.4099)	(0.3040)	(0.3465)	(0.3071)	(0.2664)	(0.2664)
是	是	是	是	是	是	是	是	是	是	是
是	是	是	是	是	是	是	是	是	是	是
16	16	16	16	16	16	16	16	16	16	16
1216	1216	1216	1216	1216	1216	1216	1216	1216	1216	1216
0.3946	0.2551	0.5243	0.6323	0.7108	0.2418	0.3097	0.2219	0.7920	0.3673	0.1152

2. 替换资本流动衡量变量

前文回归采用的衡量跨境资本流动的方式是跨境资本流动规模，在进一步的稳健性检验中，我们进一步用跨境资本流动规模/GDP作为跨境资本流动的衡量。表11-6结果表明替换资本流动变量后的稳健性检验结果依旧保持稳健。

六、结论与启示

（一）研究结论

本章使用全球34个主要国家1999年第一季度至2017年第四季度的数据，从结构视角考察了一国内部经济周期和全球金融周期对不同类别、不同部门跨境资本流动的影响。研究发现：（1）从总量层面看，无论是对发达国家还是发展中国家来说，国内GDP增速上升会使总量跨境资本净流入增加、全球金融风险上升会使总量跨境资本净流入减少，这是总量跨境资本流动随着一国内部经济周期和全球金融周期顺周期变化的体现；细分总量跨境资本流入、流出看，顺周期性体现得更加明显。（2）细分不同类别看，直接投资跨境资本流动与一国内部经济周期和全球金融周期不存在显著的影响关系，即不存在顺周期性；其他投资跨境资本流动体现出与总量跨境资本流动一致的顺周期性；证券投资跨境资本流动受全球金融风险因素影响明显，当全球金融风险上升时，发展中国家证券投资跨境资本净流入减少，发达国家证券投资跨境资本净流入增加，存在证券投资跨境资本避险流入发达国家的现象。（3）细分不同部门看，其他投资项下银行部门和企业部门跨境资本流动顺周期性明显，政府部门和中央银行顺周期性不明显；证券投资跨境资本流动避险现象主要受企业部门驱动。

（二）研究启示

本章研究结论对于管理跨境资本流动风险、探索跨境资本流动宏观审慎监管着力点具有一定启示意义。（1）从跨境资本流动顺周期性的结构特征来看，证券投资和其他投资的顺周期性明显，且证券投资和其他投资跨境资本流动的顺周期性主要受银行部门和企业部门驱动，这一结论启示对跨境资本流动风险的管理要聚焦于证券投资和其他投资，在监管实践中要做好对银行部门和企业部门顺周期行为的调控。对中国来说，这也是完善跨境资本流动宏观审慎管理可探索的监管着力点。（2）全球风险高企时期，跨境资本会避险性流出发展中国家、流入发达国家，这警示发展中国家在全球风险高企时期，要格外做好对外部风险冲击的防范。（3）国内经济增长对跨境资本流动的积极影响是十分稳健的，全球金融风险因素对发达国家资本流动的影响有利，对发展中国家资本流动的影响不利。对不断扩大开放的中国来说，要意识到在开放进程中，可能面临跨境资本流动受外部冲击而出现更大幅度波动的挑战。稳健的经济基本面是抵御外部冲击、防范跨境资本流动风险最牢固的城墙，要始终坚持做好自己的事，修炼好"内功"、增强经济韧性。同时要积极防范和应对外部风险，对外积累充足的外汇储备，同时完善跨境资本流动宏观审慎管理框架，不断丰富针对银行部门和企业部门的跨境资本流动宏观审慎管理工具箱，防范跨境风险传染对跨境资本流动的不利冲击。

第十二章 构建更加强健有效的 金融安全网

习近平总书记指出"金融是国家重要的核心竞争力，金融安全是国家安全的重要组成部分，金融制度是经济社会发展中重要的基础性制度"，强调"防范化解金融风险特别是防止发生系统性金融风险，是金融工作的根本性任务"。经过多年不懈努力，我国金融安全网建设取得积极成效，守住了不发生系统性金融风险的底线。为更好防范化解系统性金融风险，维护国家经济金融安全，应在不断完善微观审慎监管、存款保险、最后贷款人等传统金融安全网支柱的基础上，强化行为监管和宏观审慎管理，从传统三支柱金融安全网拓展为五支柱金融安全网。要进一步提高微观审慎监管有效性，在批发端和零售端加强金融业行为监管，深化存款保险早期纠正和风险处置职能，在实践探索中持续健全符合我国国情的宏观审慎政策框架，建立更加严格规范的最后贷款人机制。开放条件下，微观审慎监管要更加重视跨境金融服务持牌经营，重视汇率、货币错配、外币流动性、涉外贷款的国别集中度等风险管理，行为监管要更加重视外汇市场的虚假倒量、操纵市场、内幕交易和消费者/投资者保护，研究存款保险的国际合作机制，研究国际最后贷款人如何成为我国金融安全网的支撑部分和我国如何履行国际最后贷款人（人民币）职能，宏观审慎管理中要重视跨境资本流动宏观审慎管理框架的不断完善。同时，落实功能监管要求，消除监管空白、监管盲区，重视科技赋能，强化多部门协同，加强国际监管合作。统筹改革、开放与监管之间的关系，统筹发展与安全之间的关系，绝不可偏废。健全金融风险预防、预警、处置、问责机制，构建与更高开放水平相适应的、更加强健有效的金融安全网，维护金融稳定，维护国家经济金融安全。

一、提高微观审慎监管有效性

微观审慎监管是监管部门为防范个体金融风险，制定市场准入、资本/净资本、偿付能力、流动性、资产质量、关联交易等审慎监管要求，定期组织现场检查，监测、评估风险，及时进行风险预警、处置。微观审慎监管是金融安全网的第一道防线。

（一）加强准入环节监管

一是提升股东资质监管有效性。高风险机构背后大部分都存在股东违规的问题，大股东通过多个一致行动人突破持股比例、参控股机构数量限制，形成复杂的金融集团，牢牢控制并恶意掏空金融机构，最终形成严重金融风险。近几年处置的风险中，某出险银行的实际控制人通过几十个名义股东，真实持有该银行股权比例达89.27%，并通过大量不正当关联交易逐渐"掏空"银行，该银行沦为大股东的"提款机"。某农商行改制过程中"饥不择食"，允许新股东以高于市场同类农商行 2～4 倍 PB 的高溢价 100% 控股该农商行，其后大股东完全操控银行并挪用套取大量银行资金，导致风险反而愈演愈烈。历史上，美国花旗银行自 1812 年成立后的前 150 多年间，也扮演了股东商业帝国融资机器角色，两百年前的教训，我们还在重演。下一步，应进一步加强股东资质的穿透审查，特别是要强化对主要股东及控股股东的审查，严把股东准入关，并充分利用金融科技提升监管水平，提高穿透识别能力，真正把"资本实力雄厚、公司治理规范、股权结构清晰、管理能力达标、财务状况良好、资产负债和杠杆水平适度"的股东资质要求落到实处。

二是强化股本监管。部分中小金融机构股本不实，股东虚假注资、循环注资，一些农信社、城商行以贷入股、承诺收益名股实债，个别地方出现退股现象，资本抵御风险和吸收损失能力差。某出险银行原管理层让其客户以本行信贷资金在股改发起时入股，或在增发时认购新发股票，甚至还让客户以本行信贷资金在二级市场买卖股票托市，资本严重不实。个别中小银行违规接受本行股权作为质押物向股东提供融资。下一步，应督促金融机构夯实资本质量，强化入股资金来源真实性和合规性监管，规范股东股权质押、变更和增资等活动，严查严惩虚假注资、信贷资金入股等违法违规行为。

三是金融业务必须持牌，严厉打击"无照驾驶"。继续扩大金融业开放，深化金融业改革。金融业作为特许行业，无论内资还是外资，开展境内金融业务都必须取得我国境内金融管理部门的牌照或许可，并严格依法经营。金融牌照有地域限制，金融机构未获许可在异地展业是"无照驾驶"。部分互联网平台披着科技外衣，未持牌从事金融业务。金融牌照有国界，个别机构持十几张境外牌照在我境内"无照"开展金融业务。下一步，要落实功能监管，不留监管空白，建立覆盖所有金融机构、业务和产品的监管框架。全国性金融牌照批设权限只能在中央部门。依法将各类金融活动全面纳入监管，严厉打击应持牌未持牌的非法金融活动。

（二）增强持续监管有效性

一是健全公司治理，加强党的领导和党的建设。部分出险金融机构公司治理形似而神不至，"三会一层"未能形成有效制衡，一把手一言堂、大股东或内部人控制严重。党的领导和党的建设严重弱化、缺失。近几年几个典型出险银行中，有的一股独大、有的所有者缺位、有的内部人控制，有的内部分工分头"捕获"监管者，失职渎职、违法犯罪和腐败行为严重，均酿成巨大风险。下一步，要督促金融机构构建"党委领导、董事会战略决策、高管层执行落实、监事会依法监督"的公司治理组织运行机制。要推动金融企业把加强党的领导和党的建设落到实处，充分发挥党组织把方向、管大局、促落实的领导作用，确保党中央各项决策部署得到有效贯彻执行，并推动落实"三会一层"决议，把党的领导融入公司治理各个环节。要借鉴《G20/OECD 公司治理准则》等国际通行准则，结合我国实际，把公司治理作为基础性监管要求，进一步加强监管检查和评估。监管部门要对金融机构公司治理重大缺陷及时采取有力措施纠偏问责。要强化第三方审计等外部监督的作用。

二是提高对关联交易监管和集中度监管有效性。近几年风险处置中发现，部分出险机构规避监管要求，隐蔽关联交易，开展不正当利益输送，对单一客户及其关联子公司的授信额度远超监管要求。某城商行对其控股股东实际贷款占该行总资产的75%。某信托公司运用大量受托资金向与大股东关系密切的企业提供无抵质押担保的信用融资，导致信托资产出现巨大信用风险。某出险保险公司被大股东占用资金占其资金运用余额的80%。下一步，要提高关联交易和集中度（含对外贷款的国别集中度）监管有效性，严禁股东及关联方不当干预金融机构独立自主经营，严查严惩通过关联交易套取、占用金融机构资金等违法违规行为,有效维护金融机构及相关利益人合法权益。同时,进一步完善金融控股集团监管配套规则,实施并表监管,防范金融风险跨行业、跨市场传递。

三是规范同业业务,强化流动性监管。近几年风险处置中发现,部分中小银行通过同业业务迅速做大资产负债规模,同业占比偏高,期限错配严重,同业投资业务拨备计提不足,流动性风险突出。如部分金融机构同业负债占总负债比例达50%,有的甚至达70%以上。有的大型银行以贷款方式向旗下金融机构提供同业融资,以协议存款方式吸收同业存款,均未纳入同业借款/存款业务管理。有的银行同业投资业务违规接受第三方金融机构信用担保。有的银行未落实同业业务交易对手名单制监管要求,且同业投资按照穿透原则对应至最终债务人未纳入统一授信管理。个别银行同业投资资金(通过置换方式)违规投向"四证"不全的房地产项目。一些大型金融集团通过控制旗下金融机构进行复杂的同业交易,实现侵占金融机构资金的目的。流动性管理中,部分传统地方中小银行通过第三方互联网平台以及自营数字平台吸收外省存款,有的吸收外省存款规模已占其各项存款的73%,替代了对风险更敏感、更专业的同业融资。第三方互联网平台存款具有开放性、利率敏感性高、异地客户为主、客户黏性低、随时支取等特征,存款稳定性远低于线下,增加了中小银行流动性隐患。平台存款全额计入个人存款,导致流动性匹配率、优质流动性资产充足率和核心负债比例高估,不能充分揭示银行的流动性状况。下一步,应修订完善同业业务监管办法,研究在资本计量中进一步提高同业业务风险权重,强化对同业业务的穿透式监管,严格防控同业集中度风险和流动性风险。根据金融市场发展和产品创新特点,及时优化流动性监管。

四是提高杠杆率监管的有效性，强化金融机构资本约束。近几年风险处置中发现，部分银行理财资金通过投资结构化信托产品优先级的方式变相放大劣后级受益人（如私募等各类资管计划）的杠杆比例。部分信托公司还通过在结构化信托产品中设置中间级的方式，进一步放大劣后级的杠杆比例。还有金融机构资管产品成为企业加杠杆收购上市公司的重要资金来源，目前对该类行为的真实杠杆水平仍缺乏全面准确的监测。同时，受经济周期下行、市场竞争加剧、信用风险上升等因素影响，叠加新冠肺炎疫情冲击，部分中小银行资产质量下迁，盈利下滑，资本补充能力下降，资本不足。下一步，要强化金融机构开展类信贷业务的资本约束，尽快完善股票质押融资等杠杆业务的监管规则。严格落实资管新规关于各类资管产品分级杠杆和负债杠杆的限制要求，尽快建立覆盖整个资管行业的关联交易报告管理和信息披露系统，有效识别股权债权交易的真实资金来源和结构链条，准确监测总体杠杆水平。加快推动中小银行深化改革，多渠道补充资本，增强其抵御风险的能力。

五是规范表外业务发展。近几年风险处置中发现，部分银行经过影子银行包装，把贷款转为投资，或者完全转移至表外，逃避贷款风险分类和拨备计提要求，规避宏观调控政策和产业政策，造成资产质量不实，资本和拨备虚高。有的银行为完成年底考核指标，直接将不良资产虚假出表，严重掩饰资产质量真实性。由于已贴现票据计入银行表内信贷，所以有的银行以证券资管计划为通道，投资自身已贴现承兑汇票，由此实现票据假出表，减少信贷额度占用，规避表内资本要求。有的银行虚开没有真实贸易背景的银行承兑汇票，到期不能按时兑付从而形成垫款，转入表内后加剧银行信用风险。部分信托公司大规模开展期限错配严重的影子银行业务，流动性风险突出。下一步，要夯实银行存贷业务基础，进一步强化对表外业务的约束，建立表内业务与表外业务的风险隔离。坚决整治乱搞同业、乱加杠杆、乱做表外业务等行为，从根本上遏制金融脱实向虚、自我循环。

六是强化异地展业和异地经营监管，弥补监管空白。金融机构盲目跨区域展业已成为部分高风险机构的主要风险源之一。2020 年一季度末中央银行评级 8～10 级的高风险城商行和农合机构中，异地贷款不良率总体高于机构总体不良率。部分传统地方中小银行通过第三方互联网平台以及自营数字平台吸收外省存款，有的吸收外省存款规模已占其各项存款的 73%，异化为全国性银行。同时，关注各类金融机构经营地与注册地分离的潜在风险。国际上，各类金融机构跨区域（跨国）或双总部经营的情况不少，相应的监管体系和框架相对健全。近年来，国内各类金融机构跨区域或双总部经营情况也日渐增多，但尚缺乏完善的监管框架，有注册地、经营地两边都管不实的问题，部分金融机构风险较高，成为地区金融乱象的源头，对金融机构注册地监管和经营地金融稳定构成压力。如近几年几家典型出险银行总行管理层长期在北京办公，在北京设立事实上的总部，风险管理失控，积累巨额风险敞口。下一步，应进一步完善监管规则，对金融机构开展或变相开展跨区域经营从严监管。严格限定地方中小金融机构经营范围，严禁违规跨区域展业，引导其深耕本地，下沉重心，立足于服务县域、社区和小微企业。尽快明确金融机构注册地与主要经营地分离的认定标准，厘清注册地和经营地监管部门的责任边界，强化多地监管协调，切实堵住监管漏洞。

七是提高资产质量监管的有效性。近几年风险处置中发现，部分中小金融机构掩盖资产质量问题严重，手段多样。有的银行通过各种方式将实质已是不良的资产仍划分在关注类甚至正常类，实际不良率平均超过账面值 2 倍。从监管数据看，风险爆发前某两家典型问题银行不良贷款率仅分别为 1.6% 和 1.04%。部分银行在不良资产处置中弄虚作假，搞不良资产虚假出表。有的银行将表外理财资金投向本行不良资产或不良资产收益权。有的银行与他行之间辗转多层嵌套，最终由各自的理财资金互相持有对方的不良资产包。有的银行利用集团内部交易进行子公司间不良资产非洁净出表。有的银行滚动发行产品承接风险资产，且按原价交易调节收益。还有的银行将不良贷款转让给第三方机构，随后通过同业投资形式对接并承担清收责任，实现不良资产"通道式"出表。甚至有的银行要求工商企业以"承包"银行相当规模的不良资产为发放贷款的前置条件，企业贷款变为不良后，陷入纠纷。有的资产管理公司还通过不当展期、延期等方式掩盖风险，未按规定进行资产风险分类，并为银行规避资产质量监管提供通道。此外，部分银行还违规进行信贷资产拆分转让，隐匿信贷资产质量。下一步，应进一步修订和完善金融资产风险分类制度，督促银行真实反映资产质量，规范处置不良资产。

八是关注货币错配和汇率风险。拉美债务危机、亚洲金融危机、欧债危机、阿根廷债务危机等几乎所有金融危机和债务危机都与货币错配相关。货币错配不仅引发并加剧了历次金融危机和债务危机，而且增加危机应对成本，限制货币政策调控空间，影响汇率机制发挥作用，加剧宏观经济金融不稳定和跨境资本流动风险。国际货币基金组织、国际清算银行、世界银行等研究发现，货币错配可能导致银行业发生系统性危机的概率提高 6 倍，汇率超调增加 12 个百分点，国内生产总值增速下降 5.5 个百分点。此外，货币错配在微观层面对银行的信用风险、市场风险和流动性风险，以及企业的估值、净收入、资金来源等负面影响巨大。危机后，各国普遍对货币错配加强监管。随着我国开放程度的不断提升，FDI 继续增加，外资投资我国境内股票、债券规模不断扩大，境内主体跨境贸易、投融资规模不断扩大，需进一步完善外汇市场的微观审慎监管。近些年我国也出现过几起大型企业在国际市场上因外币利率、汇率、大宗商品衍生品管理不当而损失惨重、相关部门不得不注资相助的典型事件。下一步，应重视提升监管能力，护航高水平对外开放。加强货币错配与汇率风险的数据共享与监管合作，包括监管指标（如累计外汇敞口、资本充足率监管中对汇率风险的最低资本计量要求）和监测指标（如外汇流动性比例）等。研究外汇市场微观审慎监管要求及其可能的逆周期调节功能，促进非金融企业充分进行套期保值。对于非金融企业没有进行有效对冲的外币贷款，研究计算商业银行资本充足率时提高其风险权重和相应资本金要求（参照《巴塞尔协议Ⅲ》）。引导企业树立"财务中性"管理理念。控制政府对市场主体的跨境债务提供隐性担保的问题，抑制非出口部门借入没有对冲（以外汇收入作为自然对冲和通过金融工具对冲）的外币债务的风险倾向。严控无外汇收入的房地产企业、地方政府融资平台等境外发债，从而导致微观货币错配加剧、规避国内宏观调整政策问题。对跨境投融资较为活跃的企业/企业集团，加强货币错配与汇率风险的监测和风险提示，研究针对非金融企业货币错配监管指标的要求，如印度尼西亚要求非银行企业 6 个月内到期的净外币负债对冲比例不得低于 25%。发展境内衍生品市场，降低企业汇率风险对冲成本。

九是回归基本常识、基本常理，高度关注与同业偏离度太大的异常指标，及早纠偏。高风险机构的风险积聚往往有迹可循，近年来多个典型金融机构和非金融机构的风险案例中，有些指标异常偏高。例如，某农商行 10 个月内资产扩张 16 倍。某企业举债并购，7 年间资产扩张 93 倍。某集团基于虚假贸易（离岸转手买卖等）的营业收入 7 年内增长 700 多倍。某企业激进经营，10 年间资产扩张 1300 倍。个别传统地方中小银行不到 1 年内通过第三方互联网平台从外省吸收存款规模占其各项存款比重高达 73%。市场约束失灵，市场和金融机构持续为这些机构或给予高评级，或承销债券，或斥资购买债券、发放贷款。相关管理部门监管预警失效，对这些机构的异常指标反应不敏锐，纠偏不及时，时机一误再误，风险窟窿不断扩大。下一步，各金融管理部门应切实从基本常识出发加强监测，及时准确识别金融机构明显异于同业的经营指标，并立刻采取监管措施，实现风险打早打小。要强化金融市场和金融机构对企业高杠杆扩张的识别和预警，提高市场约束机制的有效性。

十是强化数据真实性监管。真实可靠的数据是审慎监管和宏观调控的基础，但目前我国中小金融机构的数据真实性仍需提高。数据造假问题多次见诸监管部门查处的案件中和审计部门的审计报告中。基于虚假数据的各金融管理部门对商业银行的评级也失去了意义，近几年几个典型出险银行问题暴露前评级都较高。2015 年被关闭的美国 Capitol 城市银行，也是由于行长权力过于集中，关键业务集中在少数与行长关系密切的内部圈子（Inner Circle），导致该行经营风险偏好高，信贷标准宽松，贷款高度集中于房地产行业且拨备不足。随着经济形势和房地产市场的逆转，资产质量快速恶化，银行采用还款递延、借新还旧、循环贷款等多种形式掩盖不良贷款，导致风险累积，最终银行由于资本严重不足于 2015 年被关闭，由联邦存款保险公司接管。下一步，各监管部门要依法确保监管数据真实可靠，严惩数据造假。

（三）落实功能监管要求，消除监管空白、监管盲区

要按照实质重于形式原则，对具有跨行业、跨市场、跨境特征的金融产品和服务，按照其业务属性和风险实质实施归口管理。保持技术中立，机构无论采用何种技术手段和渠道开展业务，都需按照业务实质实施准入标准和监管要求。当前应重点加强对私募基金、第三方财富管理、地方金融资产交易所、互联网金融创新、跨境金融服务等领域的功能监管，监管职责不明确的需尽快明确监管部门和分工，避免监管空白和盲区。坚决改变"只管合法，不管非法；只管有照驾驶，不管无照驾驶；牌照不是我发的，我不管"的现状。

二、加强金融业行为监管

行为监管是指监管部门对金融机构经营行为的监督管理，包括信息披露要求、反欺诈和误导、个人金融信息保护、反不正当竞争，打击操纵市场和内幕交易，规范广告行为、合同行为和债务催收行为，促进弱势群体保护，提升金融机构的诚信意识和消费者的诚信意识，消费争议解决等。通过制定相关规则，建立现场检查和非现场监管工作体系，促进公平交易，维持市场秩序，增强消费者信心，确保金融市场的稳健运行。行为监管既规范金融机构间、金融机构与非金融企业间交易行为（批发端），也规范金融机构和自然人消费者间交易行为（零售端）。没有有效的行为监管体系，就不会有健康的市场秩序。

（一）针对批发端，尽快建立行为监管体系

我国金融业批发市场已取得长足进步，有力地支持和服务了实体经济。但由于缺乏系统性行为监管体系，一定程度上影响服务实体经济的质效和市场功能的发挥，也影响金融稳定。主要问题包括：（1）机构之间过度资源互换。部分大型发行人通过打包交易实现资源互换。部分中小银行与资管类机构互持产品，造成同业资金"空转"。（2）发行违规返费。部分债券承销商违规向投资人返费。部分中小银行希望其存单发行利率与比其资质优的银行一致，就通过私下与市场活跃机构签订协议等方式违规返费。线下分销交易环节也为违规返费提供了一定操作空间。（3）结构化发行。部分不具有发债能力或发债困难的企业，通过结构化手段虚假发行，扭曲信用市场定价。（4）虚假倒量交易。交易所、交易中心考核指标"重量轻质"，部分机构为争夺排名或获取业务资格，相互之间开展虚假倒量，不仅未增加市场深度，反而扰乱了市场正常秩序。从2019年起，外汇管理部门加大了对外汇批发市场的行为监管力度，对虚假交易行为进行了查处和规范，改变了2015年以来外汇批发市场交易量逐年大幅增加的态势，2019年当年交易量较2018年几乎没有增加（2018年、2017年、2016年交易量分别较上年增加了4.5万亿美元、3.5万亿美元、3.3万亿美元，三年增幅均在20%以上），相当于2019年同比少增了4万亿~5万亿美元交易量，边际改善非常显著，外汇市场运行的质量和效率得到提升。（5）货币经纪公司等规避监管违规开展业务。如部分货币经纪公司利用作为信息中介的优势与市场机构合谋，通过一级市场委托投标及代持方式开展自营业务，严重扰乱市场秩序。（6）违法违规利益输送。包括违规向个人返费，非法人产品户违规开展内幕交易和利益输送，同业乱象滋生贪腐和权力寻租，部分关键岗位人员利用资金优势、信息优势牟私利等，屡有被公安司法机关追究法律责任。总体上看，金融业批发市场也存在一定程度的"重准入、重开放、重创新、轻监管"问题。

下一步，针对我国金融批发市场的不当行为，借鉴国际经验，应尽快建立行为监管体系。（1）研究制定批发市场行为监管指引（尽可能覆盖债券、同业、外汇、大宗商品等市场），弥补规则缺失、监管空白。建立批发市场的现场检查、非现场监管等工作体系，加大对违法违规行为的监管力度。（2）参照外汇批发市场行业自律规则，完善本币批发市场自律机制顶层设计，强化对关键业务、岗位和人员的约束，丰富自律机制管理范畴。（3）优化各交易所、交易中心考核评价体系和各类基础设施机构排名指标体系，大幅弱化交易量指标考核，加强对报价价差、内控机制等质量指标考核。（4）推动各类券种承销、交易的线上化，规范和统一分销交易，提高发行交易透明度。（5）规范债券发行和承销主体行为。要求大型银行债券发行部门与资金使用部门之间严格执行防火墙机制，约束部分中小银行与资管类机构互持产品行为，杜绝过度资源互换。进一步落实禁止承销商对公司债、债务融资工具、金融债券返费要求。（6）加强批发市场准入和退出管理。资格准入应更多关注机构内控体系健全程度、人员和系统支持情况等指标。对不符合要求的机构，其退出机制应清晰、严肃。引导市场机构加强交易对手管理，防范"丙类户"类内幕交易死灰复燃等风险。

（二）针对零售端，应切实加强消费者/投资者权益保护

近年来金融消费纠纷快速增长，涉众型案件时有发生，但消费者/投资者权益保护仍较为薄弱，主要问题包括：（1）从法律体系方面看，立法滞后，缺乏金融消费者保护专门性法律法规，现有规定

层级低。金融消费者举证责任过重，机械适用"谁主张谁举证"。现有公益诉讼、集体诉讼无法兼顾公共利益和个人利益，且存在司法实践障碍。非诉第三方纠纷解决机制建设分散，缺乏统一规划，传统调解效率低、效力弱。（2）从金融监管方面看，重审慎监管、准入监管，轻行为监管，研究讨论不够。行为监管理念存在偏差，重"出交规"轻"上街执勤"，很多规则落地执行不到位。行为监管经费和人员严重不足。监管真空和监管重叠并存，跨部门协调成本高、效率低，央地权责不清，经常出现相互推诿现象，日常行为监管都想避而远之，一推了事。各方争着想干能够显政绩、促发展、促开放的事，都想把麻烦的日常行为监管推给别人和地方。很多地方政府也没有专业金融监管力量的积累，有的试图推回给中央，更多的只能是层层往下推，重大群体性事件发生后才会重视，表现为事后被动的运动式、丑闻推动式、因噎废食式整顿，周而复始，教训深刻。对新型金融服务提供商的监管尤显突出。行为监管部门"准司法权"机制欠缺，行政处罚轻、力度小、威慑弱。行为风险发现预警不足，缺乏投诉数据分析和行为偏差监测体系。对于具有检验政策是否真正落地执行的传感器功能的消费者投诉工作，能躲则躲、能推则推，有的演变为涉众事件后才"灭火"。（3）从金融交易供给侧即从金融机构方面看，对监管部门的监管指引、金融机构的内控制度执行不到位，存在政策执行的"最后一公里"问题和"店大欺客"问题。公司治理机制不完善，未建立行为风险监督管理和有效制衡机制，重业务、轻合规。绩效考核激进、不符合实际，激励机制不科学，导致一线经理和柜员频频"铤而走险"。一些互联网金融科技公司以"大数据"为名对消费者个人信息过度采集、滥用，有的发生严重泄露。"货悖而入者，亦悖而出"，屡屡出现相关侵权丑闻、被处重罚的典型案件。（4）从金融交易需求侧即从消费者/投资者方面看，金融素养不足、风险意识不强，维护自身权益的能力不够。一些消费者责任意识和诚信意识较弱，存在逆向选择和道德风险，也有借助媒体、抓住有的金融机构息事宁人心态的"客大欺店"现象。

金融消费者、投资者乃金融业之"本"，唯"本"固"业"方安。下一步，应着力强化消费者/投资者权益保护，完善零售端行为监管框架。（1）从法律角度看，各国立法的演进中，立法思想呈现出从形式平等到实质平等、从契约自由到契约公平和契约正义的不断演进，越来越注重对人的保护。我国金融消费者保护方面的立法也应坚持以人为中心、倾斜保护消费者/投资者的立法思想。完善相关法律法规，推动出台《金融消费者保护法》。明确举证责任倒置的适用标准和集体（公益）诉讼机制安排。研究建立统一的线上金融消费纠纷非诉解决机制（ADR）平台，线下维持现有分部门 ADR 模式。探索行为监管"域外效力"，加强国际监管合作和司法合作。（2）从金融监管角度看，要确保众多监管政策落地执行，强化行为监管能力建设，提升法律背景专业人员比重，增加行为监管在机构准入、业务准入、高管准入等事项上的发言权重。重视金融科技在行为监管中的应用。明确中央金融监管部门间、央地间金融监管职责分工，功能监管要落地，不能相互推诿。建立分级监管模式，重点加强对高市场占有率机构、高风险机构和高风险业务的监管。加强对金融机构销售衍生品的监管，完善投资者适当性制度，切实避免"原油宝"类似风险事件再次发生。监管部门要把"以人民为中心"落到实处，建立全国性呼叫中心，便利消费者/投资者咨询和纠纷解决，解决横向相互推诿、纵向相互推诿，各级分散管理、标准不一、体系散乱的问题。发挥投诉的传感器功能，对投诉集中的产品要督促金融机构及时整改，并及时完善监管规则，及时发现金融不稳定的苗头。推开"吹哨人"（Whistleblower）机制，借鉴《二十国集团有效保护举报人的高级别原则》框架和国际经验，结合我国实际，建立对举报揭发的重奖和保护机制，充分发挥人民群众和网络的社会监督作用。强化工作协同，探索行政、民事与刑事的有效对接、合作，加大对违法违规行为的处罚力度。（3）从金融机构角度看，在公司治理层面强化行为风险管理体制机制。科学设定业绩考核目标，完善对一线柜台和管理层的激励机制，建立绩效薪酬延期支付和追索扣回制度，加强合规检查。确保监管政策和自身内控制度在一线柜台每位员工、每一分钟、每一笔交易能落地执行。（4）从消费者/投资者角度，保护消费者和投资者的财产安全权、知情权等合法权利，加强个人信息保护。进一步重视金融知识普及，提高金融知识普及有效性。健全"卖者尽责、买者自负"的市场环境，强化"收益自享、风险自担"的消费者责任意识，不断提高诚信意识，防止逆向选择、道德风险。金融机构存在欺诈、误导消费行为的，必须依法承担赔偿责任。但如相关机构已严重资不抵债或破产则可能无力足额赔付，因此投资者仍要提高风险识别能力，增强风险自担意识。

三、完善宏观审慎管理框架

宏观审慎管理是指宏观审慎管理部门运用审慎性工具防范系统性风险，包括时间维度上要求金融机构在系统性风险积累时建立缓冲，减缓周期性波动冲击，以及结构性维度上关注金融体系关联度、关注系统重要性机构等。

我国宏观审慎管理框架已发挥重要作用。（1）加强系统性风险监测。建立宏观审慎评估（MPA）体系，综合评价机构资本和杠杆率、资产负债、流动性、资产质量等。推进中央银行金融机构评级工作，全面考察资本、流动性、资产质量、关联性、跨境业务等情况。开展压力测试，每年选取部分银行业金融机构开展压力测试，并不断扩大测试范围，优化压力情景设计和测试方法。（2）发布《关于建立逆周期资本缓冲机制的通知》，明确我国逆周期资本缓冲的计提方式、覆盖范围及评估机制。（3）发布《关于完善系统重要性金融机构监管的指导意见》《系统重要性银行评估办法》，初步建立我国系统重要性金融机构监管的宏观政策框架。（4）印发《统筹监管金融基础设施工作方案》，明确将六类基础设施及其运营机构纳入统筹监管范围。（5）研究房地产贷款集中度、居民债务收入比、房地产贷款风险权重等宏观审慎政策工具，进一步完善促进房地产市场健康发展的长效机制。（6）建立跨境资本流动宏观审慎管理框架。

下一步，应在实践探索中持续健全符合我国国情的宏观审慎政策框架。（1）适时发布《宏观审慎政策指引》，完善我国宏观审慎政策的总体设计和治理机制。（2）进一步完善系统性风险监测评估体系。完善金融业压力测试，提升测试和结果运用水平。（3）出台国内系统重要性金融机构监管的其他实施细则并组织实施。出台《全球系统重要性银行总损失吸收能力管理办法》，对我国全球系统重要性银行（G-SIBs）总损失吸收能力比率、构成及监督检查、信息披露等提出明确要求，提高其进入处置或破产时的损失吸收能力，健全商业银行处置机制，防范"大而不能倒"风险。（4）构建本外币一体化的跨境资金流动宏观审慎管理机制。（5）做好宏观审慎政策与其他政策的协调配合，增强金融服务实体经济能力。

四、深化存款保险早期纠正和风险处置职能

存款保险是投保机构向存款保险基金管理机构交纳保费，形成存款保险基金，存款保险基金管理机构依照规定向存款人偿付被保险存款，并采取必要措施维护存款以及存款保险基金安全的制度，是全球很多国家维护金融体系稳定的重要基础性制度安排。

我国存款保险制度采用"风险最小化"模式，具有信息收集、现场核查、风险警示、早期纠正、风险处置等职责，不是单纯的出纳或"付款箱"，在防范化解重大金融风险攻坚战中发挥了重要作用。（1）实行风险差别费率，通过奖优罚劣，用市场化手段促使银行审慎经营。（2）通过评级、现场核查等方式加强风险监测，及时识别投保机构风险，促进风险早发现、早报告。（3）对发现的风险问题开展早期纠正，推动地方政府和监管部门分别落实风险处置责任和监管责任，帮助金融机构完善公司治理，化解风险。压实机构和股东责任，"一行一策"要求机构补充资本、控制资产增长。

下一步，要进一步发挥存款保险制度早期纠正机制作用，深化存保风险处置职能。（1）压实各方面责任，形成合力，推动风险化解。对风险比较突出的问题机构，加强台账化管理，按月监测和"诊断"，摸清风险底数、研究校正措施，同时做好处置准备。加强信息沟通共享，监管部门承担防范识别和有效化解风险的主要职责，存款保险重点做好"尾部风险"识别，在风险发现和校正方面发挥补充作用，及时将风险情况通报监管部门。（2）强化存保公司风险

处置功能。严格按照《存款保险条例》规定，依法使用存款保险基金实施收购承接，向合格投保机构（收购承接方）提供担保、损失分摊或者资金支持，以促成其收购或者承担被接管、被撤销或者申请破产的投保机构的全部或者部分业务、资产、负债。对于无法通过收购承接化解风险的，可在存款保险机构支持下依法实施市场退出，充分保障存款人的合法权益。（3）研究进一步完善存款保险制度。研究适时修订《存款保险条例》。研究在《商业银行法》的修订中，增加存款保险机构对问题银行接管的决定权或强化存款保险建议接管权。针对风险处置需要和投保机构风险迁徙情况，研究最优存保费率水平，加快存保基金积累。研究进一步发挥风险差别费率的激励约束作用，对不审慎经营的机构进一步提高费率水平。提高存保费率核定的跨区域一致性、可比性。研究存保费率的逆周期调节，适当弱化外部影响，突出对自身稳健性较差机构的约束校正。提高早期纠正的权威性，研究探索建立问责机制，压实机构、股东、地方政府等相关方面责任，改变早纠通知下发后执行不力的情况，达到限期整改目的。研究存款保险公司如何更好地在被救助机构履行股东职责，推动完善其公司治理。研究强化对高息揽储等行为的早期纠正，防止滥用存款保险。

五、完善最后贷款人职能

最后贷款人职能是指当某一金融机构面临资金困难，而别的金融机构又无力或不愿对它进行援助的时候，中央银行出于防范系统性风险的考虑，对该金融机构提供流动性支持。

在历次风险处置中，经国务院批准，人民银行通过发放金融稳定再贷款防范化解金融风险，最后贷款人职能发挥了重要作用，但总体看，最后贷款人机制还需进一步完善。此前在各类投资者保护制度尚未建立的情况下，人民银行被动发放再贷款，最终公共资金受到损失。金融机构和地方政府的博弈空间较大。同时，现行法律制度虽赋予人民银行对使用再贷款机构的检查执法权，但在实际操作中存在困难，中央银行资金安全的维护缺乏有效抓手。

下一步，要建立更加严格规范的最后贷款人机制。（1）严格限定中央银行资金的使用条件，提高对风险性质判断的能力，准确判断究竟是流动性风险还是破产性风险。中央银行原则上只应向不存在破产性风险的银行业金融机构提供流动性支持，不应向资不抵债机构发放再贷款。在风险处置中压实各方责任，切实防范道德风险。（2）明确金融风险处置资金使用顺序，建立明晰的损失分摊机制。股东必须首先依法吸收损失，其后是大额债权人、行业保障基金、地方政府依法依规进行损失分担，对于可能引发系统性金融风险的，中央银行资金有条件介入。（3）建立判断是否具有系统性风险的"定量＋定性""客观＋主观"分析框架。（4）完善再贷款损失核销机制。（5）研究国际最后贷款人机制。国际最后贷款人也应该成为我国金融安全网的支持部分，包括全球型国际最后贷款人、区域型国际最后贷款人、国家型国际最后贷款人。同时，我国也应逐步重视履行国际最后贷款人职能，必要时满足相关国家人民币流动性需求，维护其金融稳定，进而在维护国际金融稳定中发挥作用。当然，需要结合跨境资本流动的形势、外汇市场的形势。

六、结论

我国防范化解重大金融风险攻坚战已取得重要阶段性成果。各

外汇市场微观监管与跨境资本流动管理

类高风险金融机构得到有序处置，重点领域信用风险得到稳妥化解，金融秩序全面清理整顿，P2P平台已全部"清零"，互联网金融风险专项整治取得良好成效，影子银行风险持续收敛，金融市场运行平稳有序。经过集中攻坚，系统性金融风险上升势头得到有效遏制，金融脱实向虚、盲目扩张得到根本扭转。在近几年的风险处置中发现的问题很多已经解决，有的问题正在解决过程中。下一步，金融管理部门要持续建制度、补短板，加快建立符合现代金融特点、统筹协调监管、有力有效的现代金融监管框架，构建更加强健有效的金融安全网，维护国家经济金融安全。

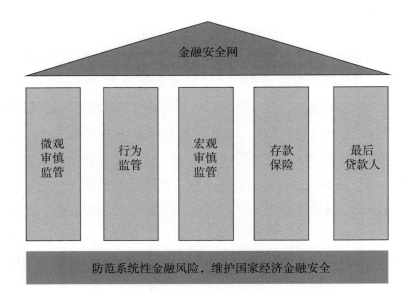

图 12 - 1　金融安全网

总体看，在整个金融安全网中，微观审慎监管和行为监管处于较为上游的位置，上游的微观审慎监管和行为监管越有效，风险事件就越少，处于较下游的存款保险、最后贷款人压力就越小；宏观审慎管理在金融安全网中处于提纲挈领、统领全局的位置，宏观审

336

慎管理越有效，金融安全网就越有韧性。因此，应在强化微观审慎监管、存款保险、最后贷款人等传统金融安全网的同时，强化行为监管和宏观审慎管理，从传统的三支柱金融安全网拓展为五支柱金融安全网，同时落实功能监管，重视科技赋能，强化多部门协同，加强国际监管合作，健全金融风险预防、预警、处置、问责机制，构建更加强健有效的金融安全网。

防范化解金融风险，除金融管理部门织密织牢金融安全网外，还需多方联动配合，真正形成多方合力。加强金融管理部门与工信、商务、海关、税务、市场监管、网信等部门的信息共享，推动联合监管和联合执法。加强金融管理部门与纪检监察部门及公检法机关联动配合，严厉打击逃废债等行为，坚决惩治金融风险背后经营管理、金融监管的失职渎职、违法犯罪和腐败行为，将案件查办、风险防控、追赃挽损、弥补短板、重塑生态"五位一体"协同推进，坚决铲除各种金融风险和金融领域腐败问题产生的根源。加强金融管理部门与地方党委和政府联动配合，推动地方政府重视社会信用环境建设，重视营造良好的地方金融生态。各方加强统筹，健全机制，高效协同，促进形成经济有效引领金融，金融有力支持经济，经济与金融相互促进、发展与安全相互促进的生动局面。

参考文献

[1] 丁志杰，郭凯，闫瑞明. 非均衡条件下人民币汇率预期性质研究 [J]. 金融研究，2009 (12): 91–98.

[2] 黄俊，郭照蕊. 新闻媒体报道与资本市场定价效率——基于股价同步性的分析 [J]. 管理世界，2014 (5): 121–130.

[3] 雷震，杨明高，田森，张安全. 股市谣言与股价波动：来自行为实验的证据 [J]. 经济研究，2016 (9): 118–131.

[4] 李志文，余佩琨，杨靖. 机构投资者与个人投资者羊群行为的差异 [J]. 金融研究，2010 (11): 77–89.

[5] 罗伯特·J. 希勒. 非理性繁荣 [M]. 李心丹，译，北京：中国人民大学出版社，2007.

[6] 马丽. 中国股票市场羊群效应实证分析 [J]. 南开经济研究，2016 (1): 144–153.

[7] 彭惠. 信息不对称下的羊群行为与泡沫——金融市场的微观结构理论 [J]. 金融研究，2000 (11): 5–19.

[8] 孙培源，施东晖. 基于CAPM的中国股市羊群行为研究——兼与宋军、吴冲锋先生商榷 [J]. 经济研究，2002 (2): 64–70.

[9] 宋军，吴冲锋. 基于分散度的金融市场的羊群行为研究 [J]. 经济研究，2001 (11): 21–27.

[10] 田利辉，谭德凯，王冠英. 我国大宗商品期货市场存在羊群行为吗? [J]. 金融研究，2015 (6): 144–158.

[11] 伍旭川，何鹏．中国开放式基金羊群行为分析［J］．金融研究，2005
（5）：60－69．

[12] 许年行，于上尧，伊志宏．机构投资者羊群行为与股价崩盘风险［J］．
管理世界，2013（7）：31－43．

[13] 徐信忠，张璐，张峥．行业配置的羊群现象——中国开放式基金的实证
研究［J］．金融研究，2011（4）：174－186．

[14] 徐永新，陈婵．媒体荐股市场反应的动因分析［J］．管理世界，2009
（11）：65－73．

[15] 徐剑刚，唐兴国．汇率决定的新闻模型［J］．数量经济与技术经济研究，
1998（11）．

[16] 游家兴，吴静．沉默的螺旋：媒体情绪与资产误定价［J］．经济研究，
2012（7）：141－152．

[17] 张圣平，于丽峰，李怡宗，陈欣怡．媒体报道与中国 A 股市场盈余惯
性——投资者有限注意的视角［J］．金融研究，2014（7）：154－170．

[18] 赵静梅，何欣，吴风云．中国股市谣言研究：传谣、辟谣及其对股价的
冲击［J］．管理世界，2010（11）：38－51．

[19] 朱宝宪，王怡凯．证券媒体选股建议效果的实证分析［J］．经济研究，
2001（4）：51－57．

[20] 陈创练，姚树杰，郑挺国，欧璟华．利率市场化、汇率改制与国际资本
流动的关系研究［J］．经济研究，2017（4）：64－77．

[21] 陈继勇，袁威，肖卫国．流动性、资产价格波动的隐含信息和货币政策
选择——基于中国股票市场与房地产市场的实证分析［J］．经济研究，2013
（11）：43－55．

[22] 姜富伟，涂俊，David E. Rapach，Jack K. Strauss，周国富．中国股票市
场可预测性的实证研究［J］．金融研究，2011（11）：107－121．

[23] 姜富伟，郭鹏，郭豫媚．美联储货币政策对我国资产价格的影响［J］．
金融研究，2019（5）：37－55．

[24] 刘莉亚，程天笑，关益众，杨金强．资本管制能够影响国际资本流动吗？

［J］．经济研究，2013（5）：33－46.

［25］马勇，张靖岚，陈雨露．金融周期与货币政策［J］．金融研究，2017（3）：33－53.

［26］吴丽华，傅广敏．人民币汇率、短期资本与股价互动［J］．经济研究，2014（11）：72－86.

［27］伍戈．货币政策与资产价格：经典理论、美联储实践及现实思考［J］．南开经济研究，2007（4）：90－105.

［28］徐忠．中国稳健货币政策的实践经验与货币政策理论的国际前沿［R］．中国人民银行工作论文，No. 2017/2.

［29］张谊浩，沈晓华．人民币升值、股价上涨和热钱流入关系的实证研究［J］．金融研究，2008（11）：87－98.

［30］张明．中国面临的短期国际资本流动：不同方法与口径的规模测算［J］．世界经济，2011（2）：39－56.

［31］张明，谭小芬．中国短期资本流动的主要驱动因素：2000—2012［J］．世界经济，2013（11）：93－116.

［32］陈强．高级计量经济学及 Stata 应用（第二版）［M］．北京：高等教育出版社，2014.

［33］丁志杰，杨伟，黄昊．境外汇款是热钱吗？——基于中国的实证分析［J］．金融研究，2008（12）：126－134.

［34］肖继五，李沂．顺周期国际资本流动——影响因素、负面效应及反向调节［J］．山西财经大学学报，2010（3）：38－47.

［35］严宝玉．我国跨境资金流动的顺周期性、预警指标和逆周期管理［J］．金融研究，2018（6）：22－39.

［36］IMF. The Balance Sheet Approach and its Application at the Fund［EB/OL］．2003.

［37］Goldstein and Turner. Controlling Currency Mismatches in Emerging Markets［R］．PIIE. 2004.

［38］BIS. Risks Related to EME Corporate Balance Sheets: the Role of Leverage and

Currency Mismatch [EB/OL]. 2014.

[39] Emese Kuruc. Looking at Aggregate Currency Mismatches and Beyond [R]. BIS. 2014.

[40] Roman. Currency Mismatch and Systemic Risk in Emerging Europe [R]. IMF. 2010.

[41] A. Cooper. The Founding of Technologically-based Firms [R]. The Center for Venture Management, 1971.

[42] Barry Eichengreen, Ricardo Hausmann and Ugo Panizza. Currency Mismatches, Debt Intolerance and Original Sin: Why they are Not the Same and Why it Matters [R]. National Bureau of Economic Research, 2003.

[43] European Central Bank. Currency Mismatch, Uncertainty and Debt Maturity Structure [EB/OL]. 2004.

[44] Federal Reserve. Exchange Rate Regime and Financial Dollarization: Does Flexibility Reduce Bank Currency Mismatches [EB/OL]. 2002.

[45] Financial Stability Forum. Report of Working Group on Capital Flows [EB/OL]. 2000.

[46] U. S. Department of the Treasury. Statement of G7 Finance Ministers and Central Bank Governors [EB/OL]. 2003.

[47] Olivier Jeanne. Why do Emerging Economies Borrow in Foreign Currencies [R]. IMF. 2003.

[48] Eichengreen-Hausmann-Panizza. Original Sin: The Pain, the Mystery, and the Road to Redempt [EB/OL]. 2002.

[49] IMF. Analyzing Balance-Sheet Vulnerabilities in a Dollarized Economy: The Case of Georgia [EB/OL]. 2006.

[50] Jason Furman, Joseph Stiglitz. Economic Crises: Evidence and Insights from East Asia [EB/OL]. 1998.

[51] Allen. A Balance Sheet Approach to Financial Crisis [EB/OL]. 2002.

[52] Cavallo. Does Openness to Trade Make Countries More Vulnerable to Sudden

Stops, or Less [EB/OL]. 2004.

[53] BIS. A New Dimension to Currency Mismatches in the Emerging Markets: Non-Financial Companies [EB/OL]. 2016.

[54] BIS. Currency Depreciation and Emerging Market Corporate Distress [EB/OL]. 2018.

[55] Yesin. Foreign Currency Loans and Systemic Risk in Europe [EB/OL]. 2013.

[56] IMF. Foreign Currency Bank Funding and Global Factors [EB/OL]. 2018.

[57] IMF. The Role of Supervisory Tools in Addressing Bank Borrower's Currency Mismatches [EB/OL]. 2003.

[58] OECD. International Capital Mobility: Structural Policies to Reduce Financial Fragility [EB/OL]. 2012.

[59] BIS. Assessing New Perspectives on Country Risk [EB/OL]. 2004.

[60] FSB. Report of the Working Group on Strengthening Financial Systems [EB/OL]. 1998.

[61] BIS. Foreign Currency Borrowing, Balance Sheet Shocks and Real Outcomes [EB/OL]. 2018.

[62] BIS. The Geography of Dollar Funding of Non-US Banks [EB/OL]. 2018.

[63] Marian Endrest. Currency Mismatch and the Sub-prime Crisis: Firm Level Stylised Facts from Hungary, Central Bank of Hungary [EB/OL]. 2012.

[64] FSB. Summary: Joint CGFS-FSB-SCAV Workshop on Risks from Currency Mismatches and Leverage on Corporate Balance Sheets [EB/OL]. 2014.

[65] Romain. A New Index of Currency Mismatch and Systemic Risk [R]. IMF. 2010.

[66] M. D. Bordo. Currency Mismatches, Default Risk, and Exchange Rate Depreciation: Evidence from the End of Bimetallism [R]. NBER. 2006.

[67] BIS. Measuring Potential Vulnerabilities [EB/OL]. 2000.

[68] Ito. Asian Currency Crisis and the International Monetary Fund, 10 Years Later: Overview [EB/OL]. 1996.

［69］ Federal Reserve Bank of San Francisco Conference. Lessons from Asian Financial Experience ［EB/OL］. 2009.

［70］ Basel Ⅲ. A Global Regulatory Framework for More Resilient Banks and Banking Systems ［EB/OL］. 2011.

［71］ Basel Ⅲ. Minimum Capital Requirements for Market Risk ［EB/OL］. 2019.

［72］ Basel Ⅲ. The Liquidity Coverage Ratio and Liquidity Risk Monitoring Tools ［EB/OL］. 2013.

［73］ VOX. Re-emerging Currency Mismatches ［EB/OL］. 2018.

［74］ Federal Reserve. Exchange Rate Overshooting and the Costs of Floating ［EB/OL］. 2005.

［75］ IMF. Resilience in Latin America: Lessons from Macroeconomic Management and Financial Policies ［EB/OL］. 2013.

［76］ Reberto. Understanding Differences in Growth Performance in Latin America and Developing Countries between the Asian and the Global Financial Crises ［EB/OL］. 2004.

［77］ Brookings Institution. Corporate Debt in Emerging Economies: A Threat to Financial Stability? ［EB/OL］. 2015.

［78］ BIS. Credit at Times of Stress: Latin American Lessons from the Global Financial Crisis ［EB/OL］. 2012.

［79］ Ricardo. Excessive Dollar Debt: Financial Development and Underinsurance ［EB/OL］. 2003.

［80］ Philip. Financial Exchange Rates and International Currency Exposures ［EB/OL］. 2010.

［81］ Federal Reserve. Do Indicators of Financial Crises Work? An Evaluation of an Early Warning System ［EB/OL］. 2000.

［82］ Martín Tobal. Currency Mismatch: New Database and Indicators for Latin America and the Caribbean. Center for Latin American Monetary Studies ［EB/OL］. 2013.

[83] IMF. Lessons from the Crisis in Argentina [EB/OL]. 2004.

[84] World Bank. The Asian Bet [EB/OL]. 1999.

[85] NBER. The Collapse of the Mexican Peso: What Have We Learned [EB/OL]. 1995.

[86] NBER. Sudden Stop, Financial Factors and Economic Collapse in Latin America [EB/OL]. 2005.

[87] Andrew Berg. Are Currency Crises Predictable? A Test [R]. IMF. 1999.

[88] Wells Fargo. Risk Management Practice Survey [EB/OL]. 2016.

[89] IMF. Making the Transition from Liquidity-to Growth-Driven Markets [EB/OL]. 2014.

[90] NBER. Lessons Unlearned? Corporate Debt in Emerging Markets [EB/OL]. 2017.

[91] Martin Tobal. Currency Mismatch in the Banking Sector in Latin America and the Caribbean [EB/OL]. 2018.

[92] IDB. Global Recovery and Monetary Normalization [EB/OL]. 2014.

[93] ADB. To Dollarize or De-dollarize: Consequences for Monetary Policy [EB/OL]. 2007.

[94] IMF. Policy Instruments to Lean Against the Wind in Latin America [EB/OL]. 2011.

[95] Cavallo. Exchange Rate Overshooting and the Costs of Floating [EB/OL]. 2002.

[96] Arteta, Carlos. Are Financially Dollarized Countries More Prone to Costly Crises? [EB/OL]. 2003.

[97] Caballero, R., and A. Krishnamurthy. Excessive Dollar Debt: Financial Development and Underinsurance [EB/OL]. 2003.

[98] Calvo, Guillermo, Alejandro Izquierdo, and Ernesto Talvi. Sudden Stops, the Real Exchange Rate, and Fiscal Sustainability: Argentina's Lessons [EB/OL]. 2003.

[99] Calvo, Guillermo, and Ernesto Talvi. Sudden Stop, Financial Factors and

Economic Collapse: A View from the Latin American Frontlines [EB/OL]. 2004.

[100] Daseking, Christina. Lessons from the crisis in Argentina [EB/OL]. 2004.

[101] Keller and Chris Lane. Balance Sheet Developments Since the Crisis [EB/OL]. 2005.

[102] IMF. Detailed Guidance on Macro Prudential Instruments [EB/OL]. 2014.

[103] IMF. Currency Crises and Foreign Reserves a Simple Model [EB/OL]. 2001.

[104] IMF. Currency Crises and Real Economy the Role of Banks [EB/OL]. 2001.

[105] IMF. Output Response to Currency Crises [EB/OL]. 2003.

[106] IMF. External Vulnerabilities in EMEs [EB/OL]. 1999 .

[107] Andrew Berg. Predicting Currency Crises: The Indicators Approach and an Alternative [EB/OL]. 1999.

[108] Hiro Ito. The Rise of the "Redback" and China's Capital Account Liberalization [EB/OL]. 2013.

[109] Basel Ⅲ. Finalising Post-crisis Reforms [EB/OL]. 2017.

[110] ECB. Financial Stability Review [EB/OL]. 2010.

[111] IMF. Recent Shifts in Capital Flow Patterns in Korea: An Investor Base Perspective [EB/OL]. 2019.

[112] Bank of England. Financial Stability Review [EB/OL]. 2000.

[113] A. V. Banerjee. A Simple Model of Herd Behavior [J]. Quarterly Journal of Economics, 1992, 107 (3): 797–817.

[114] Bhattacharya U. , N. Galpin, R. Ray and Xiaoyun Yu. The Role of the Media in the Internet IPO Bubble [J]. Journal of Financial and Quantitative Analysis, 2009, 44 (3): 657–682.

[115] Bikhchandani S. , Hirshleifer D. and Welch I. A Theory of Fads, Fashion, Custom, and Cultural Change as Informational Cascades [J]. Journal of Political Economy, 1992, 100: 992–1026.

［116］Bikhchandani S. and Sharma S. Herd Behavior in Financial Markets ［J］. IMF Staff Papers, 2000, 47 (3): 279 - 310.

［117］Blinder A. S. and Krueger A. B. What Does the Public Know about Economic Policy, and How Does It Know It? ［J］. Brookings Papers on Economic Activity, 2004 (1): 327 - 387.

［118］Chan, W. S. Stock Price Reaction to News and No-news: Drift and Reversal After Headlines ［J］. Journal of Financial Economics, 2003, 70: 223 - 260.

［119］Chang E. C. , Cheng J. W. and Khorana, A. An Examination of Herd Behavior in Equity Markets: An International Perspective ［J］. Social Science Electronic Publishing, 2000, 24 (10): 1651 - 1679.

［120］Devenow A. and Welch I. Rational Herding in Financial Economics ［J］. European Economic Review, 1996, 40 (3 - 5): 603 - 615.

［121］Difonzo N. and Bordia P. Rumor and Prediction: Making Sense (but Losing Dollars) in the Stock Market ［J］. Organizational Behavior & Human Decision Processes, 1997, 71 (3): 329 - 353.

［122］Difonzo N. and Bordia P. Rumors and Stable-cause Attribution in Prediction and Behavior ［J］. Organizational Behavior and Human Decision Processes, 2002, 88 (2): 785 - 800.

［123］Engelberg J. E. and Parsons C. A. The Causal Impact of Media in Financial Markets ［J］. Journal of Finance, 2011, 66 (1): 67 - 97.

［124］Evans M. FX Trading and Exchange Rate Dynamics ［J］. Journal of Finance, 2002, 57 (6): 2405 - 2447.

［125］Evans M. and Lyons R. K. Order Flow and Exchange Rate Dynamics ［J］. Journal of Political Economy, 2002, 110 (1): 170 - 180.

［126］Gikas A. Hardouvelis. Economic News, Exchange Rates and Interest Rates ［J］. Journal of International Money & Finance, 1988, 7 (1): 23 - 35.

［127］Graham J. R. Herding among Investment Newsletters: Theory and Evidence ［J］. Social Science Electronic Publishing, 1999, 54 (1): 237 - 268.

346

［128］ Ho K. Y. , Shi Y. and Zhang Z. Does News Matter in China's Foreign Exchange Market? Chinese RMB Volatility and Public Information Arrivals ［J］. International Review of Economics and Finance, forcecoming, 2017.

［129］ Huberman G. and Regev T. Contagious Speculation and a Cure for Cancer: A Nonevent That Made Stock Prices Soar ［J］. Journal of Finance, 2001, 56 （1）: 387 –396.

［130］ Lyons R. K. Test of Microstructural Hypotheses in the Foreign Exchange Market ［J］. Journal of Financial Economics, 1995, 39 （2/3）: 321 –351.

［131］ Lakonishok J. , Shleifer A. , Vishny R. W. , et al. The Structure and Performance of the Money Management Industry ［J］. Brookings Papers on Economic Activity Microeconomics, 1992 （2）: 339 –391.

［132］ Marie Steen and Ole Gjolberg. Are Commodity Markets Characterized by Herd Behaviour ? ［J］. Applied Financial Economics, 2012, 23 （1）: 79 –90.

［133］ Mathur I. and Waheed A. Stock Price Reactions to Securities Recommended in Business Week's 'Inside Wall Street' ［J］. Financial Review, 1995, 30 （3）: 583 –604.

［134］ Maug E. and Naik N. Herding and Delegated Portfolio Management: The Impact of Relative Performance Evaluation on Asset Allocation ［J］. Social Science Electronic Publishing, 2011, 1 （2）: 265 –292.

［135］ P. L. Davies and M. Canes. Stock Prices and the Publication of Second-Hand Information ［J］. Journal of Business, 1978, 51 （1）: 43 –56.

［136］ R. Love, and R. Payne. Macroeconomic News, Order Flows, and Exchange Rates ［J］. Journal of Financial and Quantitative Analysis, 2008, 43 （2）: 467 –488.

［137］ Rajan R. G. Why Bank Credit Policies Fluctuate: A Theory and Some Evidence ［J］. Quarterly Journal of Economics, 1994, 109 （2）: 399 –441.

［138］ Reis R. Inattentive Consumers ［J］. Social Science Electronic Publishing, 2006, 53 （8）: 1761 –1800.

［139］ Richard L. Peterson. Buy on the Rumor: Anticipatory Affect and Investor

Behavior [J]. Journal of Psychology and Financial Markets, 2002, 3 (4): 218 – 226.

[140] Scharfstein D. S. and Stein J. C. Herd Behavior and Investment [J]. American Economic Review, 1990, 80 (3): 465 – 479.

[141] Tang Ke and Xiong Wei. Index Investment and the Financialization of Commodities [J]. Financial Analysts Journal, 2012, 68 (6): 54 – 74.

[142] Tetlock P. C. Giving Content to Investor Sentiment: The Role of Media in the Stock Market [J]. Journal of Finance, 2007, (62): 1139 – 1168.

[143] Thomas O. and Sam H. Information Sources, News, and Rumors in Financial Markets: Insights into the Foreign Exchange Market [J]. Journal of Economic Psychology, 2004, 25 (3): 407 – 424.

[144] Veldkamp, L. L. Media Frenzies in Markets for Financial Information [J]. American Economic Review, 2006, 96: 577 – 601.

[145] Wermers R. Mutual Fund Herding and the Impact on Stock Prices, [J]. Journal of Finance, 1999, 2: 581 – 622.

[146] William G. and Roger D. Following the Pied Piper: Do Individual Returns Herd around the Market? [J]. Financial Analysis Journal, 1995, 4: 31 – 37.

[147] Aghion, P. , Bacchetta, P. and Banerjee, A. Financial Development and the Instability of Open Economies [J]. Journal of Monetary Economics, 2004, 51 (6): 1077 – 1106.

[148] Bacchetta, P. and Benhima, K. The Demand for Liquid Assets, Corporate Saving, and International Capital Flows [J]. Journal of the European Economic Association, 2015, 13 (6): 304 – 337.

[149] Ball, L . Efficient Rules for Monetary Policy [J]. International Finance, 2010, 2 (1): 63 – 83.

[150] Broner, F. , Didier, T. , Erce, A. , et al. Gross Capital Flows: Dynamics and Crises [J]. Journal of Monetary Economics, 2013, 60: 113 – 133.

[151] Bernanke, B. S. and Gertler, M. Should Central Banks Respond to Movements in Asset Prices? [J]. American Economic Review, 2001, 91 (2): 253 – 257.

［152］ Benjamin, J. and Simon, S. Time-Varying International Diversification and the Forward Premium ［J］. Journal of International Money and Finance, 2014, 40: 128 – 148.

［153］ Blanchard, O. J. and Tesar, L. L. The Initial Impact of the Crisis on Emerging Market Countries ［J］. Brookings Papers on Economic Activity, Spring, 2010: 263 – 323.

［154］ Calvo, G. Capital Flows and Capital-Market Crises: The Simple Economics of Sudden Stops ［J］. Journal of Applied Economics, 1 (November), 1998: 35 – 54.

［155］ Calvo, G., Leiderman, L. and Reinhart, C. M. Inflows of Capital to Developing Countries in the 1990s ［J］. Journal of Economic Perspectives, 1996, 10 (2): 123 – 139.

［156］ Cerutti, E., Claessens, S. and Rose, A. K. How Important is the Global Financial Cycle? ［J］. Evidence from Capital Flows, BIS Working Paper, 2017, No. 661.

［157］ Chari, V. V. and Kehoe, P. J. Hot Money ［J］. Journal of Political Economy, 2003, 111 (6): 1262 – 1292.

［158］ Fischer, S. Reflections on Macroeconomics Then and Now, Speech at 32nd Annual National Association for Business Economics Policy Conference, 2016, Mar. 7th.

［159］ Forbes, K. J. and Warnock, F. E. Capital Flow Waves: Surges, Stops, Flight, and Retrenchment ［J］. Journal of International Economics, 2012, 88 (2): 235 – 251.

［160］ Fratzscher, M. Capital Flows, Push versus Pull Factors and the Global Financial Crisis ［J］. Journal of International Economics, 2012, 88 (2): 341 – 356.

［161］ Goodhart, C. and Hofmann, B. Do Asset Prices Help to Predict Consumer Price Inflation? ［J］. The Manchester School, 2000, 68 (s1).

［162］ Griffin, J., Federico, N. and Rene, S. Daily Cross-Border Flows: Pushed or Pulled? ［J］. Review of Economics and Statistics, 2004, 86 (3): 641 – 657.

［163］ Jian Chen, Fuwei Jiang, and Guoshi Tong. Economic Policy Uncertainty in

China and Stock Market Expected Returns [J]. Accounting and Finance, 2017, 57 (5): 1265 – 1286.

[164] Jian Chen, Fuwei Jiang, Yangshu Liu, and Jun Tu. International Volatility Risk and Chinese Stock Return Predictability [J]. Journal of International Money and Finance, 2017, 70: 183 – 203.

[165] Kaminsky, G. L. and Reinhart, C. M. Financial Crises in Asia and Latin America: Then and Now [J]. American Economic Review, 1998, 88 (2): 444 – 448.

[166] Kaminsky, G. L. Currency Crises: Are They All the Same? [J]. Journal of International Money and Finance, 2006, 25 (3): 503 – 527.

[167] Kim, H. , Kim, S. H. and Wang, Y. International Capital Flows and Boom-Bust Cycles in the Asia Pacific Region [J]. Department of Economics, Tufts University, 2005.

[168] Miskin, F. S. Housing and Monetary Transmission Mechanism [J]. Paper Presented at the Fed of Kansas City 31st Economy Policy Symposium, 2007, August 31- September 1.

[169] Nakajima, J. Time-varying Parameter VAR Model with Stochastic Volatility: An Over-view of Methodology and Empirical Applications [J]. Monetary and Economic Studies, 2011, 29: 107 – 142.

[170] Peel, D. A. and Taylor M. P. Covered Interest Rate Arbitrage in the Interwar Period and the Keynes-Einzig Conjecture [J]. Journal of Money Credit and Banking, 2002, 34 (1): 51 – 75.

[171] Popper, H. , Perezquiros, G. and Chuhan, P. International Capital Flows: Do Short-Term Investment and Direct Investment Differ? [J]. World Bank Policy Research Working Paper, 2016, 80 (2): 157 – 175.

[172] Reinhart, C. M. and Calvo, G. When Capital Inflows Come to a Sudden Stop: Consequences and Policy Options [J]. MPRA Paper, 2000: 175 – 201.

[173] Svensson, L. E. O. What Is Wrong with Taylor Rules? Using Judgment in Monetary Policy through Targeting Rules [J]. Journal of Economic Literature, 2003, 41

（2）：426 – 477.

［174］ Stiglitz, J. E. Capital Market Liberalization, Economic Growth, and Instability ［J］. World Development, 2000, 28 （6）: 1075 – 1086.

［175］ Taylor, J. Discretion versus Policy Rules in Practice ［J］. Carnegie-Rochester Conference Series on Public Policy, 1993, 39 （1）: 195 – 214.

［176］ Avdjiev, S., Hardy, B., Kalemliozcan, S., et. al. Gross Capital Flows by Banks, Corporates and Sovereigns ［J］. BIS Working Paper, No. 760, 2018.

［177］ Baldwin, R. E. and Martin, P. Two Waves of Globalisation: Superficial Similarities, Fundamental Differences ［J］. NBER Working Paper, No. 6904, 1999.

［178］ Bernanke, B., Gertler, M. and Gilchrist, S. The Financial Accelerator and the Flight to Quality ［J］. Review of Economics and Statistics, 1996, 78 （1）: 1 – 15.

［179］ Bernanke, B. Global Imbalances: Links to Economic and Financial Stability ［J］. A Speech at the Banque de France Financial Stability Review Launch Event, Paris, France, February 18, 2011.

［180］ Bruno, V. and Shin, H. S. Capital Flows and the Risk-Taking Channel of Monetary Policy ［J］. Journal of Monetary Economics, 2015, 71 （2）: 119 – 132.

［181］ Calvo, G. A. Balance of Payments Crises in a Cash-in-Advance Economy ［J］. Journal of Money, Credit and Banking, 1987, 19: 19 – 32.

［182］ Calvo, G., Leiderman, L. and Reinhart, C. M. Capital Inflows to Latin America: the Role of External Factors ［J］. IMF Staff Papers, 1993, 40 （1）: 108 – 151.

［183］ Calvo, G. A. and Vegh, C. Inflation Stabilization and BOP Crises in Developing Countries ［J］. NBER Working Paper, No. 6925, 1999.

［184］ Cerutti, E., Claessens, S. and Andrew, K. R. How Important is the Global Financial Cycle? Evidence from Capital Flows ［J］. IMF Economic Review, 89, 2017.

［185］ Chinn, M. D. and Ito, H. What Matters for Financial Development? Capital Controls, Institutions, and Interactions ［J］. Journal of Development Economics, 2006, 81 （1）: 163 – 192.

［186］Chuhan, P., Claessens, S. and Mamingi, N. Equity and Bond Flows to Latin America and Asia: the Role of Global and Country Factors ［J］. Journal of Development Economics, 1998, 55 (2): 439 – 463.

［187］Contessi, S., Pierangelo, D. P. and Johanna, L. F. The Cyclical Properties of Disaggregated Capital Flows ［J］. Journal of International Money and Finance, 2013, 32: 528 – 555.

［188］Edison, H. J., Klein, M. W., Ricci, L. A., et al. Capital Account Liberalization and Economic Performance: Survey and Synthesis ［J］. IMF Staff Papers, 2004, 51 (2): 220 – 256.

［189］Fernandez-Arias, E. and Montiel, P. J. The Surge in Capital Inflows to Developing Countries: An Analytical Overview ［J］. World Bank Economic Review, 1996, 10 (1): 51 – 77.

［190］Giovanni, D. A., Giovanni, J. D., Faria, A., et. al. Reaping the Benefits of Financial Globalization ［J］. IMF Occasional Paper, No. 264, 2008.

［191］IMF. International Capital Flows: Reliable or Fickle ［J］. World Economic Outlook, April, 2011.

［192］Janus, T. and Riera-Crichton, D. International Gross Capital Flows: New uses of Balance of Payments Data and Application to Financial Crises ［J］. Journal of Policy Modeling, 2013, 35 (1): 16 – 28.

［193］Kaminsky, G. L., Reinhart, C. M. and Végh, C. A. When It Rains, It Pours: Procyclical Capital Flows and Macroeconomic Policies ［J］. NBER Macroeconomics Annual, 2004, 19 (19): 11 – 53.

［194］Klein, M. W. and Olivei, G. P. Capital Account Liberalization, Financial Depth, and Economic Growth ［J］. Journal of International Money & Finance, 2008, 27 (6): 861 – 875.

［195］Kose, A., Prasad, M., Eswar, S., et. al. Does Openness to International Financial Flows Raise Productivity Growth? ［J］. Journal of International Money and Finance, 2009, 28 (4): 554 – 580.

[196] Krugman, P. Balance Sheets, the Transfer Problem, and Financial Crises [J]. International Tax and Public Finance, 1999, 6 (4): 459 – 472.

[197] Lucas, R E. Why Doesn't Capital Flow from Rich to Poor Countries? [J]. American Economic Review, 1990, 80 (2): 92 – 96.

[198] Milesi-Ferretti, G. M. and Tille, C. The Great Retrenchment: International Capital Flows During the Global Financial Crisis [J]. Economic Policy, 2011, 26: 289 – 346.

[199] Montiel, P. and Reinhart, C. M. Do Capital Controls and Macroeconomic Policies Influence the Volume and Composition of Capital Flows: Evidence from the 1990s [J]. Journal of International Money and Finance, 1999, 18 (4): 619 – 635.

[200] Obstfeld, M. Financial Flows, Financial Crises, and Global Imbalances [J]. Journal of International Money and Finance, 2012, 31 (3): 469 – 480.

[201] Passari, E. and Rey, H. Financial Flows and the International Monetary System [J]. Economic Journal, 2015, 125: 675 – 698.

[202] Prasad, E., Rogoff, K., Wei, S. J., et. al. Effects of Financial Globalisation on Developing Countries: Some Empirical Evidence [J]. Economic and Political Weekly, 2003, 38 (41): 4319 – 4330.

[203] Quinn, D. and Inclan, C. The Origins of Financial Openness: A Study of Current and Capital Account Liberalization [J]. American Journal of Political Science, 1997, 41 (3): 771 – 813.

[204] Reinhart, C. and Montiel, P. The Dynamics of Capital Movements to Emerging Economies During the 1990s [J]. MPRA Paper, 2001.

[205] Rey, H. Dilemma not Trilemma: The Global Financial Cycle and Monetary Policy Independence. in Proceedings of the 2013 Federal Reserve Bank of Kansas City [J]. Economic Symposium at Jackson Hole, 285 – 333, 2013.

[206] Rodrik, D. and Velasco, A. Short-Term Capital Flows [J]. NBER Working Papers, No. 7364, 1999.

[207] Stiglitz, J. E. Conclusions: The East Asian Crisis: Lessons for Today and

Tomorrow [J]. Economic Notes, 2000, 28 (3): 249 – 254.

[208] Taylor, M. P. and Sarno, L. Capital Flows to Developing Countries: Long-Term and Short-Term Determinants [J]. World Bank Economic Review, 1997, 11 (3): 451 – 470.

[209] Tille, C. and Wincoop, E. V. International Capital Flows [J]. Journal of International Economics, 2010, 80 (2): 157 – 175.

后　记

2017 年，基于我国 2015 年底至 2017 年初应对跨境资本流动冲击的经验，国家外汇管理局局长潘功胜总结提出了跨境资本流动"宏观审慎＋微观监管"两位一体管理框架。

本书是围绕外汇微观监管的政策研究。感谢潘功胜局长、陆磊副局长等外汇局领导和同事的支持和指导。

感谢外汇局和人民银行相关同事的积极参与。刘宏玉参与了第一章、第四章、第七章的讨论和撰写，刘旭参与了第七章的讨论和撰写，李萌参与了第三章、第五章的撰写，人民银行西安分行张晓东参与了第四章的讨论和撰写，王笑笑参与了第九章、第十章、第十一章的讨论和撰写，人民银行金融稳定局李敏波、莫依依参与了第十二章的讨论和撰写。杨骏、马昀、王亮、吕晓、燕飞、崔旭等同事参与了相关章的讨论、修改。感谢人民银行金融稳定局那丽丽、沈昶烨等同事专业细致的统稿、审稿。

由于水平有限，本书不可避免地会有错误和疏漏，敬请各位读者批评指正。

孙天琦
2021 年 3 月